L'ÂME DE L'ARGENT

PAR BAYARD MEUNIER

TABLE DES MATIÈRES

L'ÂME DE L'ARGENT

Transformer votre relation avec l'argent et la vie

PAR

BAYARD MEUNIER

L'ÂME DE L'ARGENT

Copyright © 2023 par Bayard Meunier

INTRODUCTION

Ce livre s'intitule *L'âme de l'argent,* mais il s'agit en réalité de notre propre âme et de la manière dont nous l'éclipsons, l'écartons ou la compromettons dans notre relation avec l'argent : la manière dont nous obtenons de l'argent, utilisons de l'argent, donnons de l'argent, ou parfois essayons simplement d'éviter de penser à l'argent. Ce livre traite de la recherche d'une liberté, d'une vérité et d'une joie nouvelles dans notre relation avec l'argent, cette partie étrange, troublée et merveilleuse de notre vie. Il s'agit également de réveiller et d'utiliser le portail non exploré de notre relation avec l'argent pour opérer une transformation généralisée dans tous les aspects de notre vie. En fin de compte, ce livre est un chemin vers la liberté personnelle et financière.

Je ne suis ni économiste, ni banquier, ni conseiller en investissement, du moins pas au sens traditionnel du terme. Je n'ai pas de diplôme en finance ou en commerce. En revanche, j'ai une connaissance, une expérience et une compréhension approfondies et particulières de l'argent. Mon éducation à l'argent est le fruit d'expériences directes et intimes vécues au cours de près de quarante ans de collecte de fonds et de travail à des postes de direction dans le cadre de quatre grandes initiatives mondiales : mettre fin à la faim dans le monde ; protéger la forêt tropicale ; améliorer la santé, les conditions économiques et politiques des femmes ; et faire progresser la compréhension scientifique de la conscience humaine. Chacun de ces engagements m'a amené à relever de nouveaux défis et à inspirer des personnes confrontées à des problèmes liés à l'argent dans leur propre vie ou dans celle de leur famille, de leur communauté et de leur pays, ici et à l'étranger.

Pendant plus de vingt ans, j'ai travaillé comme cadre du Hunger Project, une organisation qui se consacre à l'éradication de la faim dans le monde. Pendant cette période, j'étais responsable de la formation des collecteurs de fonds et du développement des opérations de collecte de fonds dans trente-sept pays. À partir de là, et en tant que consultant et conseiller pour de nombreuses autres organisations à but non lucratif, j'ai formé plus de vingt mille collecteurs de fonds dans quarante-sept pays. J'ai été responsable de la collecte de plus de 150 millions de dollars, non pas auprès de fondations ou d'entreprises, mais auprès de particuliers du monde entier, travaillant en étroite collaboration avec des personnes se trouvant à l'intersection où la vie de ceux qui ont de l'argent - souvent de grandes fortunes - rencontre la vie de ceux qui n'ont pas ou peu d'argent.

Dans le cadre du mouvement mondial en faveur de l'émancipation des femmes, j'ai été une conférencière internationale et une avocate de l'émergence du leadership féminin, m'appuyant sur la sagesse et l'expérience de tant d'autres dans ce domaine pour améliorer les conditions sanitaires, économiques et politiques des femmes, et pour catalyser la voix financière des femmes par le biais de programmes de femmes à femmes et de la philanthropie.

En tant que vice-président de l'Institut des sciences noétiques, j'ai eu la rare opportunité d'examiner l'argent et d'explorer notre culture de l'argent sous l'angle de la conscience humaine, en compagnie de quelques-uns des plus grands penseurs critiques du monde sur le sujet.

Au service de ces engagements, j'ai eu le privilège de travailler côte à côte et en partenariat avec certaines des populations les plus pauvres de la planète. J'entends par là des personnes "dépourvues de ressources" dans des endroits tels que le désert du Sahel au nord du Sénégal, les villages de l'Inde, la vallée du Rift en Éthiopie, les pays d'Amérique centrale et du Sud, comme l'Équateur et le Guatemala, et certaines régions des États-Unis, où, indépendamment de leurs riches dons culturels, les gens vivent dans des conditions difficiles où la faim et la pauvreté font partie de l'environnement quotidien. J'ai également eu le privilège de travailler côte à côte et en partenariat avec certaines des personnes les plus riches ou "riches en ressources" de la planète, dans des pays riches tels que la Suède, la France, l'Allemagne, le Japon, le Canada, le Royaume-Uni, l'Australie et, bien sûr, les États-Unis.

Dans ce contexte de l'argent, j'ai été profondément impliqué dans de nombreuses cultures, ce qui m'a permis de voir les différences culturelles, mais aussi les points communs frappants, dans notre relation humaine fondamentale avec l'argent et la façon dont cette relation gouverne, domine et stresse nos vies. Ces vérités sont apparues lorsque j'ai été témoin de la signification de l'argent pour un bouddhiste au Népal, un agriculteur pauvre en Zambie, une femme seule dans les Appalaches ou un promoteur immobilier japonais ; de la signification de l'argent pour un ministre en Équateur, où le pays est en faillite, ou pour un berger en Australie, avec des personnes qui ont associé la religion et l'argent à Dieu, des personnes qui croient que l'argent a une divinité, et avec des peuples indigènes pour qui l'argent ne fait même pas encore partie de leur monde.

Dans chaque culture, chaque lieu géographique et chaque interaction personnelle, j'ai constaté la forte emprise de l'argent sur nos vies, les blessures et les difficultés qu'il peut nous imposer, ainsi que l'immense pouvoir de guérison de la moindre somme d'argent lorsque nous l'utilisons pour exprimer notre humanité, nos idéaux les plus élevés et nos engagements et valeurs les plus profonds.

L'opportunité qui se présente lorsque l'on se trouve dans une culture différente de la sienne est le désengagement de la perspective - vous pouvez voir plus clairement les problèmes qui peuvent être obscurcis ou invisibles pour vous dans votre pays d'origine. Cela a été vrai pour moi personnellement et pour les milliers de personnes avec lesquelles j'ai partagé ces histoires dans le cadre de mon travail de collecte de fonds, de mes ateliers Soul of Money et de mes consultations privées par l'intermédiaire de l'Institut Soul of Money. Nous avons tous été surpris et satisfaits de découvrir que cette relation avec l'argent - cet endroit où nous nous sentons souvent le plus en conflit et le plus incertain, le moins bien et le moins entier - est un endroit et un chemin pour découvrir notre plénitude. Souvent, lorsque je partage ces histoires et que je parle de ces idées, que ce soit lors d'une conférence publique, d'un atelier ou d'un dîner, les gens me disent plus tard (parfois quelques minutes plus tard, parfois des mois ou même des années plus tard ! Ils ont pris de la lumière, de la distance et de l'espace dans leur relation avec l'argent, ce qui leur a permis de voir des choses qu'ils n'avaient jamais vues auparavant.

Ce voyage a été pour moi à la fois géographique et spirituel, émotionnel et ontologique, public et privé. Sur ce chemin privilégié, j'ai vu et entendu beaucoup de choses sur la relation des gens avec leur monde à travers le prisme de l'argent. J'ai fait preuve d'humilité, j'ai parfois été troublée, souvent inspirée et toujours reconnaissante. J'ai le sentiment que la sagesse qui a émergé de ces expériences diverses et multiples n'est pas la mienne, mais un don qui m'a été fait pour que je puisse le transmettre à d'autres. Je ressens à la fois un soulagement et un profond sentiment de responsabilité en partageant ces principes, convaincu comme je le suis que la refonte de notre relation à l'argent sera la clé qui transformera les conditions de vie, tant physiques que spirituelles, de chacun d'entre nous au vingt-et-unième siècle.

Dans l'examen honnête, audacieux et réfléchi de notre relation avec l'argent, nous trouvons une certaine vérité, et dans cette vérité - quelle qu'elle soit - nous pouvons trouver d'énormes possibilités et un pouvoir surprenant. *L'âme de l'argent* offre un moyen de réaligner notre relation avec l'argent pour qu'elle soit plus vraie, plus libre et plus puissante, nous permettant de vivre une vie d'intégrité et de pleine expression de soi en accord avec nos valeurs fondamentales les plus profondes, quelle que soit notre situation financière. Ce livre n'a pas pour but de se détourner de l'argent, de simplifier les dépenses, de faire des budgets ou des planifications financières, bien que la sagesse acquise soit pertinente pour toutes ces activités. Il s'agit plutôt de vivre consciemment, pleinement et joyeusement notre relation avec l'argent, et d'apprendre à comprendre et à accepter son flux. Il s'agit d'utiliser le portail non examiné de notre relation avec l'argent pour transformer en profondeur tous les aspects de notre vie.

Il existe des centaines de pratiques spirituelles, de nombreux chemins qui mènent à la plénitude et à la paix de l'esprit. L'exploration de votre relation avec l'argent peut vous y conduire. Il peut sembler étrange de penser que l'argent puisse être un tel chemin, mais je l'ai vu et parcouru moi-même, et j'ai vu beaucoup d'autres personnes faire de même. C'est l'occasion de vous embarquer pour un voyage remarquable et rare, qui a le potentiel de transformer tous les aspects de votre vie, aujourd'hui et demain : le voyage qui amène notre âme à l'argent et l'argent à notre âme.

PREMIÈRE PARTIE

AMOUR, MENSONGES ET GRAND RÉVEIL

CHAPITRE 1

L'argent et moi, l'argent et nous

L'argent est comme un anneau de fer que nous nous sommes mis dans le nez. Il nous mène maintenant où il veut. Nous avons simplement oublié que c'est nous qui l'avons conçu.

-MARK KINNEY

Dans un village prospère au cœur de la forêt amazonienne, à dix jours de marche de toute forme de civilisation telle que nous la connaissons, Chumpi Washikiat et son peuple sont engagés dans une entreprise audacieuse, courageuse, risquée et sans précédent. Ils apprennent à utiliser l'argent.

Bien qu'il ait vingt-six ans, Chumpi n'avait eu que très peu d'interactions avec l'argent jusqu'à il y a quelques années. Son groupe indigène, les Achuar, a vécu sans argent pendant des milliers d'années. Pendant tout ce temps, des générations d'Achuar ont grandi, travaillé pour élever des familles, construit des maisons et entretenu des communautés, le tout sans argent. Ces peuples indigènes étaient et sont toujours très sensibles aux influences les plus importantes dans leur vie - les forces de la nature et leurs relations les uns avec les autres et avec la forêt - mais ils n'avaient aucune relation avec l'argent. La réciprocité était la monnaie sociale. Il était entendu que tout le monde partageait avec tout le monde et que tout le monde prenait soin de tout le monde. Si la fille de Tantu épousait le fils de Natem, leurs amis et voisins se réunissaient pour leur construire une maison. Lorsqu'un chasseur tuait un sanglier, tout le village se régalait. Les hauts et les bas de la vie étaient principalement déterminés par les forces de la nature. Les batailles étaient menées pour des questions d'honneur. L'argent n'a rien à voir avec tout cela.

Chumpi a grandi dans cet environnement, mais son destin était de faire partie de la génération qui allait changer tout cela. Au début des années 1970, les Achuar ont eu leur premier contact avec le monde moderne par l'intermédiaire des missionnaires. En l'espace de deux décennies, leurs terres ancestrales sont devenues la cible de compagnies pétrolières et d'autres intérêts commerciaux qui menaçaient d'exploiter la forêt tropicale pour en extraire les bois durs et le pétrole qu'elle renfermait. En 1995, mon mari Bill et moi-même avons été invités par les chefs Achuar à devenir partenaires de leurs efforts pour protéger la terre et le mode de vie des peuples indigènes. C'est ainsi que j'ai rencontré Chumpi, un jeune guerrier Achuar très compétent.

Quelques années après cette première rencontre, Chumpi a été choisi par les anciens et les dirigeants des Achuar pour venir étudier en Amérique. Il devait être le premier Achuar à apprendre l'anglais, ce qui était essentiel pour que les Achuar puissent être efficaces avec les étrangers dans leurs efforts de conservation ou leurs entreprises commerciales. Dans le même temps, Chumpi a également entrepris d'apprendre l'autre langue de la vie occidentale contemporaine : la langue de l'argent. Il s'agit du vocabulaire nécessaire pour survivre dans un monde où, contrairement au leur, presque tout et tout le monde est motivé par l'argent, et parfois exclusivement par l'argent.

Chumpi vivait avec nous dans notre maison, suivait des cours dans un collège voisin et étudiait dur pour apprendre l'anglais. Son éducation à l'argent était plutôt de l'ordre de l'inhalation. Partout où il allait, le langage et la signification de l'argent emplissaient l'air, qu'il s'agisse des panneaux d'affichage, des publicités, des annonces publicitaires ou des cartes de prix sur les muffins à la boulangerie locale. En discutant avec d'autres étudiants, il a découvert leurs espoirs, leurs rêves et leurs perspectives d'avenir après l'obtention de leur diplôme ou, comme ils le disaient, "la vie dans le monde réel" - le monde de l'argent. Il a commencé à voir comment les choses se passent en Amérique : pratiquement tout dans notre vie et chaque choix que nous faisons - la nourriture que nous mangeons, les vêtements que nous portons, les maisons dans lesquelles nous vivons, les écoles que nous fréquentons, le travail que nous faisons, l'avenir dont nous rêvons, le fait de se marier ou non, d'avoir des enfants ou non, même les questions d'amour - tout est influencé par ce que l'on appelle l'argent.

Il n'a pas fallu longtemps à Chumpi pour comprendre que lui et son peuple avaient désormais une relation avec l'argent. L'argent a un sens. Si les Achuar voulaient sauver leur patrie de la forêt tropicale, ils devaient accepter le fait qu'elle avait de la valeur pour d'autres en raison de son potentiel de production d'argent. D'autres groupes indigènes de la région ont appris l'argent à leurs dépens. Ils ont échangé les droits sur leurs terres contre de l'argent qui s'est envolé aussi vite qu'il est arrivé et, en fin de compte, ils ont perdu leurs terres, leurs maisons, leur mode de vie et l'héritage qui leur appartenait depuis toujours.

Les Achuar ont retenu la leçon. Ils ont reconnu que leur défi particulier serait d'utiliser le pouvoir de l'argent de manière claire et cohérente pour servir leur objectif le plus important :

protéger la forêt tropicale et gérer ses ressources pour assurer un avenir durable à eux-mêmes et à toutes les formes de vie. Ils ont compris que leur nouvelle relation avec l'argent, sans précédent dans l'histoire, devait être fermement ancrée dans leurs propres valeurs fondamentales et leurs engagements les plus élevés envers la vie et la terre, faute de quoi, comme cela a été le cas pour leurs voisins, l'argent les mènerait à leur perte. Ce défi se poursuit aujourd'hui, mettant à l'épreuve le tissu de leurs relations et les anciens principes communautaires de leur culture.

Lorsque les Achuar se trouvent dans leur forêt tropicale, ils sont prospères et disposent de tout ce dont ils ont besoin, et ce depuis des siècles, voire des millénaires. Mais lorsqu'ils quittent la forêt tropicale pour entrer dans notre monde, ils ne peuvent ni manger, ni s'abriter, ni vivre pendant un certain temps sans argent. L'argent n'est pas une option, c'est une nécessité. Bill et moi, qui avons eu la chance d'assister et de participer avec les Achuar à leur premier contact significatif avec le monde de l'argent, nous sommes sentis appelés à réexaminer notre propre relation avec l'argent, ainsi que la relation de notre culture avec l'argent.

Comme Chumpi et les Achuar, nous avons tous une relation identifiable, bien que largement inconsciente et non examinée, avec l'argent, qui façonne notre expérience de la vie et nos sentiments les plus profonds à l'égard de nous-mêmes et des autres. Que vous comptiez votre monnaie en dollars, en yens, en roupies ou en drachmes, l'argent est l'une des questions centrales de notre vie. C'est le cas dans la mienne, et c'est le cas pour toutes les personnes que j'ai rencontrées, qu'elles aient beaucoup ou peu d'argent.

Tout le monde s'intéresse à l'argent, et presque chacun d'entre nous ressent une inquiétude chronique, voire une peur, de ne jamais en avoir assez ou de ne pas pouvoir en conserver suffisamment. Beaucoup d'entre nous prétendent que l'argent n'est pas important pour eux, ou pensent qu'il ne devrait pas l'être. Beaucoup d'entre nous vivent ouvertement avec l'accumulation d'argent comme objectif principal. Quelle que soit la quantité d'argent que nous avons, ou que nous n'avons pas, l'inquiétude de ne pas en avoir assez ou de ne pas en avoir assez rend notre cœur plus vif face aux questions d'argent. Plus nous essayons de l'obtenir, ou même de l'ignorer ou de le dépasser, plus l'emprise de l'argent sur nous se resserre.

L'argent est devenu un terrain de jeu où nous mesurons nos compétences et notre valeur en tant que personnes. Nous craignons de perdre notre place dans l'équipe ou de perdre notre avantage si nous cessons de nous efforcer d'en obtenir davantage. Si nous ne gagnons pas de terrain, nous avons l'impression d'en perdre. Si nous ne sommes pas en avance sur les autres sur le plan financier, ou au moins à égalité avec eux, nous avons l'impression d'être à la traîne et de devoir rattraper notre retard. Le jeu peut être passionnant à certains moments, effrayant à d'autres, mais les enjeux sont toujours élevés parce que sur le terrain de jeu de l'argent, si nous ne sommes pas gagnants, nous sommes perdants.

Même lorsque le jeu va dans notre sens, nous ressentons souvent une déconnexion tenace, un fossé entre la façon dont nous imaginons que la vie devrait être et la façon dont nous la vivons, sous la pression quotidienne de gagner plus, d'acheter plus, d'épargner plus, d'obtenir plus, d'avoir plus, et d'être plus. Même les riches ne trouvent pas la paix et la liberté avec leur argent que l'on pourrait penser découler de la possession de tant d'argent ; ce n'est pas le cas. Il faut plus pour jouer le jeu dans ces cercles, mais le jeu est le même. Vous pouvez être un PDG qui a gagné 7 millions de dollars l'année dernière, mais si votre partenaire de golf vient de conclure une affaire pour 10 millions de dollars et que vous ne l'avez pas fait, vous vous retrouvez à la traîne dans le jeu de l'argent. Plus les enjeux financiers sont importants, plus il y a à perdre, et plus le jeu devient exigeant pour rester en tête. Personne n'échappe à la puissante poussée et à l'attraction de l'argent. Chacun réagit aux hauts et aux bas de l'argent dans sa vie.

Que l'on considère l'argent dans le contexte de notre vie personnelle ou familiale, sur le lieu de travail ou dans le cadre de la santé et du bien-être des nations, la même image se dégage : L'argent est l'élément le plus universellement motivant, espiègle, miraculeux, calomnié et incompris de la vie contemporaine.

CETTE CHOSE QUE NOUS APPELONS L'ARGENT

Si nous faisons abstraction de milliers d'années de conditionnement culturel et d'hypothèses pour jeter un regard neuf sur l'argent, nous pouvons commencer par quelques observations de base. L'argent n'est pas un produit de la nature. L'argent ne pousse pas sur les arbres. Les centimes ne tombent pas du ciel. L'argent est une invention, une invention proprement humaine. C'est une fabrication totale de notre génie. Nous l'avons inventé et nous le fabriquons. C'est un objet inanimé qui est apparu sous de nombreuses formes différentes au cours de ses 2 500 à 3 500 ans d'histoire, qu'il s'agisse de coquillages, de pierres ou de lingots de métaux précieux, d'un billet de banque ou d'une bulle sur l'écran d'un ordinateur. Dès le début, l'argent a été inventé pour faciliter le partage et l'échange de biens et de services entre les individus et les groupes de personnes. L'argent facilite toujours le partage et l'échange de biens et de services, mais à un moment donné, le pouvoir que nous avons donné à l'argent a dépassé son rôle utilitaire initial.

Aujourd'hui, plutôt que de considérer l'argent comme un outil que nous créons et contrôlons, nous en sommes venus à le considérer comme un fait naturel, une force avec laquelle il faut compter. Ce qu'on appelle l'argent, des jetons ou des billets de banque produits en masse qui n'ont pas plus de pouvoir inhérent qu'un bloc-notes ou un Kleenex, est devenu la force qui contrôle le plus nos vies.

L'argent n'a que le pouvoir que nous lui attribuons, et nous lui avons attribué un pouvoir immense. Nous lui avons donné une autorité quasi définitive. Si nous ne regardons que le comportement, il nous indique que nous avons rendu l'argent plus important que nous-mêmes, que nous lui avons donné plus de sens qu'à la vie humaine. Les humains ont fait et feront des choses terribles au nom de l'argent. Ils ont tué pour l'argent, réduit d'autres personnes en esclavage pour l'argent, et se sont réduits eux-mêmes en esclavage pour mener une vie sans joie à la recherche de l'argent.

Au nom de l'argent, l'humanité a causé d'immenses dégâts à notre mère la Terre. Nous avons détruit les forêts tropicales, endigué et décimé des rivières, coupé à blanc des séquoias, surpêché des rivières et des lacs, et empoisonné nos sols avec des déchets chimiques provenant de l'industrie et de l'agriculture. Nous avons marginalisé des pans entiers de notre société, contraint les pauvres à vivre dans des HLM, permis la formation de ghettos urbains, exploité des nations entières pour obtenir une main-d'œuvre moins chère et assisté à la chute de milliers - en fait, de millions - de personnes, souvent jeunes, prises dans la vente de drogues pour de l'argent, blessant les autres et gaspillant leur propre promesse dans une vie de criminalité, d'esclavage ou d'incarcération. Nous avons perpétué des traditions ancestrales qui attribuent aux hommes et aux femmes un accès différent et inégal à l'argent et au pouvoir que nous lui accordons, soumettant les femmes et déformant les attentes et les obligations des hommes grâce à leur accès privilégié à l'argent.

Il est rare que l'argent soit un véritable espace de liberté, de joie ou de clarté dans notre vie. Pourtant, nous lui permettons régulièrement de dicter les termes de notre vie et d'être souvent le facteur le plus important dans les décisions que nous prenons en matière de travail, d'amour, de famille et d'amitié. Il n'y a rien que nous acceptions aussi complètement que le pouvoir et l'autorité de l'argent, et les hypothèses sur la façon dont nous devrions nous sentir à son sujet.

Nous remettons en question les hypothèses concernant tous les autres aspects de la vie : race, religion, politique, éducation, sexe, famille et société. Mais lorsqu'il s'agit d'argent, nous l'acceptons non seulement comme mesure de la valeur économique, mais aussi comme moyen d'attribuer de l'importance et de la valeur à tout le monde et à tout ce qui existe dans le monde. Lorsque nous parlons de réussite dans la vie, l'argent est presque toujours la première, et parfois la seule, mesure que nous utilisons.

Dans notre vie privée, nous nous sommes tous, à un moment ou à un autre, rabaissés et dévalorisés, nous avons profité des gens ou nous nous sommes livrés à d'autres actions dont nous ne sommes pas fiers afin d'obtenir ou de conserver de l'argent ou le pouvoir que nous croyons qu'il peut acheter. Nous nous sommes tus pour éviter les conflits ou les interactions inconfortables à propos de l'argent. Notre comportement à l'égard de l'argent a nui à nos relations lorsque l'argent a été utilisé comme un instrument de contrôle ou de punition, de fuite émotionnelle ou de manipulation, ou comme un substitut à l'amour. Dans les familles très riches, beaucoup ont été empoisonnées par l'avidité, la méfiance et le désir de contrôler les autres. Leur vie de privilèges les a coupés de l'expérience essentielle des interactions humaines ordinaires et des relations authentiques. Dans les vies où l'argent est rare, la lutte peut facilement devenir le thème déterminant qui réduit la valeur personnelle et le potentiel humain fondamental d'un individu, d'une famille, voire de communautés ou de cultures entières. Pour certains, le manque chronique d'argent devient une excuse qu'ils utilisent pour être moins débrouillards, productifs ou responsables qu'ils ne pourraient l'être.

Nous naissons dans une culture définie par l'argent, et notre relation initiale avec l'argent est le produit de cette culture, qu'elle soit basée principalement sur la pauvreté, dans un pays comme le Mozambique ou le Bangladesh, ou sur une culture d'abondance et de richesse dans un pays comme les États-Unis ou le Japon. Dès notre plus jeune âge, nous apprenons la place et le pouvoir de l'argent dans nos familles, nos communautés et dans nos propres vies. Nous voyons qui le gagne et qui ne le gagne pas. Nous voyons ce que nos parents sont prêts à faire, et ce qu'ils ne sont pas prêts à faire, pour acquérir de l'argent ou les choses que l'argent permet d'acheter. Nous voyons comment l'argent façonne les perspectives personnelles et l'opinion publique.

Dans notre culture de consommation américaine nettement agressive, même nos plus jeunes enfants sont entraînés dans cette relation féroce avec l'argent. Tout comme nous, mais encore plus aujourd'hui, ils grandissent dans un milieu médiatique et une culture populaire qui encouragent un appétit insatiable pour la dépense et l'acquisition, sans se soucier des conséquences personnelles ou environnementales. Les distorsions dans notre relation à l'argent émergent d'une vie passée à vivre ces expériences quotidiennes apparemment inoffensives dans la culture de l'argent. Les problèmes personnels liés à l'argent, ainsi que les questions de durabilité et d'équité sociale qui sont au cœur de l'économie humaine et de l'environnement, sont clairement enracinés dans notre relation à l'argent et dans la culture de l'argent dans laquelle nous sommes nés et que nous finissons par accepter comme naturelle.

L'ARGENT ET L'ÂME : LE GRAND FOSSÉ

Pour la plupart d'entre nous, cette relation avec l'argent est profondément conflictuelle, et notre comportement avec et autour de l'argent est souvent en contradiction avec nos valeurs, nos engagements et nos idéaux les plus profonds - ce que j'appelle notre âme. Lorsque je parle d'âme, je ne fais référence à aucune interprétation religieuse. Lorsque je parle de "nos" valeurs fondamentales ou de nos engagements les plus élevés, je ne veux pas dire que nous pensons ou ressentons tous la même chose à propos de la politique, de la religion, de l'économie et de toutes les autres questions, exigences et désirs qui dominent notre journée. Je crois qu'en fin de compte, lorsque l'on va droit au but et que l'on découvre toutes les choses auxquelles on nous dit de croire, ou les choses auxquelles on nous fait croire par des manœuvres et des manipulations, ou même les choses auxquelles nous choisissons de croire, ce qui importe profondément aux êtres humains, *nos engagements les plus universels et nos valeurs fondamentales*, c'est le bien-être des personnes que nous aimons, le nôtre et celui du monde dans lequel nous vivons.

Nous voulons vraiment un monde qui fonctionne pour tout le monde. Nous ne voulons pas que des enfants souffrent de la faim. Nous ne voulons pas que la violence et la guerre frappent la planète, où que ce soit, même s'il s'agit d'un endroit lointain. Nous ne voulons pas que la torture, la vengeance et la rétribution soient des instruments de gouvernement et de direction. Tout le monde veut une vie sûre, sécurisée, aimante et nourrissante pour soi-même et ceux qu'on aime, et en fait pour tout le monde. Nous voulons tous une planète saine et la possibilité pour chacun d'avoir une vie saine et productive.

Je crois aussi qu'en dépit de ses peurs et de ses bouleversements, même les plus profonds, chacun veut aimer et être aimé, et faire la différence dans sa vie. En termes spirituels, et non dans un sens religieux spécifique, je crois que les gens veulent aussi faire l'expérience de leur propre divinité, de leur propre connexion avec toute vie et du mystère de quelque chose de plus grand que ce que nous comprenons. La culture de l'argent nous a façonnés de bien des manières que nous n'aurions pas choisies dans le cadre d'un processus plus conscient, nous poussant à miner et à éroder involontairement les valeurs humaines les plus profondes et les engagements les plus élevés, et parfois à nous détourner de ceux-là mêmes que nous prétendons chérir.

LE CHANT DES SIRÈNES DE LA RÉUSSITE

Au début des années 1970, alors que Bill entamait sa carrière dans les affaires et que le chant des sirènes de l'argent commençait à résonner à ses oreilles, il a été recruté, avec d'autres jeunes titulaires de MBA issus des meilleures écoles de commerce, par une célèbre société naissante qui organisait des contrats de location à grande échelle d'équipements de transport et d'ordinateurs. L'entreprise gagnait de l'argent sur un pourcentage des transactions et entrait dans une période de croissance phénoménale sur ce marché. L'entreprise a commencé à connaître un succès croissant, de plus en plus rapide, et à un moment donné, les dirigeants de l'entreprise se sont fixé pour objectif de devenir une entreprise d'un milliard de dollars plus rapidement que n'importe quelle autre entreprise dans l'histoire. Il s'agissait d'un objectif ambitieux et enivrant à l'époque, mais tout à fait possible. C'était extrêmement excitant, et tout le monde - y compris les conjoints - a été séduit par cet objectif. Je me souviens d'avoir été enthousiasmée par le fait que tout se passait si bien pour Bill et ses collègues, et d'avoir pensé que c'était fabuleux, de l'avoir encouragé et de ne pas avoir interrompu son habitude de rester au bureau plus tard, de rentrer plus tôt et de devoir partir en voyage d'affaires, même les week-ends.

Nos trois jeunes enfants - Zachary, âgé d'un an, Summer, qui avait trois ans, et Billy, qui en avait cinq - étaient le centre de notre vie, du moins c'est ce que nous pensions. Notre mariage et notre relation avec nos enfants étaient les choses les plus importantes au monde pour nous, du moins c'est ce que nous disions. Pourtant, si quelqu'un nous avait filmés pendant cette période et avait regardé objectivement, il aurait dit : "Non, ils ne se soucient pas des enfants. Les enfants sont avec la nounou, la femme est toujours en train de faire des folies avec son mari, de faire des courses ou de recevoir, et ils manquent les étapes les plus importantes du développement de leurs enfants, voir les premiers pas, être là pour les histoires du soir, les baisers, ou la spontanéité qui construit les relations. Ils sont en mesure d'acheter des services de garde d'enfants, des jouets et une belle maison, mais même lorsqu'ils sont avec leurs enfants, ils se demandent ce qu'ils doivent faire ensuite pour atteindre leurs objectifs financiers ou montrer à leurs amis qu'ils savent comment gérer avec aisance l'expérience naissante de la richesse.

Nous pensions être sincèrement dévoués à nos enfants, mais si vous regardiez honnêtement comment nous dépensions notre temps et notre énergie, vous verriez que nos actions ne correspondaient pas à nos intentions.

Nous nous sommes retrouvés dans cette course au milieu des années 1970. L'argent coulait à flots et tout ce que nous acquérions ou utilisions pour l'argent nous poussait à désirer la chose suivante, le prochain achat ou la prochaine raison d'acheter davantage. Pour être socialement éduqués, nous pensions qu'il nous fallait apprendre à connaître le bon vin, et lorsque nous l'avons fait, nous avons eu besoin d'une cave à vin. Nous avons acheté une voiture de sport rapide et sexy, puis nous avons eu besoin d'une autre voiture, un break, pour notre vie de famille avec les enfants. Nous avions une maison magnifique, mais elle ne semblait pas terminée sans quelques œuvres d'art impressionnantes. Dès que nous avons commencé à nous intéresser à l'art, nous avons voulu acheter à un niveau supérieur. Nos amis ont commencé à avoir des résidences d'été, ce qui nous a semblé être la prochaine étape. Lorsque nous avons commencé à acheter des vêtements plus chers, nous avons eu besoin de chaussures plus neuves et plus belles. Nos manteaux devaient être à la hauteur des vêtements qu'ils recouvraient. Et nos montres devaient suivre le mouvement. La liste des améliorations était sans fin. Dans notre cercle social, les vacances sont devenues comme des insignes de mérite du style de vie aisé ; si vous vouliez vous intégrer à la foule populaire, on attendait de vous que vous preniez des vacances exotiques. Soudain, il ne suffisait plus de se rendre en voiture à Yosemite ou de faire du camping. Il fallait aller skier à Sun Valley ou faire de la voile à Hawaï. Une chose en entraînant une autre, tout semblait si important. Quelque chose nous poussait, et nous ne nous arrêtions pas pour poser des questions. Pendant tout ce temps, nos enfants étaient chez la nounou et les baby-sitters, grandissant bien approvisionnés et bien entretenus, mais sans notre présence. Nous étions des parents aimants, mais absents bien plus que nous ne le voulions, et pourtant nous partions parce qu'il semblait toujours important que nous partions, et nous savions que nous reviendrions bientôt à la maison.

Le lancement d'une initiative mondiale visant à mettre fin à la faim dans le monde - le projet Hunger - m'a réveillé. Lorsque j'ai entendu parler pour la première fois d'un engagement visant à mettre fin à la faim dans le monde, j'ai senti que sa mission correspondait aux sentiments profonds que j'éprouvais à l'égard de la souffrance humaine. Je me suis souvenu que lorsque j'étais enfant, un enfant heureux et satisfait, j'ai réalisé à un moment donné qu'il y avait quelque part des gens qui avaient faim, et cela n'avait aucun sens pour moi. J'étais bouleversée à l'idée qu'un enfant comme moi, quelque part sur terre, n'avait pas assez à manger. Je me souviens avoir pensé que je ne pouvais pas laisser faire cela. Quand on est enfant, on a une telle pensée, puis on sort et on joue. Mais cette pensée est restée en moi et, des décennies plus tard, lorsque j'ai entendu le message du Projet Faim, à savoir qu'il était possible, en utilisant les ressources existantes, de mettre fin à la faim chronique et persistante sur terre, cela a résonné au plus profond de mon cœur et m'a ramené à ce moment de mon enfance où j'avais réalisé que tout le monde n'était pas pris en charge et où je voulais faire quelque chose. J'ai ressenti un appel de mon âme qui était si profond que je ne pouvais pas le nier. C'est à ce moment-là que j'ai commencé à me détacher de la course-poursuite.

Aujourd'hui, deux décennies et demie plus tard, je peux dire que l'un des cadeaux inattendus de ma participation au projet Hunger a été qu'en prenant position pour mettre fin à la faim dans le monde, j'en suis venu à reconnaître, et à devoir affronter, ma propre faim intérieure et la façon inauthentique et inappropriée dont nous vivions. C'est alors que nous avons délibérément commencé à orienter nos ressources - notre temps, notre énergie, notre argent, l'accumulation de richesses matérielles - vers notre désir ardent de faire la différence dans nos vies.

Alors que Bill continuait à travailler avec son entreprise, nous avons commencé à voir les choses différemment. Plutôt que d'accumuler sans fin l'argent ou de l'utiliser pour acquérir plus de choses, nous avons commencé à voir les ressources que lui et ses partenaires gagnaient comme des ressources que nous pouvions diriger vers les autres, en allouant de l'argent à des personnes, des programmes et des projets qui construisaient une vie meilleure pour tout le monde. Ayant moi-même été enseignante, j'ai décidé de créer une école pour les parents célibataires et les parents qui travaillent. Nous avons impliqué nos amis et d'autres familles dans des activités de construction communautaire et de collecte de fonds. Nous nous sommes plongés dans le travail de transformation personnelle et sociale, en suivant nous-mêmes des cours et des ateliers et en encourageant les autres à faire de même. Nous avons commencé à ouvrir nos relations, passant d'un groupe étroit de personnes homogènes, toutes en quête de réussite financière et de statut, à un ensemble diversifié d'amis et de collègues issus de tous les milieux, de toutes les cultures et de tous les modes de vie. Notre cercle s'est élargi, il est devenu multiculturel et composé de personnes issues de différents segments de la société et de différentes situations économiques.

Bill et ses partenaires ont créé une fondation d'entreprise et nous avons tous connu la joie et le pouvoir de contribuer, d'investir de l'argent dans les choses qui nous tenaient le plus à cœur, dans des programmes qui correspondaient à nos engagements les plus élevés. Nous avons vu que nous pouvions faire une différence significative en investissant notre argent dans la lutte contre la faim et nous l'avons fait, en contribuant au Projet Faim et en éprouvant une sorte d'épanouissement qui a réchauffé et nourri nos relations les uns avec les autres et avec tout le monde. Nous avons réalisé que notre précédente course à l'accumulation et à l'amélioration de tout ce qui nous concerne et de notre vie était une autre forme de faim, et nous l'avons abordée de front en réalisant que ce dont nous avions vraiment faim, c'était d'avoir une vie qui ait un sens. Nous voulions faire la différence et nous avons commencé à nous y consacrer. Certains d'entre nous ont consacré leur énergie à des initiatives de lutte contre la faim, d'autres à l'éducation, d'autres encore à la lutte contre la pauvreté, d'autres enfin à la lutte contre la maltraitance ou à l'hébergement et à la guérison des victimes de maltraitance.

Ce changement de cœur a entraîné un changement dans notre relation avec l'argent. Une fois que nous avons commencé à aligner nos décisions financières sur nos valeurs fondamentales les plus profondes et nos engagements les plus élevés, nous avons connu un changement spectaculaire, non seulement dans ce que nous faisions avec notre argent, mais aussi dans la façon dont nous nous sentions par rapport à l'argent, à notre vie et à nous-mêmes. Finalement, nous avons appris à nous connaître non pas pour ce que nous avions ou possédions, mais pour ce que nous donnions ; non pas pour ce que nous accumulions, mais pour ce que nous allouions.

Nous avons constaté une transformation similaire chez beaucoup de nos amis. Quelles que soient leurs ressources financières, lorsqu'ils ont pris conscience de leur générosité et de leur engagement, ils ont été incités à s'exprimer de la même manière. Nous avons réalisé que nous ne pouvions pas changer la culture de l'argent, mais que nous pouvions la voir plus clairement. Nous pouvions faire des choix plus conscients quant à notre rapport aux circonstances et à la manière dont nous y répondions. Nous ne nous sentions plus aussi pris au piège de nos peurs et de nos attentes en matière d'argent, et la course à l'argent a commencé à perdre de son emprise. Pour chacun d'entre nous, l'argent est devenu de plus en plus un moyen d'exprimer le désir et l'accomplissement de l'âme.

GAGNER SA VIE EN AFFIRMANT LA VIE

Chacun d'entre nous fait l'expérience d'une lutte permanente entre ses intérêts financiers et l'appel de son âme. Lorsque nous sommes dans le domaine de l'âme, nous agissons avec intégrité. Nous sommes réfléchis et généreux, nous nous autorisons, nous sommes courageux et nous nous engageons. Nous reconnaissons la valeur de l'amour et de l'amitié. Nous admirons les petites choses bien faites. Nous vivons des moments d'émerveillement en présence de la nature et de sa beauté brute. Nous sommes ouverts, vulnérables et chaleureux. Nous avons la capacité d'être émus et la générosité est naturelle. Nous sommes dignes de confiance et faisons confiance aux autres, et notre expression personnelle s'épanouit. Nous nous sentons en paix avec nous-mêmes et confiants dans le fait que nous faisons partie intégrante d'une expérience plus vaste et plus universelle, de quelque chose de plus grand que nous.

Lorsque nous entrons dans le domaine de l'argent, nous avons souvent l'impression d'être déconnectés de la personne pleine d'âme que nous avons toujours connue. C'est comme si nous étions soudainement transportés sur un terrain de jeu différent où toutes les règles ont changé. Sous l'emprise de l'argent, ces merveilleuses qualités de l'âme semblent moins disponibles. Nous devenons plus petits. Nous nous démenons ou faisons la course pour "obtenir ce qui nous appartient". Nous devenons souvent égoïstes, avides, mesquins, craintifs, contrôlants, ou parfois confus, en conflit ou coupables. Nous nous considérons comme des gagnants ou des perdants, puissants ou impuissants, et nous laissons ces étiquettes nous définir profondément de manière inexacte, comme si la richesse financière et le contrôle indiquaient une supériorité innée, et que l'absence de ces éléments suggérait un manque de valeur ou de potentiel humain de base. Les perspectives d'avenir s'évanouissent. Nous devenons prudents et méfiants, nous protégeons notre petit bout de terrain, ou nous sommes impuissants et désespérés. Nous nous sentons parfois poussés à adopter des comportements incompatibles avec nos valeurs fondamentales et incapables d'agir différemment.

Il en résulte une profonde division dans notre façon d'être, dans notre comportement et dans notre sens du caractère et de l'intégrité. Cette dichotomie, cette rupture dans notre vérité, ne nous rend pas seulement confus sur la question de l'argent ; elle nous empêche également d'intégrer nos mondes intérieur et extérieur pour faire l'expérience de la plénitude dans notre vie, ce moment exquis où nous nous sentons en paix dans l'instant, faisant partie de la vie et ne faisant qu'un avec elle. Cette expérience plus calme de la plénitude a été largement perdue dans notre culture, dépassée par le bruit et la course à l'argent. Ce fossé existe pour chacun d'entre nous - moi y compris - et il est au cœur même des luttes les plus difficiles de la vie pour chacun d'entre nous.

Dans *Your Money or Your Life*, Vicki Robin parle des personnes qui, au lieu de vivre de leur travail, se contentent de "mourir" ou, dans certains cas, de "tuer". Le travail qu'elles effectuent n'est pas satisfaisant, peut-être même préjudiciable à leur propre bien-être ou à celui d'autrui. Ou peut-être sont-ils gênés par leur travail. Ils le détestent. Ils aimeraient ne pas avoir à le faire. Ils prétendent que cela n'a pas d'importance, mais en réalité, leur esprit - ou celui de quelqu'un d'autre - est en train de disparaître. Pris dans la course, ils disent qu'ils gagnent leur vie alors qu'en réalité, ils sont en train de mourir ou de tuer, mais ils ne le voient pas ou ne peuvent pas l'admettre.

L'argent n'est pas un problème en soi. L'argent en soi n'est ni mauvais ni bon. L'argent en soi n'a pas de pouvoir ou n'en a pas. C'est notre interprétation de l'argent, notre interaction avec lui, qui est à l'origine de la véritable malice et qui nous donne l'occasion de nous découvrir et de nous transformer. Les histoires que je m'apprête à raconter sont le fruit d'un voyage à travers les extrêmes, dans des circonstances de richesse stupéfiante et de pauvreté économique choquante, auprès de personnes et dans des lieux situés sur des continents éloignés de ce pays. Mais j'ai vu les mêmes leçons se dérouler plus près de chez moi, dans les luttes et les choix quotidiens que nous faisons avec l'argent, ainsi que nos attentes, nos rêves, nos peurs et nos déceptions à son égard.

Il vous faudra peut-être regarder de près pour trouver le fil conducteur de l'argent dans votre propre histoire, mais il est là et il a un sens. Vous pouvez entamer le processus d'examen et transformer le mystère de l'argent et le terrain de jeu qu'il représente en un lieu différent. Votre relation avec l'argent peut être un lieu où vous apportez vos forces et vos compétences, vos aspirations les plus élevées et vos qualités les plus profondes. Que nous soyons millionnaires ou "héritiers d'un dollar", nous pouvons en fait être excellents avec notre argent et être excellents dans notre relation avec lui.

Dans un monde qui semble tourner autour de l'argent, il est vital d'approfondir notre relation avec notre âme et de l'appliquer à notre relation avec l'argent. Dans cette fusion et cet engagement, nous pouvons créer une pratique spirituelle nouvelle et profonde. Notre culture de l'argent peut être à la fois équilibrée et nourrie par l'âme. Notre relation avec l'argent peut devenir un lieu où, jour après jour, nous pouvons nous engager dans cette pratique spirituelle significative.

Les chapitres qui suivent sont une invitation à affronter nos défis avec l'argent, nos peurs face à l'argent, notre dépendance et notre attachement à l'argent, nos remords, nos regrets et nos blessures face à l'argent, et à considérer tout cela comme une arène de croissance personnelle, un endroit merveilleux dans lequel nous pouvons travailler à notre propre transformation. Dans cet engagement, nous donnons à l'argent son âme.

CHAPITRE 2

En Inde : Le cœur de la faim, l'âme de l'argent

Écoutez votre vie. Voyez-la comme le mystère insondable qu'elle est. Dans l'ennui et la douleur, tout autant que dans l'excitation et la joie : touchez, goûtez, sentez votre chemin vers le cœur saint et caché de la vie, parce qu'en dernière analyse, tous les moments sont des moments clés, et la vie elle-même est une grâce.

-FREDERICK BUECHNER

Lors de mon premier voyage en Inde, alors que je me trouvais sur les rives du Gange à Varanasi, j'ai été intrigué par la vue de petits radeaux ornés de fleurs et de torches, qui flottaient doucement au gré du courant de l'eau sombre et veloutée. Ils flottaient légèrement, comme les pièces d'un délicat carnaval à la dérive. Je me suis laissé séduire par leur beauté et je me suis demandé quelle était la fête célébrée. J'ai demandé à un ami, qui m'a informé que les jolis radeaux floraux étaient des bûchers funéraires, transportant des restes humains en flammes vers l'aval, jusqu'à leur fin cérémonielle en cendres sur la berge. C'était un peu un choc, mais c'était une introduction appropriée au paysage et à la culture de l'Inde.

L'Inde est une terre de surprises, un pays où la beauté extraordinaire côtoie une souffrance inimaginable. S'il existe une capitale de la faim dans le monde, c'est bien l'Inde. L'Inde compte plus de personnes souffrant de malnutrition chronique, de faim et de famine que n'importe quel autre pays du monde. Quelque 300 millions d'entre elles luttent pour survivre, depuis les rues et les égouts de Calcutta jusqu'au désert aride et desséché du Rajasthan, où toute forme de vie est une aberration.

J'ai visité l'Inde pour la première fois en 1983, environ cinq ans après le début de ma carrière d'activiste mondial et de collecteur de fonds pour mettre fin à la faim dans le monde. Jusqu'à présent, mon travail m'avait conduit aux États-Unis, au Canada et en Europe, mais c'était mon premier voyage en Inde. Je m'attendais à découvrir la réalité de la faim et de la pauvreté dans leurs dimensions les plus stupéfiantes. Il s'est avéré que c'est en Inde que j'ai également découvert des vérités surprenantes sur l'argent et la richesse, sur la nature humaine et le potentiel humain.

UNE PROMENADE AVEC RAMKRISHNA BAJAJ

On l'appelait "le cinquième fils de Gandhi", mais Ramkrishna Bajaj n'avait aucun lien de parenté avec le grand Mahatma, leader du mouvement non violent pour l'indépendance de l'Inde vis-à-vis de la Grande-Bretagne à la fin des années 1930. C'est plutôt la reconnaissance et la tradition indienne qui ont poussé un Gandhi reconnaissant à proposer d'élever le petit garçon. Ramkrishna était le plus jeune fils de Jamlalal Bajaj, grand industriel indien et soutien financier silencieux du mouvement d'indépendance.

Nous pensons rarement que le mouvement d'indépendance mené par Gandhi a été financé par quelqu'un, mais quelqu'un a tout payé : les voyages, les frais de subsistance, le soutien qui a permis à Gandhi et à d'autres d'être là où on avait besoin d'eux et d'avoir ce dont ils avaient besoin pour faire avancer la cause de l'indépendance. Jamlalal Bajaj était cet homme, le grand argentier de Gandhi et du mouvement pour l'indépendance. En remerciement de cet investissement, Gandhi, conformément à la tradition indienne, proposa d'élever le plus jeune enfant de Jamlalal comme s'il était le sien. Gandhi ayant déjà quatre enfants, lorsqu'il adopta Ramkrishna, les Indiens l'appelèrent "le cinquième fils de Gandhi".

Ce qui n'était au départ qu'une expression de gratitude s'est avéré être une bénédiction permanente pour l'Inde, Ramkrishna devenant lui-même un homme grand et bon. À l'âge de treize ans, il était le chef du mouvement de jeunesse non violent organisé par Gandhi, qui comptait plusieurs milliers de jeunes. Après des années passées aux côtés de Gandhi, parfois en prison pendant des mois pour leur résistance passive et leur désobéissance civile, Ramkrishna est devenu un dirigeant respecté et, à terme, le patriarche de l'empire industriel et financier que son père avait construit. La Bajaj Corporation, ou la Maison Bajaj, comme on l'appelle en Inde, était l'une des plus grandes entreprises du pays. En tant que nouveau patriarche, Ramkrishna s'est montré extrêmement efficace et généreux, créant plusieurs fondations qui ont soutenu des milliers de projets pour le bien commun.

J'ai eu le privilège d'avoir Ramkrishna Bajaj comme guide et mentor lors de mes premiers voyages en Inde. Il était une figure paternelle et m'a pris sous son aile pour m'éduquer sur ce pays complexe d'extrêmes et d'opposés : beauté extrême et spiritualité exquise, pauvreté abjecte et répression effroyable.

Je me souviens avoir débarqué de l'avion à Bombay dans une vague de chaleur et d'humidité. L'odeur de milliers d'êtres humains si proches les uns des autres dans cette chaleur était écrasante, comme pour la plupart des Occidentaux lors de leur première rencontre avec l'Inde. À cette époque, des milliers de personnes - mendiants et autres - vivaient dans l'aéroport et sur les bords des routes menant à l'aéroport, ainsi que dans les rues de Bombay, sur les trottoirs, dans les embrasures de portes et les cages d'escaliers - partout. Les gens utilisaient n'importe quel espace pour installer leurs petites marmites pour faire des chapatis, accroupis autour de la petite boîte de cuisson en métal qui leur servait de feu. Certains dormaient sans couverture. D'autres avaient des abris faits de papier et de boîtes, de détritus de rue et de ficelle. Souvent, une famille de six personnes ou plus se blottissait à l'intérieur de l'une de ces cabanes de fortune.

Nous avons traversé l'aéroport et, dès que nous sommes sortis de la zone des bagages, nous avons été confrontés à des mendiants. Ils nous tiraient, se rapprochaient de nous pour obtenir une réponse. J'ai été bouleversée. Le troisième jour en Inde, j'étais en état de choc. C'était une chose de parler publiquement de l'éradication de la faim dans le monde, mais c'en était une autre d'assister physiquement à la faim en Inde. Je n'avais pas vu l'ampleur de la tâche, son immensité. Maintenant, je me trouvais face à face avec elle.

Ce troisième jour, j'ai marché dans les rues de Bombay avec Ramkrishna, cet homme vénéré comme incarnant l'héritage de Gandhi, cet homme tant célébré comme un grand industriel, un grand philanthrope, un grand chef spirituel, un grand père, une grande âme, et tandis que nous marchions dans les rues de Bombay, j'ai vu des gens qui savaient qui il était, tomber à genoux et lui baiser les pieds. En même temps, je l'ai vu ignorer les mendiants ; c'était comme s'il ne les voyait pas, comme s'ils n'étaient pas là. Il les a enjambés, semblant ignorer leur situation.

Lorsque vous marchez à Bombay, en particulier dans certains quartiers de la ville où nous nous sommes rendus, vous devez littéralement marcher sur des personnes qui vivent dans la rue. Ces personnes s'approchent de vous pour vous demander l'aumône, leurs mains difformes tendues, ou elles tiennent leurs petits bébés aveugles devant vous, ou encore elles tirent sur vos vêtements ou gémissent à vos côtés. Pour un Occidental, quelqu'un comme moi, c'est choquant à voir, déchirant à constater, et j'étais donc très consciente de ces personnes. Je ne pouvais pas remarquer ou penser à autre chose. Mais Ramkrishna n'a pas réagi.

Ils ne l'ont pas non plus accosté comme ils l'ont fait avec moi. C'était comme s'il y avait un accord tacite ou un bouclier autour de lui. Il les a traversés sans contact ni commentaire, et j'ai été étonné qu'un si grand homme, un homme d'une telle compassion, puisse être aussi aveugle à leur égard. C'était la première fois que je reconnaissais la lumière et l'obscurité de l'Inde, et la lumière et l'obscurité d'un homme aussi grand, qui, pour fonctionner, avait besoin de ne pas voir ces personnes, de ne pas les aborder et de ne même pas reconnaître qu'elles étaient là.

La pauvreté et la faim écrasantes recèlent également d'autres vérités qui commencent à placer le comportement de Ramkrishna avec les mendiants dans une perspective différente. Il est triste de constater que la mendicité est une industrie en Inde - dans d'autres pays également, mais surtout en Inde. Il est difficile pour nous de voir les choses sous cet angle, mais il s'agit d'une industrie organisée et, dans de nombreux endroits, des chefs mafieux encouragent les gens à mutiler leurs enfants pour qu'ils deviennent des mendiants plus efficaces. Cette pratique permet non seulement de faire de la mendicité une profession à vie, mais aussi de créer une lignée de mendiants.

Le système des castes a perdu de son emprise sur l'Inde dans une certaine mesure aujourd'hui, mais en 1983, il était encore très fort. Il imposait une vision de la vie comme un système fermé dans lequel une fois que l'on était mendiant, on ne pouvait jamais en sortir. Dans cette vision de la vie, vous pouviez prier pour renaître en tant que Brahman plus privilégié, ou renaître dans une autre incarnation, mais cette fois-ci, vous, vos enfants et les enfants de vos enfants seraient toujours des mendiants. Sachant cela, vous vouliez devenir aussi efficace que possible dans la mendicité.

Comme le succès d'un mendiant dépend du fait que les gens se sentent choqués, désolés ou coupables pour qu'ils donnent de l'argent, les syndicats et les patrons apprenaient à leurs mendiants de rue à rendre leurs enfants encore plus pitoyables. Sous cette pression, les parents faisaient parfois quelque chose pour marquer le visage de leur enfant, ou ils coupaient la main ou la jambe de leur enfant pour qu'il n'y ait plus qu'un moignon. Les familles mutilaient en fait leurs enfants pour augmenter leur valeur de choc et leur potentiel de revenus en tant que mendiants.

Dans mon propre pays, j'avais vu de nombreuses façons dont les gens se blessaient les uns les autres à cause de l'argent : dans les divorces et les batailles pour la garde des enfants, ou dans l'exploitation des uns et des autres ou de l'environnement. Il était facile de critiquer ces choix erronés faits au nom de l'argent. Je me suis également rendu compte que j'avais toujours pensé que les pauvres, qui n'avaient pas d'argent à se disputer, étaient en quelque sorte exempts de cette corruption particulière. Cependant, en Inde, j'ai vu les choix cruels et autodestructeurs que les pauvres font aussi pour l'argent.

Dans cette entreprise de mendicité soigneusement orchestrée, ceux qui ont conçu la malhonnêteté et ceux qui y ont participé et l'ont perpétuée étaient dans une collusion malsaine et tacite. Les personnes qui donnaient de l'argent sous le coup de l'émotion ou de la culpabilité apaisaient leur sentiment de culpabilité et, ce faisant, devenaient aussi des complices, soutenant involontairement cette industrie brutale. Les victimes tragiques sont les enfants. Les besoins des mendiants étaient profonds et réels, mais l'argent gagné n'a rien fait pour briser le cycle de la pauvreté. En fait, l'argent ne fait que perpétuer l'industrie perverse qui exige la mutilation et le sacrifice de plus d'enfants.

Les jours qui ont suivi m'ont apporté une leçon après l'autre, une surprise après l'autre, au cours desquels tant d'images mentales liées à l'argent que j'avais toujours eues, et de choses que j'avais supposées ou que je pensais savoir, ont été mises sens dessus dessous. Un tout nouvel ensemble de distinctions a commencé à s'imposer à moi concernant les personnes que nous appelons pauvres et les personnes que nous appelons riches, et j'ai pu constater que les opinions et les croyances que nous avons sur les riches et les pauvres, et sur la pauvreté et la richesse, obscurcissent plus qu'elles n'éclairent.

C'était le drame et le théâtre des mendiants, un racket dans lequel des mendiants affamés jouaient le choc, la honte et la culpabilité pour tout ce que cela valait, et je me suis sentie prise au piège. Non pas qu'ils n'aient pas besoin d'argent pour se nourrir ou soigner leurs blessures, mais dans la mendicité et dans le don, il y avait indéniablement un côté malhonnête et sombre.

Voici un grand homme, Ramkrishna, qui a utilisé son industrie et sa richesse de bien des manières pour briser l'emprise de la pauvreté dans son pays, marchant aveuglément et sans commentaire sur ceux qui se trouvaient sur le terrain devant lui. L'entreprise de Ramkrishna employait des dizaines de milliers de personnes. Il était au sommet du statut social indien et il a assumé ses fonctions commerciales et sociales avec une responsabilité et une compassion extraordinaires ; c'était en fait un grand philanthrope dont le partenariat et la générosité étaient légendaires. J'ai également constaté que pour conserver sa vision, son objectif et sa position dans cette société, il devait développer une certaine forme d'aveuglement dans sa rencontre quotidienne avec l'écrasante pauvreté des rues. Et c'est ce qu'il a fait.

Il en va de même pour nous tous. Nous sommes tous aveugles d'une manière ou d'une autre en ce qui concerne l'argent, et nous nous maintenons aveugles. Peut-être est-ce dû à la peur et à l'anxiété que si nous en voyons trop sur les conséquences de notre façon de gagner de l'argent, ou sur les conséquences réelles des choix que nous faisons avec nos dépenses, nous devrons revoir toute notre vie. Si nous examinions vraiment, par exemple, la brutalité du travail des enfants souvent associé aux produits quotidiens que nous achetons à bas prix dans les pays étrangers, nous serions choqués et immobilisés. Si nous reconnaissions les coûts environnementaux réels que nous payons pour le don de l'énergie apparemment illimitée nécessaire au maintien de notre confort, comment devrions-nous changer ? Si nous examinions réellement les conséquences et l'impact en aval de presque toutes les industries qui nous emploient ou qui répondent à nos besoins, la vérité est que nous pourrions être arrêtés dans notre vie quotidienne. Et si nous examinions vraiment nos croyances et nos hypothèses sur les autres dans le contexte de l'argent, nous pourrions avoir besoin de nous ouvrir, d'ouvrir notre cœur et notre esprit à des personnes que nous avons fermées à nous-mêmes.

MÈRE TERESA ET LA PRISON DE LA RICHESSE

J'ai été élevée dans la religion catholique et, tout au long de ma vie, j'ai été profondément inspirée par Mère Teresa. Lorsque j'étais en deuxième année de lycée, j'ai sérieusement envisagé de devenir religieuse. Bien que j'aie finalement élargi ma vie spirituelle et mes plans de carrière dans d'autres directions, Mère Teresa est restée le modèle le plus convaincant de ma vie. Dans les années 1970, lorsque, jeune mère et épouse, j'ai commencé à assumer pleinement mon engagement personnel pour mettre fin à la faim dans le monde, j'ai beaucoup pensé à elle et à son travail parmi les plus pauvres des pauvres dans les bidonvilles de Calcutta et dans les lieux où sévissent la faim et la pauvreté dans le monde entier. Lors de mon premier voyage en Inde, alors que je me sentais accablé par l'horrible pauvreté que je voyais, j'ai pensé à elle et à la manière dont elle s'était placée au milieu de la souffrance humaine pendant toute sa vie, restant un membre de la communauté des plus pauvres des pauvres alors même qu'elle était célébrée par les dirigeants les plus riches et les plus puissants du monde.

Après de nombreux voyages de travail en Inde et un sentiment croissant de connexion avec ce pays, j'ai décidé de partir à la recherche de Mère Teresa. Je voulais la rencontrer. Peu après, j'ai découvert que quelqu'un dans mon cercle de connaissances à Delhi était un proche collaborateur de Mère Teresa et qu'il était heureux de m'aider à entrer en contact avec elle.

C'était en mai 1991 et je me trouvais à Delhi pour rencontrer des représentants de la Banque mondiale au sujet de notre initiative contre la faim lorsque mon ami m'a contacté tôt le matin pour me dire que Mère Teresa pouvait me recevoir le soir même à sept heures. J'étais bouleversé. Je n'arrivais pas à croire que le rêve de toute une vie d'être en sa présence allait se réaliser en l'espace de quelques heures. J'ai annulé l'une de mes réunions du matin et je suis allée à la messe dans une église de New Delhi. Je suis allé dans une librairie et j'ai acheté trois livres sur elle, pensant que je devais être plus informé que je ne l'étais pour être avec elle. Je me suis demandé ce que je devais dire et ce que je devais porter. Je suis entrée dans une sorte de tourbillon d'inquiétude, d'admiration et d'excitation face au privilège qui m'était offert. J'ai participé aux autres réunions que je ne pouvais pas annuler, mais j'étais loin d'être présente. Mon esprit et mon cœur étaient totalement engagés dans l'anticipation d'une opportunité que j'avais espérée toute ma vie.

Mon amie s'est arrangée pour qu'une voiture privée et un chauffeur qui connaissait le chemin de son établissement viennent me chercher à mon hôtel à six heures. Il m'emmènerait dans le vieux Delhi, où, dans un quartier très obscur et pauvre de la ville, les Missionnaires de la Charité abritaient l'orphelinat de Mère Teresa pour les enfants abandonnés et orphelins de moins de deux ans. Mon chauffeur est venu me chercher et nous avons traversé les rues de New Delhi jusqu'à la vieille ville. Après environ quarante-cinq minutes de recherche, nous avons emprunté une rue très étroite jusqu'à un endroit où une modeste pancarte accrochée à l'entrée d'un mur de pierre nous indiquait que nous étions arrivés à l'orphelinat des Missionnaires de la Charité - Old Delhi. Mon chauffeur s'est garé dans la cour avant pour m'attendre. Alors que je montais les trois marches menant à la vieille porte, j'ai vu un grand morceau de journal froissé sur le pas de la porte et je me suis baissé pour le ramasser. À l'intérieur de la masse froissée, j'ai découvert un tout petit bébé, qui respirait encore, qui était encore en vie. C'était une fille, une petite fille qui venait de naître et qui était très fragile. Bouleversée, je l'ai délicatement sortie de ses langes et je l'ai soigneusement enveloppée dans mon châle.

En ouvrant la vieille porte en bois, j'ai pénétré dans une pièce éclairée par deux ampoules électriques suspendues au plafond. Le sol en béton propre était peint en bleu, et il y avait trente-neuf berceaux (oui, je les ai comptés), chacun avec un ou deux petits bébés à l'intérieur. D'autres tapis rembourrés étaient posés sur le sol, avec d'autres petits bébés sur le dos en train de roucouler ou de jouer assis. Il y avait cinquante bébés de moins de deux ans - maintenant cinquante-et-un avec mon paquet qui venait d'arriver - et les seuls sons étaient ceux des bébés qui roucoulaient ou jouaient, ou ceux des religieuses et de leurs aides qui parlaient et chantaient doucement aux bébés et les uns aux autres.

J'ai remis la petite fille à la religieuse qui m'a accueillie. Elle portait le sari bleu et blanc familier de l'ordre de Mère Teresa et semblait ravie de pouvoir s'occuper d'un autre petit être. Lorsque je me suis présentée et que j'ai demandé à voir Mère Teresa, la religieuse qui supervisait la crèche m'a dit que Mère Teresa n'était pas là pour le moment. Elle était partie en ville pour faire sortir de prison deux jeunes filles qui s'étaient tournées vers la prostitution ; Mère Teresa les ramènerait et leur demanderait de l'aide pour les bébés de l'orphelinat. En attendant, j'ai été invitée à me laver les mains, à enfiler un tablier et à me joindre au personnel de la crèche pour prendre soin de ces petits. Je me suis immédiatement mise au travail.

Tout d'abord, j'ai donné un bain à une petite fille aveugle. Elle devait avoir environ quatorze mois. Ensuite, on m'a donné un bébé de trois mois, minuscule et difforme, dont la jambe n'était plus qu'un petit moignon. J'ai chanté en baignant son petit corps malformé. J'ai toujours été attirée par les personnes dans le besoin, en particulier les enfants handicapés ou démunis d'une manière ou d'une autre. Cet endroit était une sorte de paradis pour moi et je me sentais en état de grâce.

Dans les histoires qui lui sont consacrées, Mère Teresa a souvent été citée comme ayant dit : "La façon de me connaître est de connaître mon travail ; je suis mon travail", et maintenant je pouvais sentir sa présence tandis que je nourrissais, baignais et tombais amoureuse de ces bébés. Je me suis perdue dans cette entreprise heureuse et je ne sais pas combien de temps s'est écoulé avant qu'une religieuse ne me tape sur l'épaule et me dise : "Mère Teresa va vous recevoir maintenant".

On m'a fait passer par un couloir devant une chapelle où une vingtaine de religieuses chantaient l'office. On m'a demandé d'attendre sur une chaise près d'une porte. Devant moi se trouvait un couloir austère, sans aucun ornement. Il y avait une table en bois très simple et deux chaises contre le mur. Alors que j'étais assise et que je regardais le long couloir sombre, une petite silhouette courbée est apparue. J'ai su immédiatement qu'il s'agissait de Mère Teresa.

Elle est sortie de l'ombre et s'est approchée de moi, sa silhouette familière s'est recroquevillée. Elle souriait et rayonnait. Elle avait à ses côtés un labrador noir qui lui était manifestement dévoué et qui marchait tranquillement à ses côtés. Elle était là, Mère Teresa, juste devant moi. Sans voix, je me suis agenouillé et j'ai embrassé l'anneau de l'une de ses petites mains noueuses. Puis, instinctivement, j'ai embrassé ses pieds chaussés de sandales. Elle a posé ses mains sur le sommet de ma tête pendant un moment, puis a pris mes deux mains dans les siennes et m'a demandé de me lever et de l'accompagner jusqu'aux chaises et à la table où nous pourrions nous asseoir et parler. Nous nous sommes assises ensemble et j'ai commencé à pleurer. Je lui ai dit que son exemple et son engagement avaient été pour moi une source d'inspiration aussi loin que je me souvienne. Je lui ai dit que je m'étais complètement engagée dans la lutte contre la faim dans le monde et qu'à un certain niveau, cet engagement avait découlé de son exemple et de la manière courageuse dont elle avait choisi de vivre sa vie. Je lui ai demandé de prier pour mon fils de vingt ans, qui était malade, et pour ma mère, qui luttait contre un cancer, puis nous avons commencé à parler de mon travail.

Elle connaissait le Projet Faim et me connaissait. Elle savait que j'étais un leader dans mon organisation et que l'une de mes responsabilités était la collecte de fonds. Elle m'a dit que la collecte de fonds était un travail formidable et qu'elle m'admirait pour le courage qu'il fallait pour être responsable du financement du travail visant à mettre fin à la faim.

Elle s'est modestement décrite comme "le crayon de Dieu" et m'a dit qu'elle pouvait voir dans mes yeux et dans mon travail que j'étais moi aussi "le crayon de Dieu". Cette reconnaissance m'a profondément émue. En sa présence, j'ai ressenti un amour inconditionnel et un lien avec le monde entier si profond que je n'ai pas pu retenir mes larmes et que je lui ai parlé à travers elles.

Nous étions profondément engagés dans cette conversation intime lorsque nous avons été interrompus par un bruit de frottement et des voix fortes venant du fond du couloir.

Je les ai d'abord sentis, puis entendus : un couple indien d'âge moyen, un homme et une femme, tous deux très grands, très corpulents, très parfumés et manifestement très riches. La femme est arrivée la première, devançant son mari, s'avançant agressivement vers notre petite table de réunion. Elle avait des clous de diamant aux oreilles et un dans le nez. Ses bras étaient couverts de somptueux bracelets, dont beaucoup étaient ornés de pierres précieuses. Elle était très maquillée et portait un sari bleu et blanc recouvert d'opulents brocarts et broderies d'or et d'argent. Elle avait beaucoup d'embonpoint et sa chair se dessinait à travers l'ouverture de son sari tendu.

Son mari était plus grand, plus large et plus élégant qu'elle. Il portait un turban avec une topaze sertie au centre, juste au-dessus du front, et une kurta de brocart blanc. Il portait une bague à chaque doigt de ses deux mains. Dans le calme de ce couloir, ils m'ont semblé être des monstres lorsqu'ils ont fait irruption dans notre scène tranquille et intime.

Sans me saluer ni saluer Mère Teresa, cette femme grande et bruyante m'a mis un appareil photo dans la main alors qu'elle et son mari tiraient Mère Teresa de sa chaise et la plaçaient contre le mur entre eux. Ils se sont ensuite placés comme des serre-livres géants et grotesques de part et d'autre de Mère Teresa et ont exigé une photo.

"Nous n'avons pas pris de photo. Il nous faut une photo !", se plaint bruyamment la femme, qui me fait signe de prendre une photo avec son appareil. J'étais livide. La beauté de mon moment avec Mère Teresa s'est évanouie dans la rage que je ressentais à présent face à ces intrus grossiers et opulents. Alors que je prenais la photo, la grande femme a fait pression sur Mère Teresa pour qu'elle lève les yeux vers elle afin de prendre une deuxième photo. Mère Teresa était courbée au niveau du cou à cause de la vieillesse et de l'ostéoporose, mais sans hésiter, la femme a placé sa main sous le menton de Mère Teresa et l'a forcée à se relever. Choquée que quelqu'un puisse traiter Mère Teresa de cette façon, mais voulant qu'elle parte, j'ai pris la deuxième photo. La femme a alors pris son appareil photo et elle et son mari, sans même dire "merci" à Mère Teresa ou à moi, ont disparu dans une ruée bruyante vers le couloir et l'extérieur.

Mère Teresa est retournée à sa chaise près de la table et a continué comme si de rien n'était, terminant ses réflexions sur le sujet de notre conversation précédente. Mais je l'entendais à peine, tant j'étais emplie de colère et d'indignation à l'égard de ce couple. Je sentais le sang couler dans mes veines, mes paumes étaient moites. Il était temps que notre réunion se termine. Je lui ai dit au revoir en pleurant. Elle m'a embrassé les deux mains, j'ai embrassé les siennes, nous nous sommes embrassés et nous nous sommes séparés.

Je suis sortie de la crèche pour rejoindre la voiture qui m'attendait et je me suis installée pour les quarante-cinq minutes de route qui me séparaient de mon domicile. Je transpirais et respirais difficilement, repassant sans cesse dans mon esprit l'affreuse scène d'insulte et de prétention qui venait de se dérouler. Je me suis souvenu du moment où la grande femme avait forcé le menton de Mère Teresa, et je me suis sentie à nouveau enragée. J'ai eu des pensées terribles à l'égard des intrus et j'ai ressenti une colère bouillonnante contre cette riche autoritaire, odieuse et arrogante. Mon corps était tendu et la haine me traversait.

En cours de route, quinze ou vingt minutes après le retour à l'hôtel, j'ai retrouvé un peu de calme. J'ai réalisé avec un peu de honte que je m'étais laissé aller à la haine et aux préjugés en présence de l'un des êtres spirituels les plus inspirants de la planète. En y repensant, je me suis rendu compte que Mère Teresa n'avait eu aucun problème avec le couple riche. Pour elle, ils étaient des enfants de Dieu, ni plus ni moins que les orphelins dont elle s'occupait, et elle les avait traités avec amour et respect avant de retourner calmement à sa réunion avec moi.

J'avais toujours pensé que j'étais ouverte et compatissante avec tout le monde, partout, mais je voyais maintenant mon propre sectarisme et où s'arrêtait ma compassion. J'ai vu mes propres préjugés, un préjugé contre les riches et les puissants. Ce n'était pas mon peuple. C'étaient des gens que je ne pouvais pas embrasser et inclure dans mon cercle d'amour. Ils étaient grossiers. Ils étaient laids. Ils étaient honteux. Je pouvais aussi voir maintenant que cette rencontre fortuite avec ce couple riche, se comportant comme ils le faisaient, m'avait permis pour la première fois d'affronter et de connaître mes propres préjugés. Je n'aurais jamais pu imaginer le pouvoir que cette leçon allait avoir dans ma vie.

Il faisait nuit et il était tard lorsque je suis rentrée à l'hôtel, épuisée par les montagnes russes d'émotions de la journée, depuis le moment où j'ai appris la tenue de la réunion, tôt le matin, jusqu'aux moments où j'ai été avec elle, puis l'interruption dérangeante, et ma rage, puis ma prise de conscience et ma honte. J'ai allumé une bougie et je me suis assise pour écrire une lettre à Mère Teresa. Je lui ai tout raconté, y compris la rage débridée, la haine et le ressentiment que j'avais éprouvés à l'égard de ses visiteurs. Je lui ai dit à quel point j'avais été choquée de rencontrer mes propres préjugés et les limites de ma compassion, même en sa présence. J'ai demandé à la fois son pardon et ses conseils.

Quelques semaines plus tard, j'ai reçu une lettre de sa main. Dans sa réponse, elle me mettait en garde, disant que même si j'avais exprimé toute ma vie de la compassion pour les pauvres, les malades, les faibles, il s'agirait toujours d'un endroit où mon expression personnelle et mon service s'épanouiraient facilement. Le cercle vicieux de la pauvreté, a-t-elle dit, a été clairement exprimé et est largement connu. Ce qui est moins évident et passe presque complètement inaperçu, c'est le cercle vicieux de la richesse. On ne reconnaît pas le piège que représente si souvent la richesse, ni la souffrance des riches : la solitude, l'isolement, l'endurcissement du cœur, la faim et la pauvreté de l'âme qui peuvent accompagner le fardeau de la richesse. Elle m'a dit que je n'avais accordé que peu ou pas de compassion aux forts, aux puissants et aux riches, alors qu'ils ont besoin d'autant de compassion que n'importe qui d'autre sur terre.

"Vous devez leur ouvrir votre cœur et devenir leur élève et leur professeur", dit-elle dans sa lettre. "Ouvrez votre compassion et incluez-les. C'est une partie importante du travail de votre vie. Ne les excluez pas. Ils sont aussi votre œuvre.

C'était une idée choquante pour moi. Bien sûr, les riches étaient humains et avaient leurs problèmes, mais je n'avais jamais pensé qu'ils étaient dans le besoin. Je commençais à le voir maintenant. Leur argent leur procurait un confort matériel et une certaine protection contre les inconvénients et les contraintes d'une vie quotidienne plus ordinaire. Mais leur argent et leur mode de vie privilégié les coupaient aussi de la richesse de la vie quotidienne ordinaire, des relations normales et saines et du travail utile, le meilleur de l'expérience humaine. Souvent, leur richesse a faussé leur relation avec l'argent et n'a fait que creuser le fossé entre leur vie spirituelle et leurs interactions autour de l'argent. Les abus sexuels et psychologiques, les dépendances, l'alcoolisme, l'abandon et la brutalité font partie du monde dysfonctionnel qui se cache derrière les communautés fortifiées, les manoirs et les vitres de voiture obscurcies. Les rejets douloureux, les procès pour la garde des enfants, les batailles juridiques pour obtenir toujours plus d'argent endurcissent les membres de la famille et les coupent les uns des autres. L'accès à l'argent et au pouvoir à des niveaux élevés peut amplifier ces situations et les rendre encore plus meurtrières et insupportablement cruelles.

L'avertissement de Mère Teresa et le travail de collecte de fonds que j'ai effectué par la suite auprès des personnes très riches m'ont appris que, étonnamment, la richesse n'est pas une protection contre la souffrance humaine. J'ai appris que les personnes excessivement riches - pas toutes, mais beaucoup - luttent dans des vies déconnectées des qualités de l'âme. Elles vivent piégées dans une prison de privilèges où le confort matériel est abondant, mais où les privations spirituelles et émotionnelles sont réelles et douloureuses. Dans cette prison, ils perdent le contact avec les valeurs du cœur. Ils peuvent devenir la manifestation du côté le plus sombre de l'argent. Pour certains, la richesse n'est qu'une arme qui leur permet d'accroître leur capacité de nuisance.

Dès le jour où j'ai reçu sa lettre, j'ai pris l'engagement d'ouvrir mon cœur et ma capacité de compassion et d'amour aux riches et aux puissants avec la même profondeur d'engagement que je consacre aux pauvres et aux affamés. En tant que collecteur de fonds au niveau mondial, j'ai eu de nombreuses occasions de le faire et j'ai maintenant vu de près le cercle vicieux de la richesse et les dommages qu'il peut infliger à ceux qui en sont victimes. L'argent à lui seul ne garantit pas une vie épanouie, et des sommes excessives d'argent deviennent plus souvent un obstacle à cette vie.

LA FAIM A ÉTÉ MON MAÎTRE

Au début de mon travail avec le Projet Faim, j'étais un exemple brillant et visible du pouvoir de l'engagement, parce qu'au fond de moi, je savais (et je sais toujours) que la faim chronique et persistante sur cette planète peut être éradiquée. C'est ma position, et lorsque vous prenez cette position et que vous travaillez à partir de là, vous agissez différemment que lorsque vous croyez que la faim est inévitable et que votre effort consiste à essayer de la rendre "moins grave". Lorsque l'on sait avec certitude que les choses peuvent être non seulement différentes mais aussi entièrement résolues, on s'engage dans le travail d'une manière plus fondamentale. Vous ne vous demandez pas "si". Vous déterminez "comment faire". Vous examinez les causes profondes. Vous faites des choix différents.

Après cinq années fructueuses de conférences et de collecte de ressources aux États-Unis et en Europe pour mettre fin à la faim, lorsque je suis enfin arrivée en Inde et que j'ai été confrontée pour la première fois à l'ampleur et à la complexité de la faim chronique dans ce pays, j'ai été anéantie. J'étais malade. Mais il n'y avait pas de retour en arrière possible. Ce n'était pas comme si je pouvais dire : "Oh, je vois. Je ne veux plus faire ça parce que ça a l'air trop dur". Il n'en a même pas été question. Au lieu de reculer devant une tâche intimidante, ou de se retirer d'une situation qui semble impossible, ou de faire un compromis sur l'engagement initial et de dire que vous ne le pensiez pas vraiment, le Projet Faim a puisé son pouvoir d'action sociale dans les principes de la transformation personnelle et de l'interrogation sur soi qui donne du pouvoir.

Qui dois-je être pour respecter l'engagement que j'ai pris ?

Quel genre d'être humain dois-je me forger pour y parvenir ?

Quelles sont les ressources que je dois être prêt à mettre en œuvre en moi-même, avec mes collègues et dans mon monde ?

L'approche unique du projet Hunger me convenait parfaitement, car elle reflétait ma propre approche de la vie ; je savais par expérience que l'on ne peut pas échouer si l'on vit à partir de là.

Vous devenez un instrument plus puissant de ce qui est voulu et nécessaire pour l'affirmation de la vie humaine. Vous approfondissez votre humilité et votre courage. Lorsque vous vous débarrassez de vos propres mesquineries, que vous vous centrez sur l'intégrité et que vous cherchez dans votre âme votre grandeur, elle est toujours là.

Pour moi, cela s'est traduit par la collecte de fonds. Je savais que je pouvais et que je voulais collecter n'importe quelle somme d'argent pour mener à bien cette tâche. La collecte de fonds pour éradiquer la faim n'était pas pour moi un simple travail, une mode ou une déclaration politique. C'était l'expression de mon engagement personnel et, en tant que tel, je ne pouvais le faire que d'une manière qui invite les gens à se reconnecter à leur vocation supérieure ou à leur désir profond d'être le genre de personnes qu'ils veulent être, le genre de différence qu'ils veulent faire, et à voir comment ils peuvent l'exprimer avec leur argent. Ainsi, au lieu d'avoir l'impression que la collecte de fonds consistait à tordre le bras des gens pour obtenir un don ou à jouer sur les émotions pour manipuler l'argent des contributeurs, elle est devenue pour moi une arène dans laquelle j'ai pu créer une opportunité pour les gens de s'engager dans leur grandeur.

C'est dans cette dimension d'introspection de la collecte de fonds, dans ces conversations intimes, que j'ai découvert des blessures et des conflits profonds dans la manière dont les gens se sentaient liés à leur argent. De nombreuses personnes avaient l'impression de s'être vendues et d'être devenues quelqu'un qu'elles n'aimaient plus. Certains se forçaient à faire un travail qui n'avait pas de sens. Beaucoup se sentaient asservis par le fait d'être surtaxés par leur gouvernement, ou se sentaient écrasés par leur patron ou par le fardeau que représente la gestion d'une entreprise familiale ou l'emploi d'autres personnes. Leur relation avec l'argent était morte - ou, plus exactement, *redoutée - et cela faisait* mal. Il y avait du ressentiment. Il y avait des compromis douloureux, une sorte de crudité. Les gens étaient meurtris et malmenés. Ce n'était pas le cas de tout le monde, mais de nombreuses personnes étaient très déstabilisées, mal à l'aise et n'étaient tout simplement pas au mieux de leur forme dans leur relation avec l'argent. Ils se sentaient peu ou pas libres avec l'argent, quelle que soit la quantité qu'ils possédaient.

Cette relation morose avec l'argent n'était pas due à un manque de conseils d'experts ou d'astuces pratiques. Les stratégies de gestion de l'argent étaient nombreuses, mais le concept de transformation personnelle y était étranger.

Il est apparu clairement que lorsque les gens étaient capables d'aligner leur argent sur leurs intérêts et engagements les plus profonds et les plus profonds, leur relation avec l'argent devenait un lieu où une transformation profonde et durable pouvait se produire. L'argent, quel qu'en soit le montant, devient le vecteur de ce changement.

Au cœur des conversations quotidiennes sur l'argent, sur la façon dont nous le gagnons, l'obtenons, l'épargnons, le dépensons ou l'investissons, nos conversations se sont transformées en une clairière dans laquelle les gens ont pu se concentrer sur leur argent et leur vie d'une manière complètement différente et inspirée. Dans l'espace de cette clairière, ils ont pu ressentir la bouffée d'énergie libérée lorsqu'ils considéraient leur argent comme un moyen d'exprimer leurs engagements les plus profonds et les plus profonds.

Il ne s'agissait pas d'une révélation occasionnelle. Elle s'est produite de manière fiable, quelles que soient les circonstances de leur vie. L'argent dont ils disposaient pour exprimer leur engagement n'avait pas d'importance. C'est en se ressaisissant par rapport à leur argent et en exprimant l'intégrité de leur âme par le biais de l'argent qu'ils ont connu la joyeuse récompense.

C'est ainsi que dans la beauté saisissante et la sévérité de la vie en Inde, et dans les conversations autour de la collecte de fonds pour mettre fin à la faim, les hypothèses erronées que nous avons sur l'argent, sur l'âme et sur le fossé entre les deux sont devenues claires pour moi, et une vérité différente a émergé sur l'argent et l'esprit humain. J'ai commencé à voir comment les gens pouvaient se libérer de l'emprise de l'argent et faire en sorte que l'argent circule dans leur vie de manière à les nourrir et à nourrir le monde. Mais il fallait pour cela se confronter à des faits et à des fictions critiques, dont le premier et le plus important est le mensonge de la pénurie.

DEUXIÈME PARTIE

RARETÉ ET SUFFISANCE : LA RECHERCHE DE LA PROSPÉRITÉ

CHAPITRE 3

La pénurie : Le grand mensonge

Il existe une loi naturelle de l'abondance qui imprègne l'univers tout entier, mais elle ne passera pas par la porte de la croyance au manque et à la limitation.

-PAUL ZAITER

Pendant toutes ces années, **je me suis intéressée** à la vie et à la situation des gens, dont beaucoup vivent dans des conditions catastrophiques où le manque de nourriture, d'eau, d'abri, de liberté ou d'opportunités détermine chacun de leurs mouvements et chacune de leurs conversations. D'autres, à tous points de vue, sont bien plus riches que ce dont ils ont besoin : plus d'argent, plus de nourriture, plus de voitures, plus de vêtements, plus d'éducation, plus de services, plus de liberté, plus d'opportunités, plus de tout. Pourtant, il est surprenant de constater que, dans ce monde de surabondance également, la conversation est dominée par ce qu'ils n'ont pas et ce qu'ils veulent obtenir. Peu importe qui nous sommes ou quelles sont nos circonstances, nous nageons dans des conversations sur ce qu'il n'y a pas assez.

Je le vois en moi-même. Pour moi, et pour beaucoup d'entre nous, notre première pensée de la journée est "Je n'ai pas assez dormi". La suivante est "Je n'ai pas assez de temps". Que ce soit vrai ou non, cette idée de *manque de temps* nous vient automatiquement à l'esprit avant même que nous ne pensions à la remettre en question ou à l'examiner. Nous passons la plupart des heures et des jours de notre vie à entendre, à expliquer, à nous plaindre ou à nous inquiéter de ce que nous n'avons pas assez. Nous n'avons pas assez de temps. Nous n'avons pas assez de repos. Nous n'avons pas assez d'exercice. Nous n'avons pas assez de travail. Nous n'avons pas assez de profits. Nous n'avons pas assez de pouvoir. Nous n'avons pas assez de nature sauvage. Nous n'avons pas assez de week-ends. Bien sûr, nous n'avons jamais assez d'argent. Nous ne sommes pas assez minces, nous ne sommes pas assez intelligents, nous ne sommes pas assez beaux, nous ne sommes pas assez en forme, nous ne sommes pas assez éduqués, nous n'avons pas assez de succès, nous ne sommes pas assez riches - jamais. Avant même de nous asseoir dans le lit, avant que nos pieds ne touchent le sol, nous sommes déjà inadéquats, déjà en retard, déjà en train de perdre, déjà en train de manquer de quelque chose. Et lorsque nous nous couchons le soir, notre esprit est envahi par une litanie de ce que nous n'avons pas obtenu, ou n'avons pas fait, ce jour-là. Nous nous endormons accablés par ces pensées et nous nous réveillons avec cette rêverie de manque.

Ce mantra du *"pas assez" prend le dessus* et devient une sorte de paramètre par défaut de notre réflexion sur tout, de l'argent en poche aux personnes que nous aimons en passant par la valeur de notre propre vie. Ce qui commence comme une simple expression de la vie pressée, ou même de la vie contestée, devient la grande justification d'une vie insatisfaite. Elle devient la raison pour laquelle nous ne pouvons pas avoir ce que nous voulons ou être qui nous voulons être. Elle devient la raison pour laquelle nous ne pouvons pas atteindre les objectifs que nous nous sommes fixés, la raison pour laquelle nos rêves ne se réalisent pas, la raison pour laquelle les autres nous déçoivent, la raison pour laquelle nous compromettons notre intégrité, nous renonçons à nous-mêmes ou nous rejetons les autres.

C'est la même chose dans les centres-villes ou les banlieues, à New York ou à Topeka ou à Beverly Hills ou à Calcutta. Que nous vivions dans des conditions pauvres en ressources ou riches en ressources, même si nous disposons de plus d'argent, de biens ou de tout ce que vous pouvez rêver de vouloir ou d'avoir besoin, nous vivons avec l'hypothèse sous-jacente de la pénurie. Il s'agit d'une condition déterminante de la vie qui n'est pas remise en question, parfois même sans être exprimée. Ce n'est même pas que nous fassions nécessairement l'expérience d'un manque, mais le manque, en tant que sentiment chronique d'inadéquation à la vie, devient le lieu même à partir duquel nous pensons, agissons et vivons dans le monde. Elle façonne notre perception la plus profonde de nous-mêmes et devient la lentille à travers laquelle nous expérimentons la vie. À travers cette lentille, nos attentes, notre comportement et leurs conséquences deviennent une prophétie auto-réalisatrice d'inadéquation, de manque et d'insatisfaction.

Cette condition interne de pénurie, cet état d'esprit de pénurie, vit au cœur même de nos jalousies, de notre avidité, de nos préjugés et de nos disputes avec la vie, et elle est profondément ancrée dans notre relation avec l'argent. Dans l'état d'esprit de la pénurie, notre relation avec l'argent est l'expression de la peur ; une peur qui nous pousse à une poursuite sans fin et insatisfaisante pour plus, ou à des compromis qui promettent un moyen d'échapper à la poursuite ou à l'inconfort autour de l'argent. Dans la poursuite ou les compromis, nous nous éloignons de notre plénitude et de notre intégrité naturelle. Nous abandonnons notre âme et nous nous éloignons de plus en plus de nos valeurs fondamentales et de nos engagements les plus élevés. Nous nous retrouvons piégés dans un cycle de déconnexion et d'insatisfaction. Nous commençons à croire les messages commerciaux et culturels axés sur le profit qui suggèrent que l'argent *peut* acheter le bonheur, et nous commençons à regarder à l'extérieur de nous-mêmes pour être comblés. Intuitivement, nous savons que ce n'est pas le cas, mais la culture de l'argent fait taire la voix intérieure la plus sage, et nous nous sentons obligés de rechercher le soulagement et le confort les plus éphémères que l'argent peut acheter.

Certains suggèrent que la rareté est la base véritable, naturelle et inévitable de notre relation avec l'argent et les ressources. Après tout, il n'y a qu'une quantité limitée de chaque chose. Il y a plus de deux cents ans, à l'époque de la révolution américaine, le philosophe et économiste écossais Adam Smith a suggéré que "l'effort naturel de chaque individu pour améliorer sa propre condition" était plus puissant que n'importe quel obstacle, et il a ensuite formulé les principes fondateurs d'une économie de "marché libre" moderne (pour l'époque) dans laquelle "la main invisible" de l'intérêt personnel était acceptée comme la force directrice dominante et la plus naturelle.

Mais dans quelle mesure ce postulat était-il naturel et exact ? Le monde de l'époque - c'est-à-dire le monde du théoricien blanc, européen, ayant reçu une éducation traditionnelle, Adam Smith - était un monde dans lequel la plupart des Blancs rejetaient les peuples indigènes et les personnes de couleur comme "primitifs" et "sauvages", au lieu de les considérer comme des personnes pleines de ressources et de sagesse, comme les sociétés "civilisées" ne commenceraient à l'apprécier que des générations plus tard. Les classes blanches dominantes de l'époque acceptaient et pratiquaient la discrimination raciale, religieuse et sexuelle comme un postulat moral et économique. À l'époque, l'intérêt personnel et le nationalisme n'étaient pas encore éclairés par une prise de conscience de l'interconnexion mondiale qui, nous le reconnaissons aujourd'hui, nous affecte profondément, ainsi que notre richesse et notre sécurité, et qui élargit nécessairement les limites de l'intérêt personnel pour inclure le bien-être de tous, partout dans le monde. Les structures et les principes économiques fondamentaux de cette époque révolue reposaient sur des hypothèses erronées et une pensée erronée - sur la nature, sur le potentiel humain et sur l'argent lui-même.

L'auteur européen contemporain Bernard Lietaer, ancien haut fonctionnaire de la Banque centrale belge et l'un des principaux architectes de l'euro, affirme dans son livre, *Of Human*

*Wealth, que l'*avidité et la peur de la pénurie sont programmées ; elles n'existent pas dans la nature, pas même dans la nature humaine. Elles sont intégrées dans le système monétaire dans lequel nous nageons, et nous nageons dans ce système depuis si longtemps que ces ombres sont devenues presque complètement transparentes pour nous. Nous avons appris à les considérer comme un comportement normal et légitime. Il conclut que le système économique d'Adam Smith pourrait être décrit plus précisément comme l'allocation de ressources rares par le biais de la cupidité individuelle. L'ensemble du processus de l'économie "moderne" de Smith trouve en fait ses racines dans les peurs primitives de la pénurie, de l'avidité, et l'outil de mise en œuvre - le processus par lequel tout cela est devenu réel - était l'argent.

Lorsque nous sortons de l'ombre de ce système déformé et dépassé et de l'état d'esprit qu'il génère, nous découvrons ceci : La pénurie est un mensonge. Indépendamment de toute quantité réelle de ressources, il s'agit d'un système faux et non examiné de suppositions, d'opinions et de croyances à partir duquel nous voyons le monde comme un endroit où nous sommes constamment en danger de voir nos besoins non satisfaits.

Il serait logique de supposer que les personnes disposant de richesses excessives ne vivent pas avec la peur de la pénurie au centre de leur vie, mais j'ai constaté que la pénurie est aussi oppressante dans ces vies que pour les personnes qui vivent à la marge et qui parviennent à peine à joindre les deux bouts. Il est tellement illogique que des personnes qui disposent d'un énorme excédent pensent qu'elles n'ont pas assez, que j'ai commencé à m'interroger sur la source de leurs inquiétudes, car rien dans leur situation réelle ne le justifiait. Rien dans leur situation réelle ne le justifiait. J'ai commencé à me demander si cette angoisse d'avoir assez n'était pas fondée sur un ensemble de suppositions plutôt que sur des circonstances. Plus j'examinais ces idées et plus j'interagissais avec des individus dans un large éventail de circonstances, de cultures et d'éthiques, plus je constatais que l'hypothèse fondamentale de la pénurie était omniprésente. Les mythes et le langage de la pénurie étaient la voix dominante dans presque toutes les cultures, l'emportant souvent sur la logique et les preuves, et l'état d'esprit de la pénurie créait des attitudes et des comportements déformés, voire irrationnels, en particulier en ce qui concerne l'argent. Ce que j'ai découvert, c'est que, quelle que soit notre position dans l'éventail des ressources politiques, économiques ou financières, les mythes et l'état d'esprit de la pénurie créent une peur sous-jacente que nous, et les personnes que nous aimons ou qui nous sont chères, n'ayons pas assez de ce qui est nécessaire pour avoir une vie satisfaisante, heureuse, productive, ou même pour survivre.

Cet état d'esprit de pénurie n'est pas quelque chose que nous avons créé intentionnellement ou que nous avons consciemment l'intention d'introduire dans notre vie. Il était là avant nous et il persistera probablement après nous, perpétué dans les mythes et le langage de notre culture de l'argent. Cependant, nous avons le choix d'y adhérer ou non et de le laisser gouverner notre vie.

LES MYTHES TOXIQUES DE LA PÉNURIE

Les mythes et les superstitions n'ont de pouvoir sur nous que dans la mesure où nous y croyons, mais lorsque nous y croyons, nous vivons complètement sous leur charme et dans cette fiction. La pénurie est un mensonge, mais elle a été transmise comme une vérité et avec une mythologie puissante qui insiste sur elle-même, exige la conformité et décourage le doute ou la remise en question.

Dans le cadre de mon travail avec des personnes appartenant à toutes les catégories d'argent et de ressources, j'ai découvert qu'il était possible de démonter cet ensemble de croyances et d'hypothèses, cette sorte de vision globale de la vie, de prendre de la distance, de se libérer de son emprise et de voir par soi-même - chacun dans sa propre vie - s'il s'agit ou non d'une manière valable de vivre sa vie. Lorsque nous décortiquons l'état d'esprit de la pénurie, nous découvrons trois mythes centraux qui en sont venus à définir notre relation avec l'argent et qui nous empêchent d'avoir des interactions plus honnêtes et plus satisfaisantes avec lui.

Mythe toxique n° 1 : Il n'y en a pas assez

Le premier mythe de la rareté est qu'il *n'y en a pas assez*. Il n'y a pas assez pour tout le monde. Tout le monde ne peut pas y arriver. Quelqu'un sera laissé de côté. Il y a beaucoup trop de monde. Il n'y a pas assez de nourriture. Il n'y a pas assez d'eau. Il n'y a pas assez d'air. Il n'y a pas assez de temps. Il n'y a pas assez d'argent.

Il n'y a pas assez devient la raison pour laquelle nous faisons un travail qui nous rabaisse ou la raison pour laquelle nous nous infligeons les uns aux autres des choses dont nous ne sommes pas fiers. L'*insuffisance* génère une peur qui nous pousse à nous assurer que nous ne sommes pas la personne, ou que nos proches ne sont pas les personnes, qui sont écrasées, marginalisées ou mises à l'écart.

Une fois que nous avons défini notre monde comme déficient, l'ensemble de notre énergie vitale, tout ce que nous pensons, tout ce que nous disons et tout ce que nous faisons - en particulier avec l'argent - devient l'expression d'un effort pour surmonter ce sentiment de manque et la peur de perdre par rapport aux autres ou d'être mis à l'écart. Il devient noble et responsable de s'assurer que nous prenons soin des nôtres, quels qu'ils soient. S'il n'y en a pas assez pour tout le monde, prendre soin de soi et des siens, même aux dépens des autres, semble malheureux, mais inévitable et en quelque sorte valable. C'est comme le jeu des chaises musicales pour les enfants. S'il manque une place par rapport au nombre de personnes qui jouent, on se concentre sur le fait de ne pas perdre et de ne pas être celui qui se retrouve à la fin de la mêlée sans place. Nous ne voulons pas être les pauvres nuls, alors nous rivalisons pour en avoir plus que l'autre, déterminés à rester en tête d'une catastrophe imminente.

L'insuffisance et la peur se reflètent dans la manière dont nous menons nos vies, ainsi que dans les systèmes et les institutions que nous créons pour contrôler l'accès à toute ressource que nous percevons comme précieuse ou limitée. En tant que membres de la communauté mondiale, nos réactions fondées sur la peur nous amènent parfois - dans la demande de pétrole étranger, par exemple - à faire passer nos propres désirs matériels avant la santé, la sécurité et le bien-être d'autres personnes et d'autres nations. Dans nos propres communautés, nous répondons à la peur du *manque en* créant des systèmes qui nous favorisent ou excluent les autres de l'accès aux ressources de base telles que l'eau potable, les bonnes écoles, les soins de santé adéquats ou les logements sûrs. Et dans nos propres familles, le *manque de ressources* nous pousse à acheter plus que ce dont nous avons besoin ou même envie pour certaines choses, à valoriser, à favoriser ou à s'attirer les faveurs des gens sur la base de leur valeur à nos yeux par rapport à l'argent, plutôt que sur la base de leurs qualités de caractère.

Mythe toxique n°2 : Plus c'est mieux

Le deuxième mythe toxique est que *plus c'est mieux*. Une plus grande quantité de n'importe quoi est meilleure que ce que nous avons. C'est la réponse logique si l'on craint de ne pas avoir assez, mais *plus c'est mieux* alimente une culture compétitive d'accumulation, d'acquisition et d'avidité qui ne fait qu'exacerber les peurs et accélérer le rythme de la course. Et rien de tout cela ne donne plus de valeur à la vie. En vérité, la course à l'abondance nous empêche de faire l'expérience de la valeur profonde de ce que nous acquérons ou possédons déjà. Lorsque nous mangeons trop vite ou trop abondamment, nous ne pouvons pas savourer la moindre bouchée. Lorsque nous nous concentrons constamment sur la prochaine chose - la prochaine robe, la prochaine voiture, le prochain emploi, les prochaines vacances, la prochaine amélioration de la maison - nous ne ressentons guère les dons de ce que nous avons maintenant. Dans notre relation à l'argent, l'idée que *plus c'est mieux* nous empêche de vivre plus attentivement et plus richement avec ce que nous avons.

Plus c'est mieux, c'est une chasse sans fin et une course sans vainqueur. C'est comme une roue de hamster dans laquelle on s'embarque, on démarre, puis on oublie comment s'arrêter. En fin de compte, la quête du "plus" devient un exercice addictif et, comme pour toute addiction, il est presque impossible d'arrêter le processus lorsqu'on est sous son emprise. Mais peu importe la distance parcourue, la vitesse ou le nombre de personnes dépassées, vous ne pouvez pas gagner. Dans l'état d'esprit de la pénurie, même trop n'est pas assez.

Quelqu'un qui gagne quarante mille dollars par an ne comprend pas que quelqu'un qui gagne cinq millions de dollars par an se dispute au sujet de son parachute doré et ait besoin d'au moins quinze millions de dollars supplémentaires. Certaines personnes dont la fortune est suffisante pour durer trois vies passent leurs jours et leurs nuits à s'inquiéter de perdre de l'argent en bourse, de se faire arnaquer ou escroquer, ou de ne pas avoir assez pour leur retraite. Tout véritable épanouissement dans leur vie de privilège financier peut être complètement éclipsé par ces craintes et ce stress liés à l'argent. Comment des gens qui possèdent des millions de dollars peuvent-ils penser qu'ils ont besoin de plus ? Ils pensent qu'ils ont besoin de plus parce que c'est le mythe dominant. Nous le pensons tous, alors ils le pensent aussi. Même ceux qui ont beaucoup d'argent ne peuvent s'arrêter de courir. La quête du *"plus, c'est mieux"* - quelle que soit notre situation financière - requiert notre attention, sape notre énergie et érode nos possibilités d'épanouissement. Lorsque nous croyons à la promesse que plus c'est mieux, nous n'arrivons jamais à destination. Où que nous soyons, ce n'est pas suffisant parce que plus, c'est toujours mieux. Les personnes qui suivent ce credo, consciemment ou inconsciemment - ce qui est le cas de chacun d'entre nous à un certain degré - sont condamnées à une vie qui n'est jamais comblée ; nous perdons la capacité d'atteindre une destination. Ainsi, même ceux qui sont dans l'abondance, dans cette culture de la rareté, ne peuvent pas abandonner la poursuite.

Le slogan "Plus, c'est mieux" nous induit en erreur de manière plus profonde. Il nous pousse à nous définir par la réussite financière et les réalisations extérieures. Nous jugeons les autres en fonction de ce qu'ils ont et de ce qu'ils possèdent, et nous passons à côté des dons intérieurs incommensurables qu'ils apportent à la vie. Tous les grands enseignements spirituels nous invitent à regarder à l'intérieur de nous pour trouver la plénitude à laquelle nous aspirons, mais la chasse à la rareté ne laisse ni le temps ni l'espace psychique nécessaires à ce genre d'introspection. En cherchant à obtenir plus, nous négligeons la plénitude et la complétude qui sont déjà en nous et qui attendent d'être découvertes. Notre volonté d'accroître notre *valeur nette* nous détourne de la découverte et de l'approfondissement de notre *valeur personnelle*.

La conviction que nous devons posséder, et posséder plus que l'autre personne, entreprise ou nation, est la force motrice d'une grande partie de la violence et de la guerre, de la corruption et de l'exploitation sur terre. Dans un contexte de pénurie, nous pensons que nous devons avoir plus - plus de pétrole, plus de terres, plus de puissance militaire, plus de parts de marché, plus de profits, plus d'actions, plus de possessions, plus de pouvoir, plus d'argent. Dans la campagne pour le gain, nous poursuivons souvent nos objectifs à tout prix, même au risque de détruire des cultures et des peuples entiers.

Les autres pays ont-ils besoin des fast-foods, des parcs à thème ou des cigarettes américains, ou les entreprises américaines ont-elles astucieusement étendu leurs marchés à l'échelle internationale pour accroître leurs profits, sans tenir compte de l'impact qu'elles ont sur les cultures, l'agriculture, l'économie et la santé publique locales, parfois même face à des protestations généralisées contre leur présence ?

Avons-nous besoin ou voulons-nous vraiment tous les vêtements, voitures, produits alimentaires et gadgets que nous ramenons à la maison après avoir fait les magasins, ou agissons-nous de manière impulsive, en répondant à l'appel de la culture de la consommation et à la séduction constante et calculée de la publicité pour la mode, l'alimentation et les produits de consommation ? Un enfant de cinq ans a-t-il *besoin de* plus que quelques cadeaux d'anniversaire bien choisis pour se sentir célébré ? Quels intérêts servons-nous réellement lorsque nous donnons aux enfants bien plus que ce dont ils ont besoin ou même ce qu'ils apprécient en une seule fois ?

La volonté incontestée et incontrôlée d'en faire toujours plus alimente une économie, une culture et une façon d'être non durables qui nous ont fait défaut en nous empêchant d'accéder aux aspects les plus profonds et les plus significatifs de notre vie et de nous-mêmes.

Mythe toxique n°3 : C'est comme ça que ça se passe

Le troisième mythe toxique est que c'est comme *ça et* qu'il n'y a pas d'issue. Il n'y a pas assez pour tout le monde, plus c'est mieux, et les personnes qui ont plus sont toujours des personnes qui ne sont pas comme nous. C'est injuste, mais il vaut mieux jouer le jeu parce que c'est comme *ça* et que c'est un monde désespéré, impuissant, inégal, injuste où l'on ne peut jamais sortir de ce piège.

*C'est comme ça, c'*est un autre mythe, mais c'est probablement celui qui a le plus de prise, parce qu'il est toujours possible de le justifier. Lorsque quelque chose a toujours été d'une certaine manière et que la tradition, les hypothèses ou les habitudes le rendent résistant au changement, il semble logique, tout simplement banal, que les choses restent telles qu'elles sont. C'est à ce moment-là que s'installent l'aveuglement, l'engourdissement, la transe et, au fond, la résignation de la pénurie. La résignation nous fait nous sentir désespérés, impuissants et cyniques. La résignation nous maintient également dans le rang, même au bout du rang, où le manque d'argent devient une excuse pour ne pas s'engager et ne pas contribuer à ce que nous avons - temps, énergie et créativité - pour faire la différence. La résignation nous empêche de nous demander jusqu'à quel point nous nous compromettrons ou exploiterons les autres pour l'argent disponible dans un emploi ou une carrière, une relation personnelle ou une opportunité d'affaires.

C'est ainsi que se justifient l'avidité, les préjugés et l'inaction que la pénurie favorise dans notre relation avec l'argent et le reste de la race humaine. Pendant des générations, elle a protégé les débuts de la traite des esclaves aux États-Unis, grâce à laquelle la majorité privilégiée a bâti des fermes, des villes, des empires commerciaux et des fortunes familiales, dont beaucoup subsistent encore aujourd'hui. Pendant d'autres générations, elle a protégé et encouragé le racisme institutionnalisé, la discrimination sexuelle et la discrimination sociale et économique à l'encontre d'autres minorités ethniques et religieuses. Tout au long de l'histoire, et encore aujourd'hui, elle a permis à des dirigeants politiques et commerciaux malhonnêtes d'exploiter les autres pour leur propre profit financier.

Globalement, le mythe du "c'*est comme ça"* fait que ceux qui ont le plus d'argent exercent le plus de pouvoir et se sentent encouragés et autorisés à le faire. Par exemple, les États-Unis, qui représentent 4 % de la population mondiale, génèrent 25 % de la pollution qui contribue au réchauffement de la planète. Selon *Géo 2000,* un rapport des Nations unies sur l'environnement publié en 1999, la consommation excessive de la minorité aisée de la population mondiale et la pauvreté persistante de la majorité sont les deux principales causes de la dégradation de l'environnement. Pendant ce temps, les pays en développement qui adoptent les modèles économiques occidentaux reproduisent des schémas qui, même dans les démocraties politiques, placent un pouvoir démesuré entre les mains de quelques riches, conçoivent des institutions et des systèmes sociaux qui les favorisent et ne s'attaquent pas de manière adéquate aux inégalités et aux conséquences inhérentes qui sapent la santé, l'éducation et la sécurité de tous.

Nous disons que nous nous sentons mal à propos de ces inégalités et d'autres dans le monde, mais les problèmes semblent si profondément enracinés qu'ils sont insurmontables et nous nous résignons à ce qu'il en soit *ainsi*, nous déclarant impuissants à changer les choses. En nous résignant, nous abandonnons notre propre potentiel humain et la possibilité de contribuer à un monde prospère, équitable et sain.

C'est ainsi que les choses se présentent, et c'est l'un des aspects les plus difficiles de la transformation de notre relation avec l'argent, car si vous ne pouvez pas abandonner la chasse et vous débarrasser de l'impuissance et du cynisme qu'elle finit par engendrer, alors vous êtes coincé. Si l'on n'est pas prêt à remettre les choses en question, il est alors difficile de déloger le mode de pensée qui nous a bloqués. Nous devons être prêts à abandonner l'idée que c'est comme *ça, ne serait-ce qu'un instant,* pour envisager la possibilité qu'il n'y ait pas une *façon de faire* ou une *façon de ne pas faire*. Il y a la façon dont nous choisissons d'agir et ce que nous choisissons de faire des circonstances.

LES "CONDAMNATIONS À PERPÉTUITÉ" LIMITENT NOS POSSIBILITÉS

Dans toute culture, les mythes communiquent des leçons de morale, et les mythes de la pénurie ont produit un héritage de croyances - des "sentences de vie" - que nous considérons comme de la sagesse populaire ou des vérités personnelles. Lorsque j'étais enfant, ma grand-mère avait l'habitude de dire à ses petites-filles : "Épousez l'argent et l'amour viendra plus tard". Nous avions l'habitude de rire lorsqu'elle disait cela, elle gloussait et avait une lueur d'espoir dans les yeux, mais à vrai dire, elle y croyait. C'est ce qu'elle avait fait. Lorsqu'elle s'est mariée, vers 1900, elle a épousé l'homme le plus riche qu'elle pouvait trouver et a ensuite trouvé le moyen de l'aimer. Elle voulait nous transmettre ce conseil. Même si nous avons ri de ses commentaires, ils nous ont marquées. Par la suite, toutes ses petites-filles ont dû rompre avec ce système de croyances dans nos vies si nous voulions être libres de trouver des partenaires amoureux avec des références plus profondes que l'argent.

Dans l'état d'esprit et la mythologie de la pénurie, nous nous débattons tous avec nos propres phrases sur l'argent. Certaines nous parviennent sous la forme de phrases folkloriques, comme celles de ma grand-mère, qui offrent des instructions incomplètes ou erronées : *Ne dépensez pas le principal. Si vous devez demander le prix, c'est que vous ne pouvez pas vous le permettre. L'argent n'est pas un objet. Il n'est pas poli de parler d'argent.* Parfois, il est important d'être prêt à dépenser le capital de manière significative, de considérer le prix comme une question de principe, même si vous avez plus que ce qu'il faut pour le payer, d'être direct et ouvert sur les questions d'argent au lieu d'être incertain ou sur ses gardes.

D'autres condamnations de la vie sont personnelles, de notre propre fait, et s'expriment par des comportements conscients ou inconscients autour de l'argent. Au début de ma carrière de collectrice de fonds, par exemple, je travaillais presque exclusivement sur la base du bénévolat et je n'étais à l'aise que pour demander de l'argent aux autres. Dans ma vie personnelle, j'étais heureuse de laisser mon mari s'occuper des finances de la famille, ce qui me libérait de cette responsabilité. Cependant, avec le temps, j'ai réalisé que les leçons involontaires que j'avais apprises, les phrases de vie que je créais et qui en sont venues à me limiter, étaient que je ne pouvais pas espérer gagner ma vie avec mon travail et que je n'étais pas une partenaire à part entière, responsable et participante dans la vie financière de ma propre famille. Je continue à donner gratuitement de mon temps et de mon énergie, et je fais toujours confiance à mon mari pour gérer les finances de notre famille, mais j'ai également élargi mon expérience pour y inclure la satisfaction de gagner de l'argent et d'être plus responsable de sa gestion. Il s'agit pour moi d'une question de croissance personnelle et d'une étape vers la création d'une relation plus honnête avec l'argent.

Ces phrases vous semblent peut-être familières. Ou peut-être avez-vous travaillé pour gagner de l'argent pendant la majeure partie de votre vie, mais vous avez hésité à demander des augmentations de salaire bien méritées, ou vous êtes resté dans un emploi sans avenir au lieu d'investir du temps et de l'énergie dans la recherche d'un nouvel emploi, ou de suivre une formation pour un autre type de travail. Peut-être avez-vous bénéficié d'un héritage et vous sentez-vous en droit de bénéficier de la richesse familiale, ou peut-être vous sentez-vous coupable. Vous évitez peut-être d'équilibrer votre chéquier ou de payer vos factures parce que la réalité en noir et blanc de ces chiffres vous dit quelque chose que vous ne voulez pas entendre. Peut-être avez-vous peur de vous affirmer au sujet de l'argent dans une relation, parce que vous craignez les répercussions ; peut-être vos craintes financières vous empêchent-elles de vous affirmer tout court.

La plupart des phrases que nous prononçons dans notre vie au sujet de l'argent sont le produit du langage restrictif de la rareté dans notre culture. Dans ce langage, le mot *"succès"* implique qu'une personne gagne trop d'argent. Un chef d'entreprise prospère est simplement quelqu'un qui gagne beaucoup d'argent. Ce jugement ne tient pas compte de la qualité du produit, du lieu de travail, de la rémunération des employés, du style de gestion ou de la pratique générale de l'entreprise en matière de partenariat et de contribution civique. Dans le langage de la rareté, ceux qui génèrent d'importants profits grâce à des pratiques d'exploitation ou de non-durabilité apparaissent comme plus "performants" que, par exemple, les enseignants ou les fonctionnaires qui gagnent moins, mais qui s'efforcent de faire de nos communautés des lieux de vie et de travail éclairés, bienveillants et compatissants.

Le mot *"riche"* a ses racines dans le *bien-être* et est censé évoquer non seulement de grandes quantités d'argent, mais aussi une vie riche et satisfaisante. Au contraire, l'excès d'argent crée souvent des conditions de privilège et d'isolement qui réduisent l'accès à la véritable richesse que sont les relations et les interactions humaines.

Pauvre et *pauvreté* décrivent des circonstances et des environnements économiques, mais trop souvent ces mots sont utilisés d'une manière qui ne tient pas compte de l'humanité et du potentiel des personnes qui ont peu d'argent.

La condamnation à perpétuité de l'"artiste affamé" nous fait accepter que la créativité est sous-évaluée dans notre société. Elle suggère que ceux d'entre nous qui dépendent de leurs dons créatifs pour gagner leur vie peuvent s'attendre à être mal payés, et que les autres ont le droit de les exploiter ou de les léser en termes d'argent, et de les sous-estimer en termes humains.

Ces phrases et d'autres phrases de vie basées sur la pénurie ne sont que des constructions de langage qui se sont ancrées dans notre pensée, mais une fois qu'elles y sont, elles renforcent les mythes de la pénurie et donnent à l'argent un énorme pouvoir destructeur. Tout au long de notre vie, un flot de messages provenant des médias, de la publicité et du marketing, de nos parents et grands-parents, de nos amis, renforce et enracine profondément notre pensée et nous amène à croire qu'il n'y a *pas assez, qu'il faut obtenir ce que l'on veut, que plus c'est mieux*, et qu'il faut jouer ce jeu.

BUCKMINSTER FULLER ET UN MONDE "TOI ET *MOI*

C'est en travaillant à l'éradication de la faim et à l'engagement qu'elle a suscité en moi que j'ai commencé à voir toute cette construction de la pénurie, sa mythologie omniprésente, son langage et ses phrases de vie. J'ai vu comment elle imprégnait ma propre vie, ainsi que celle de mes amis et de ma famille, et celle des personnes avec lesquelles je travaillais dans des pays aussi pauvres que le Bangladesh, et aussi riches que la France, l'Angleterre ou les États-Unis. Dans ce qui s'est avéré être un tournant pour moi, j'ai eu l'occasion d'écouter le grand futurologue et humaniste R. Buckminster ("Bucky") Fuller. Dans les années 1970, Bucky s'exprimait largement sur les mythologies de la science fondamentale qui nous empêchaient d'avoir une vision exacte du monde et de sa capacité à assurer une vie prospère pour tous.

Bucky est devenu par la suite un ami et un mentor, mais la première fois que je l'ai entendu parler, je le connaissais simplement comme un génie controversé - un concepteur, un ingénieur et un architecte - qui donnait une série de discours dans le monde entier intitulés "Integrity Days" (Journées de l'intégrité). J'étais bénévole lors de sa conférence à San Francisco et, dans un auditorium qui accueillait environ deux mille personnes, je me souviens d'avoir été assis à l'avant-dernière rangée de sièges, regardant ce petit homme âgé, éloquent et rayonnant sur la scène exprimer avec une grande exubérance ses idées et ses révélations sur la façon dont le monde fonctionne. Ses idées n'étaient pas seulement éloquentes, pas seulement provocantes, mais pour moi complètement révolutionnaires et transformatrices.

J'ai été captivé par son discours et par les distinctions qu'il faisait, mais celle qui a changé ma vie, c'est lorsqu'il a dit que pendant des siècles, voire des milliers d'années, nous avons vécu dans l'idée qu'il n'y avait pas assez de ressources pour tout le monde, et que nous devions nous battre et nous faire concurrence pour obtenir ces ressources pour nous-mêmes. Cette perception a peut-être été valable à un moment donné, ou peut-être pas, a-t-il ajouté, mais à ce moment de l'histoire - dans les années 1970 - nous étions capables de faire tellement plus avec tellement moins qu'en tant que famille humaine, nous avions clairement atteint un point où il y avait réellement assez pour que tout le monde, partout, puisse satisfaire ou même dépasser ses besoins pour vivre une vie raisonnablement saine et productive. Ce moment a représenté une avancée spectaculaire dans l'évolution de la civilisation et de l'humanité, a-t-il déclaré.

Qu'il s'agisse d'une reconnaissance de quelque chose de déjà vrai ou d'un moment de transformation dans le statut des civilisations, il a déclaré que, dans tous les cas, il pourrait s'agir du tournant le plus important de notre évolution, car cela signifierait que nous pourrions passer d'un monde "*toi* ou moi" - un monde où soit toi, soit moi, nous réussissons, et où nous devons rivaliser et nous battre pour savoir qui gagne - à un monde "toi *et* moi", où chacun d'entre nous peut y arriver. Dans ce monde "toi et moi", nous avons tous assez de nourriture, assez d'eau, assez de terres, assez de logements, assez de choses fondamentales pour que chacun d'entre nous puisse vivre une vie épanouie et productive.

Ce nouveau seuil change complètement la donne, et il nous faudra cinquante ans, a-t-il prédit, pour procéder aux ajustements nécessaires dans notre monde afin de passer d'un paradigme "toi *ou* moi" à un paradigme "toi *et* moi", un paradigme selon lequel le monde peut fonctionner pour tout le monde, sans que personne ni rien ne soit laissé de côté. Il a déclaré que notre système monétaire, notre système de ressources financières, devrait s'adapter pour refléter cette réalité et qu'il nous faudrait des décennies pour procéder à cet ajustement, mais que si nous y parvenions, nous entrerions dans une ère, une époque et un monde où la manière fondamentale dont nous nous percevons et pensons à nous-mêmes et au monde dans lequel nous vivons serait tellement transformée qu'elle en deviendrait méconnaissable.

Cette déclaration, cette vision hors du commun et la révélation du changement de la base même de nos relations avec les autres m'ont complètement captivé. Elle a bouleversé mon monde. Je me souviens avoir pleuré sur mon siège en pensant aux implications de ce qu'il disait. Je me souviens avoir pensé qu'il ne s'agissait pas simplement d'un point intéressant dans une conférence érudite. C'est un moment de reconnaissance exquise et profonde de quelque chose que j'ai toujours su au fond de moi, et c'est lui qui l'exprime, un scientifique vénéré, un futurologue, quelqu'un qui a les connaissances et les références et qui a fait les recherches nécessaires pour étayer ce genre de pensée. Ce moment de profonde reconnaissance ne m'a jamais quitté.

Bucky travaillait également à partir d'une nouvelle vision du monde qui avait commencé à émerger après le premier alunissage habité de l'équipage d'*Apollo 11* au cours de l'été 1969. Des photographies historiques et époustouflantes de la Terre prises depuis la Lune ont donné à l'humanité sa première vision claire de notre planète en tant que "vaisseau spatial Terre" complet et entier, comme Bucky l'a appelé. À ce moment-là, nous avons cessé de faire partie du système pour nous éloigner suffisamment du système afin de voir la Terre dans son ensemble, et nous avons pu constater sa fragilité, sa beauté, sa complétude, son exquise intégrité. J'oserais dire que ce fut le début d'une société mondiale, d'une conscience mondiale, d'une humanité mondiale, et à partir de là, cette reconnaissance des ressources limitées mais suffisantes de cette planète pour tous ceux qui y vivent - humains, plantes et animaux - est devenue la réalité potentielle de l'avenir.

C'est avec cette vision de notre communauté mondiale, ainsi qu'avec les idées et l'inspiration de Bucky, que je me suis engagé dans la lutte contre la faim.

LE MYSTÈRE DE LA FAIM ET NOTRE LUTTE CONTRE LA PÉNURIE

La faim et la pénurie semblent manifestement et inexorablement liées. Comment ai-je pu travailler aussi étroitement dans des environnements où la nourriture et l'eau sont si rares, et insister sur le fait que la pénurie est un mensonge ? Tout ce que je peux dire, c'est que ce sont les réalités dures et surprenantes de cette expérience qui m'ont forcé à regarder au-delà de l'évidence. J'ai lutté pour comprendre la tragédie de la faim. La faim n'est pas une maladie mystérieuse. Ce n'est pas un gène mutant ou une force sauvage de la nature. Nous savons ce qu'il faut faire lorsqu'un enfant a faim. Nous savons ce dont une personne affamée a besoin. Elle a besoin de nourriture. Rien dans le tableau des ressources mondiales n'explique pourquoi un cinquième de l'humanité souffre de faim et de malnutrition. Le monde est inondé de nourriture. Il y a actuellement plus de nourriture sur terre qu'il n'en faut pour nourrir tout le monde plusieurs fois. Les déchets abondent. Dans plusieurs pays, dont les États-Unis, les agriculteurs sont payés pour ne pas cultiver de nourriture. Le bétail destiné à l'abattage consomme suffisamment de ressources pour nourrir tous les enfants et adultes affamés.

En 1977, lorsque je me suis engagé pour la première fois à travailler pour mettre fin à la faim dans le monde, j'ai supposé que les gens mouraient de faim parce qu'ils n'avaient pas assez de nourriture, et que si nous donnions de la nourriture à ceux qui ont faim, cela résoudrait le problème de la faim chronique dans le monde. Tout cela semblait si logique. Mais si la solution consistait à faire correspondre l'offre alimentaire mondiale avec les personnes souffrant de la faim dans le monde, comment expliquer les statistiques et les réalités obstinées et tragiques de la faim qui semblent nous rendre incapables de la résoudre ? Comment se fait-il que dans un monde où la nourriture est plus que suffisante, 41 000 personnes, dont la plupart sont des enfants de moins de cinq ans, meurent *chaque jour* de faim ou de causes liées à la faim ?

Se pourrait-il que personne ne s'en préoccupe ? Lorsque des enfants affamés réclament de la nourriture, ils ne crient pas en tant que Bangladais ou Italiens, ou en tant qu'enfants du quartier pauvre de notre ville. Ils crient en tant qu'êtres humains, et c'est à ce niveau de notre humanité que nous devons répondre. Est-ce que nous ne pouvons pas entendre ces cris et y répondre en tant que membres bienveillants de la famille humaine ? Qu'est-ce qui pousse tant d'entre nous à fermer les yeux et à faire la sourde oreille face aux cris d'un enfant, et à choisir de ne s'occuper que de "nos propres", alors même que nous avons largement de quoi nourrir "nos propres" et d'autres encore ?

Pourtant, si la compassion était la solution, comment se fait-il que même les dons massifs de nourriture et d'argent que font certaines personnes ne débouchent pas sur une solution durable ?

Le problème viendrait-il de la distribution ? Comment cela se pourrait-il, alors que les sodas américains sont pratiquement à portée de main de tous les habitants de la planète ?

Serait-ce la logistique ? Comment est-ce possible, alors que les nations les plus puissantes comme la nôtre disposent de capacités logistiques pour livrer des missiles armés et des bombes pour des frappes militaires précises pratiquement n'importe où dans le monde ?

Serait-ce la politique ? Serions-nous cyniques et égoïstes au point de laisser mourir un enfant affamé parce que nous ne sommes pas d'accord, en tant qu'adultes, sur des idéologies politiques ou économiques ?

Qu'est-ce *qui* nous permet d'entendre le cri et de ne pas y répondre efficacement ?

Plus je passais de temps avec des personnes qui vivent dans la faim et avec des personnes qui travaillent ou donnent de l'argent pour les nourrir, plus je voyais clairement que la cause de la faim chronique n'était pas simplement l'absence de nourriture. Les causes de la faim et de la famine sont plus fondamentales que cela, car quelle que soit la quantité de nourriture déplacée d'un point A à un point B, même si cela peut faire une énorme différence pour un certain nombre de personnes pendant un certain temps, cela ne résout pas le problème de la faim.

L'histoire nous enseigne cette leçon. L'aide massive apportée à l'Éthiopie en 1985 a permis de nourrir de nombreuses personnes pendant un certain temps, mais n'a pas résolu le problème de la faim dans ce pays. L'Éthiopie reste un pays affamé et appauvri. L'aide alimentaire envoyée en Somalie pendant la crise de 1993 et 1994 a permis de nourrir quelques personnes affamées, mais a en fait exacerbé la violence et la corruption qui régnaient pendant la guerre civile dans ce pays. L'aide alimentaire qui a inondé le Biafra pendant la guerre du Biafra, l'aide alimentaire au Cambodge pendant la crise cambodgienne - l'aide n'était pas une mauvaise chose, certaines personnes ont été nourries, mais elle n'a pas non plus résolu le problème à long terme de la faim chronique et persistante.

Lors de ces injections massives d'aide alimentaire, à maintes reprises, au point de devenir une routine, les réserves de nourriture ont été volées et revendues par les intermédiaires corrompus qui prospèrent grâce à la cupidité et à la corruption qui sévissent dans les pays en difficulté. En outre, les quantités massives d'aide alimentaire ont fait chuter le marché local, ce qui signifie que les agriculteurs qui cultivaient des céréales ne pouvaient plus les vendre parce que la nourriture gratuite était partout - du moins pendant un certain temps, le temps que la course à la thésaurisation et au contrôle se mette en place. Le cycle désastreux de l'aide, de la corruption, des marchés perturbés et des investissements agricoles désastreux est devenu un élément du problème plutôt qu'une solution. Ce cycle n'a fait que perpétuer les causes profondes de la crise.

En fin de compte, l'effet sociétal de ce type d'aide massive a été que les bénéficiaires, même ceux qui ont reçu une partie de la nourriture, sont devenus encore plus handicapés, plus appauvris qu'ils ne l'étaient auparavant. Ils se sentaient débilités et impuissants du fait qu'ils ne pouvaient pas prendre soin d'eux-mêmes et qu'ils étaient devenus des bénéficiaires de l'aide sociale, redevables à des étrangers de les tirer d'affaire encore et encore. Ils se sentaient diminués et affaiblis, et la perspective future de leur propre autosuffisance était souvent supprimée et diminuée par le comportement qu'ils devaient adopter dans ces situations pour mettre la main sur la nourriture "gratuite". À maintes reprises, lorsque de l'argent ou de l'aide a afflué dans les communautés par le biais de systèmes fondés sur ces hypothèses de pénurie, le soulagement a été de courte durée et les deux parties de la transaction se sont retrouvées dans un sentiment d'inefficacité.

J'ai lutté avec cette question pendant des années, comme l'ont fait d'autres personnes engagées dans la lutte contre la faim, à la recherche de réponses qui pourraient suggérer une solution à cette tragédie permanente. Lorsque j'ai examiné les croyances sous-jacentes partagées par la plupart des gens partout dans le monde - tous les systèmes, toutes les institutions, tous les points de vue, y compris ceux qui souffrent de la faim - j'ai vu qu'il y avait des hypothèses fondamentales qui invalidaient presque tous les efforts déployés pour résoudre le problème. Toutes ces croyances sont liées aux mythes et à l'état d'esprit de la pénurie.

Quelle que soit notre situation économique :

- Lorsque nous croyons qu'il *n'y a pas assez*, que les ressources sont rares, nous acceptons que certains aient ce dont ils ont besoin et que d'autres ne l'aient pas. Nous rationalisons le fait que quelqu'un est destiné à se retrouver avec le petit bout du bâton.

- Lorsque nous pensons que *plus c'est mieux,* et que nous assimilons le fait d'avoir plus à celui d'être plus - plus intelligent ou plus capable -, les personnes qui se trouvent au bout du rouleau sont supposées être moins intelligentes, moins capables, voire moins précieuses, en tant qu'êtres humains. Nous nous sentons autorisés à les dévaloriser.

- Lorsque nous pensons que *les choses sont ainsi*, nous adoptons une attitude d'impuissance. Nous pensons qu'un problème est insoluble. Nous acceptons que dans notre famille humaine, ni les membres riches en ressources, ni les membres pauvres en ressources n'ont assez d'argent, de nourriture, d'intelligence ou d'ingéniosité pour générer des solutions durables.

- Le Projet Faim, en remettant systématiquement en question les fausses hypothèses sur la faim chronique et l'aide alimentaire, a exposé le mythe de la pénurie et a ouvert de nouvelles voies de recherche et de possibilités, réussissant finalement à apporter une contribution significative à l'éradication de la faim en donnant aux gens les moyens d'être les auteurs de leur propre rétablissement. Dans toutes les situations, qu'il s'agisse d'individus ou de vastes populations, la découverte du mensonge et des mythes de la pénurie a constitué la première et la plus puissante étape de la transformation de l'impuissance et de la résignation en possibilités et en autonomie.

- Nous philosophons souvent sur les grandes questions sans réponse de la vie. Il est temps de se pencher plutôt sur les *réponses qui ne sont pas remises en question, et la réponse* la plus importante et la plus *incontestée* de notre culture est notre relation avec l'argent. C'est là que nous entretenons, à grands frais, la flamme et la mythologie de la pénurie.

CHAPITRE 4

La suffisance : La vérité surprenante

Lorsque vous cessez d'essayer d'obtenir plus de ce dont vous n'avez pas vraiment besoin, vous libérez des océans d'énergie pour faire la différence avec ce que vous avez. Lorsque vous faites la différence avec ce que vous avez, il se développe.

Près de dix ans se sont écoulés depuis ma première rencontre avec le peuple indigène Achuar d'Équateur, mais je me souviens encore de l'expérience que j'ai vécue en les rencontrant et en étant parmi eux pour la première fois - une expérience complètement différente de ma première rencontre avec la faim et la pauvreté en Inde. Dans la forêt tropicale avec les Achuar, j'ai vu un peuple naturellement prospère. Ils n'avaient pas gagné un jeu économique compétitif pour être prospères. Ils n'étaient pas prospères aux dépens de qui que ce soit. Ils n'avaient battu personne dans aucun domaine. Ils étaient prospères dans leur façon d'être avec eux-mêmes et les uns avec les autres, en vivant en accord avec les vraies lois, les lois immuables du monde naturel qui, en fin de compte, nous gouvernent tous.

Leur culture n'a rien à voir avec l'argent. Ils le rencontraient principalement lorsqu'ils s'aventuraient hors de la forêt. Pour eux, c'était une chose étrange, accessoire, qui ne faisait pas partie de leur vie quotidienne ni même de leur conscience. Sans argent, sans propriété, sans accumulation de biens et sans aucune des commodités de notre mode de vie occidental, il n'y avait aucune suggestion de pénurie, aucun manque et aucune crainte de ne pas avoir assez de ce dont ils avaient besoin. Ils ne cherchaient pas à en avoir plus, ne se résignaient pas et ne croyaient pas qu'ils vivaient une vie de moins que rien. Ils vivaient (et vivent encore) dans l'expérience et l'expression de la *suffisance*, ou de ce que j'appelle l'*autosuffisance*. Au lieu de chercher à en avoir plus, ils chérissent et gèrent avec soin ce qui est déjà là. En fait, leurs efforts sont aujourd'hui consacrés à la protection de ce qui existe déjà - la forêt tropicale - en tant que ressource pour nous tous. Pour les Achuar, la richesse consiste à être présent à la plénitude et à la richesse du moment et à les partager avec les autres.

Il est possible pour ceux d'entre nous qui vivent dans des cultures de l'argent de trouver la même équanimité et la même liberté dans notre propre environnement et avec l'argent. Certaines des leçons les plus importantes et les plus surprenantes que j'ai apprises sur la suffisance et notre relation avec l'argent m'ont été données par des personnes qui n'avaient que peu ou pas d'argent du tout, comme les Achuar, ou par des personnes confrontées aux luttes les plus redoutables pour la survie dans des situations que nous pouvons difficilement imaginer. L'une de ces leçons s'est déroulée dans un village reculé du Sénégal.

Le Sénégal est un petit pays côtier situé à l'extrême ouest du continent africain. À l'époque de la traite des esclaves, c'était une colonie française prospère, et les châteaux historiques des propriétaires d'esclaves, avec leurs donjons ressemblant à des prisons, subsistent encore aujourd'hui, devenant des attractions touristiques et des monuments inquiétants de la sauvagerie humaine et économique de l'époque.

Une grande partie du Sénégal est couverte par l'immense désert du Sahel, qui s'étend chaque année en direction de la mer. Le Sahel est un environnement rude, peu propice à la vie, même pour les plantes et les animaux qui vivent généralement dans les environnements désertiques. Le sable est fin, comme de la poussière, et d'une couleur orange pâle. Il est si fin et si répandu que tout ce qui se trouve à la limite du désert est recouvert de sable jaune orangé : les rues, les maisons, les plantes, les routes et même les gens.

Nous étions là, dix-huit collaborateurs et responsables du Projet Faim, pour rencontrer les habitants d'un village situé à plusieurs heures de route dans le désert et leur faire part de leur besoin de trouver une nouvelle source d'eau ou un nouvel endroit où vivre. Alors que nos chauffeurs s'éloignaient de la ville et s'enfonçaient dans le désert, nous avons été recouverts d'un sable limoneux très fin. Il s'enfonçait dans nos poumons à chaque respiration. Au fur et à mesure que nous avancions sur la route difficile dans le vent orange, nous voyions de moins en moins de gens, de plantes et d'animaux, et bientôt, il n'y eut plus que des terres arides. Je portais un chapeau et un bandana sur le visage pour éviter de respirer le sable. C'était tellement triste qu'il semblait inimaginable qu'un être humain puisse vivre dans un tel climat.

Pendant un certain temps, nous avons emprunté une route rugueuse et non goudronnée. Puis elle a disparu dans le sable et nos chauffeurs ont commencé à rouler dans le désert à l'aide d'une boussole uniquement. Nos chauffeurs sénégalais connaissaient bien le désert, et à un moment donné, le chauffeur du véhicule de tête s'est arrêté et a coupé le moteur. Les deux autres ont fait de même. Après avoir écouté pendant un certain temps, nous avons pu entendre le son léger de tambours. Notre conducteur principal a souri, a allumé son moteur et a commencé à rouler en direction du son des tambours. Au fur et à mesure que nous avancions, les tambours devenaient de plus en plus forts, et bientôt, à l'horizon, nous pouvions apercevoir de minuscules points en mouvement. Comme nous nous rapprochions de plus en plus, nous avons pensé que ces taches étaient des animaux. Puis, à mesure que nous nous rapprochions, nous avons vu qu'il s'agissait d'enfants, des dizaines d'enfants qui couraient vers nos véhicules, débordant d'excitation.

Nous étions là, dans un endroit qui ne montrait aucun signe de vie, accueillis par des enfants exubérants et enthousiastes, débordant de vitalité et d'énergie. J'ai eu les larmes aux yeux et j'ai vu que mes compagnons de voyage avaient été émus de la même manière par cet accueil jubilatoire. D'autres petits continuaient à affluer vers nous, et au-delà, au loin, deux grands baobabs se dressaient seuls dans l'immensité désolée. Le baobab est un arbre salvateur qui peut pousser pratiquement sans eau et qui fournit de l'ombre et un brise-vent aux habitants du désert.

Devant nous, sous les deux baobabs, environ cent vingt personnes sont rassemblées dans l'ombre précieuse. Des tambours se trouvaient au centre d'une ouverture dans la foule, et nous pouvions voir qu'à l'intérieur du cercle, des femmes dansaient. Au fur et à mesure que la distance qui nous sépare se réduit, les tambours emplissent l'air d'une énergie vibrante et la fête semble devenir plus intense. Nous avons pris quelques enfants et les avons emmenés dans nos voitures. D'autres couraient à côté. Il semblait que cette scène incroyable avait surgi du néant. Ils étaient là, hommes, femmes et enfants, à danser, à jouer du tambour, à applaudir et à souhaiter la bienvenue à notre petite délégation de visiteurs.

Nous sommes descendus de nos véhicules et des dizaines de femmes ont couru vers nous, vêtues de magnifiques vêtements traditionnels sénégalais, avec des coiffes et de longs boubous en coton - de longues robes amples et colorées. Les tambours battaient, les enfants criaient, les femmes piaffaient de joie, les hommes chantaient. C'était un accueil sans pareil.

Elles semblaient savoir que j'étais la meneuse et m'ont entraînée au centre du cercle, où les femmes ont dansé autour de moi et avec moi. J'ai été emportée par le moment, bougeant mon corps de concert avec le leur dans un rythme naturel et libérateur. Elles m'ont applaudie. Mes compagnons de voyage m'ont rejointe, et nous avons dansé, applaudi et ri ensemble. Le temps et l'espace semblaient suspendus. Il ne faisait plus chaud ni sec. Il n'y avait plus de sable ni de vent. Tout cela disparaissait et nous étions enveloppés dans la fête. Nous ne faisions qu'un.

Puis les tambours se sont soudainement arrêtés. L'heure de la réunion a sonné. Les gens se sont assis sur le sable. Le chef s'est identifié et m'a adressé ses commentaires. Avec l'aide de notre traducteur, le chef a expliqué que leur village se trouvait à plusieurs kilomètres de là, qu'ils étaient venus nous souhaiter la bienvenue et qu'ils étaient reconnaissants de notre offre de partenariat. Il a ajouté qu'il s'agissait d'un peuple fort et compétent et que le désert était leur foyer spirituel. Mais eux et seize autres villages à l'est se trouvaient à un point où la rareté des ressources en eau les poussait à la limite de leurs possibilités. Leurs habitants ne connaissaient rien d'autre que la vie dans ce désert, ils étaient fiers de cette terre, mais ils savaient qu'ils ne pourraient pas continuer sans un changement dans la situation de l'eau.

Les services publics n'étaient pas étendus à ces personnes, même en temps de crise. Il s'agissait de personnes analphabètes qui n'étaient pas prises en compte dans le recensement. Ils ne pouvaient même pas voter. Ils n'avaient que peu ou pas de cachet auprès de leur gouvernement. Ils étaient extrêmement résistants, mais leurs puits peu profonds étaient presque à sec et ils savaient qu'ils auraient besoin de quelque chose d'autre que ce qu'ils pensaient pour survivre à la prochaine saison sèche.

Les gens étaient musulmans et, lorsque nous nous sommes assis en cercle pour discuter de la situation, ce sont les hommes qui ont pris la parole. Les femmes ne faisaient pas partie du premier cercle, mais étaient assises dans un second cercle où elles pouvaient entendre et voir, mais elles ne parlaient pas. Je pouvais sentir le pouvoir des femmes derrière moi, et je pressentais qu'elles seraient la clé de la solution. Dans cette terre orange stérile, il ne semblait pas possible de trouver une solution, mais l'attitude, le sens de la résilience et la dignité de ces personnes en ont décidé autrement. Il y avait un moyen de s'en sortir, et c'est ensemble que nous le trouverions.

J'ai alors demandé à ne rencontrer que les femmes. C'était une demande étrange dans cette culture musulmane où les mollahs et le chef étaient habilités à parler au nom de tous, mais ils l'ont acceptée. Les femmes de mon groupe et les femmes de la tribu se sont rassemblées sur le sol brûlant et se sont rapprochées. Notre traducteur était un homme et les mollahs l'ont autorisé à se joindre à nous.

Dans ce cercle de femmes tribales, plusieurs femmes ont pris le leadership et ont parlé tout de suite, disant qu'il était clair pour elles qu'il y avait un lac souterrain sous la région. Elles le sentaient, elles savaient qu'il était là. Elles l'avaient vu dans des visions et avaient besoin de notre aide pour obtenir des hommes la permission de creuser un puits suffisamment profond pour atteindre l'eau. Les hommes ne l'avaient pas autorisé, car ils ne croyaient pas que l'eau était là et ne voulaient pas non plus que les femmes fassent ce genre de travail. Dans leurs traditions, seuls certains types de travaux étaient autorisés pour les femmes. Le tissage et l'agriculture étaient autorisés. La planification et le creusement d'un puits ne l'étaient pas.

Les femmes ont parlé avec une vitalité et une force convaincantes. Il était clair pour moi qu'elles savaient ce qu'elles savaient et qu'on pouvait leur faire confiance pour trouver l'eau. Tout ce dont elles avaient besoin, c'était la permission des hommes de suivre leur instinct. C'était l'aide dont elles avaient besoin de la part d'une source extérieure. C'est ce dont elles avaient besoin de notre part.

Il y a eu un élan d'énergie collective et d'engagement. J'ai regardé autour de moi. Il faisait une chaleur accablante. Il y avait des milliers de mouches. J'avais de la vase dans la bouche et les poumons. C'était l'endroit le plus inconfortable que l'on puisse imaginer, et pourtant je me souviens que je n'ai ressenti ni soif ni inconfort - seulement la présence d'une possibilité au milieu de ces femmes audacieuses et magnifiques.

Lorsque nous sommes partis dans le désert du Sahel, j'ai craint que nous ne rencontrions des gens désespérés, affamés, malades et pauvres. Ces personnes avaient certainement besoin de plus de nourriture et d'eau, mais elles n'étaient pas "pauvres". Ils n'étaient pas résignés. Elles étaient désireuses de trouver un moyen de relever ce défi, et elles brûlaient du feu des possibilités. Ils étaient un puits de force, une mine de persévérance et d'ingéniosité. Ils voulaient notre partenariat - pas de la charité, de l'argent ou de la nourriture - et nous leur avons apporté le respect et un partenariat égal.

Après de nombreuses conversations avec les femmes et les hommes, nous avons convenu avec les mollahs et le chef que nous commencerions notre travail avec les femmes parce que ce sont elles qui ont la vision. Grâce à notre partenariat, les hommes ont accepté que les femmes commencent à creuser le puits. Au cours de l'année suivante, alors que la communauté rationnait soigneusement ses réserves d'eau, les femmes ont creusé à l'aide d'outils manuels et de l'équipement simple que nous leur avons apporté. Elles ont creusé de plus en plus profondément dans le sol, en chantant, en jouant du tambour et en s'occupant des enfants les unes des autres, sans jamais douter de la présence de l'eau.

Les hommes observent la scène avec scepticisme, mais laissent le travail se poursuivre. Les femmes, elles, sont tout sauf sceptiques. Elles étaient certaines que si elles creusaient assez profondément, l'eau serait là. Et c'est le cas ! Elles atteignirent le lac souterrain de leurs visions.

Au cours des années qui ont suivi, les hommes et les femmes ont construit un système de pompage et un château d'eau pour le stockage. Ce n'est pas un, mais dix-sept villages qui ont maintenant de l'eau. Toute la région est transformée. Dans les dix-sept villages, des groupes de femmes dirigeantes sont au cœur de l'action. On y pratique l'irrigation et l'élevage de poulets. Il y a des cours d'alphabétisation et des entreprises de batikage. Les gens s'épanouissent et contribuent à la vie de leur pays. Ils font face à de nouveaux défis et les relèvent avec la même dignité et le même engagement. Les femmes font désormais partie de la communauté d'une manière respectée, avec un meilleur accès au leadership, et la tribu est fière que ce soit son propre peuple, son propre travail et la terre sur laquelle elle vit qui se soient avérés être la clé de sa prospérité.

LA SUFFISANCE : RÉCUPÉRER LE POUVOIR DE CE QUI EXISTE DÉJÀ

Nous avons tous le choix, dans n'importe quel contexte, de prendre du recul et d'abandonner l'état d'esprit de pénurie. Une fois que nous avons abandonné la pénurie, nous découvrons la surprenante vérité de la suffisance. Par suffisance, je n'entends pas une quantité de quoi que ce soit. La suffisance n'est pas un pas de plus vers la pauvreté ou un pas de moins vers l'abondance. Ce n'est pas une mesure d'à peine assez ou de plus qu'assez. La suffisance n'est pas du tout une quantité. C'est une expérience, un contexte que nous générons, une déclaration, un savoir qu'il y a assez et que nous sommes assez.

La suffisance réside en chacun de nous et nous pouvons l'appeler de nos vœux. Il s'agit d'une conscience, d'une attention, d'un choix intentionnel de la manière dont nous pensons à nos circonstances. Dans notre relation avec l'argent, il s'agit d'utiliser l'argent d'une manière qui exprime notre intégrité ; de l'utiliser d'une manière qui *exprime la* valeur plutôt que de *déterminer la* valeur. La suffisance n'est pas un message de simplicité ou de réduction des dépenses et des attentes. La suffisance ne signifie pas que nous ne devrions pas nous efforcer ou aspirer à quelque chose. La suffisance est un acte qui consiste à générer, à distinguer, à nous faire connaître la puissance et la présence de nos ressources existantes et de nos ressources intérieures. La suffisance est un contexte que nous faisons émerger de l'intérieur et qui nous rappelle que si nous regardons autour de nous et en nous-mêmes, nous trouverons ce dont nous avons besoin. Il y a toujours assez.

Lorsque nous vivons dans un contexte de suffisance, nous trouvons une liberté et une intégrité naturelles. Nous nous engageons dans la vie en ayant le sentiment d'être complets plutôt qu'en aspirant désespérément à l'être. Nous nous sentons naturellement appelés à partager les ressources qui circulent dans nos vies - notre temps, notre argent, notre sagesse, notre énergie, quel que soit le niveau auquel ces ressources circulent - pour servir nos engagements les plus élevés. Dans le contexte de la suffisance et de la circulation des ressources vers, à travers et à partir de nous, les intérêts de notre âme et de notre argent fusionnent pour créer une vie riche, satisfaisante et pleine de sens.

La suffisance est la vérité. La suffisance peut être un lieu où se tenir, un contexte qui génère une relation totalement nouvelle avec la vie, avec l'argent et avec tout ce que l'argent peut acheter. Je suggère qu'il y a suffisamment de choses dans la nature, dans la nature humaine et dans les relations que nous partageons les uns avec les autres pour avoir une vie prospère et épanouissante, peu importe qui vous êtes ou où vous vous situez dans le spectre des ressources. Je suggère que si vous êtes prêt à lâcher prise, à abandonner la course à l'acquisition ou à l'accumulation de toujours plus et à abandonner cette façon de percevoir le monde, alors vous pouvez prendre toute cette énergie et cette attention et l'investir dans ce que vous avez. Vous trouverez alors des trésors inimaginables et des richesses d'une profondeur et d'une diversité surprenantes, voire stupéfiantes.

Vivre à partir de la suffisance, penser à partir de là et générer ce cadre de référence pour la vie est extrêmement puissant et important pour notre époque. Dans notre relation avec l'argent, nous pouvons continuer à gagner, à épargner, à investir et à subvenir à nos besoins et à ceux de notre famille, mais nous recadrons cette relation en reconnaissant et en appréciant ce que nous avons déjà. Dans cette nouvelle façon de voir, le flux de ressources dans nos vies, au lieu d'être quelque chose qui nous échappe constamment ou qui diminue, devient au contraire un flot de nourriture et quelque chose dont nous avons le privilège d'être les dépositaires pour le moment. Notre relation avec l'argent cesse d'être l'expression d'une peur et devient l'expression d'une possibilité excitante. Le contexte de la suffisance peut transformer notre relation avec l'argent, avec nos ressources et avec la vie elle-même.

Je ne veux pas dire qu'il y a de l'eau en abondance dans le désert ou de la nourriture pour les mendiants de Bombay. Je dis que même en présence d'une véritable pénurie de ressources externes, le désir et la capacité d'autosuffisance sont innés et suffisants pour relever les défis auxquels nous sommes confrontés. C'est précisément lorsque nous portons notre attention sur ces ressources intérieures - en fait, *seulement* lorsque nous le faisons - que nous pouvons commencer à voir plus clairement la suffisance en nous et disponible pour nous, et que nous pouvons commencer à générer des réponses efficaces et durables à toutes les limitations de ressources auxquelles nous sommes confrontés. Lorsque nous abandonnons la quête de la quantité et que nous examinons et expérimentons consciemment les ressources dont nous disposons déjà, nous découvrons que nos ressources sont plus profondes que nous ne le savions ou que nous ne l'imaginions. En se nourrissant de notre attention, nos ressources s'étendent et se développent.

C'est particulièrement vrai dans notre relation avec l'argent, et le pouvoir de l'engagement de l'âme pour développer et améliorer notre richesse. Et c'est particulièrement vrai lorsque nous examinons les luttes autour de l'argent qui nous pèsent, et la libération profonde que nous expérimentons lorsque nous alignons l'argent et l'âme.

La lutte pour la suffisance n'a rien à voir avec la quantité d'argent que vous possédez. Ce qui compte, c'est la relation que vous entretenez avec l'argent. Certaines des plus grandes leçons que j'ai apprises sur la lutte pour la suffisance m'ont été données par des personnes qui ont plus d'argent dans l'instant que la plupart d'entre nous n'en verront au cours de leur vie, et qui mènent pourtant une vie qu'elles ne trouvent pas totalement satisfaisante. Accablés par l'excès ou écrasés par la course à l'abondance, ils perdent l'expérience nourrissante de la suffisance et de l'adéquation.

LES FEMMES DE MICROSOFT : UN DÉPASSEMENT DE LA SUFFISANCE

En 1998, j'ai été invitée à m'adresser à un groupe de cadres supérieurs de Microsoft, qui était alors l'entreprise à la croissance la plus rapide et l'une des plus rentables, si ce n'est *la* plus rentable, au monde. J'étais très enthousiaste à l'idée de m'y rendre, car je devais parler au groupe de femmes cadres de Microsoft de la condition des femmes dans les pays en développement. De retour de la quatrième conférence mondiale des femmes à Pékin, j'étais impatiente de partager ce que j'avais appris des nombreux rapports et récits inspirants des femmes participant à la conférence. Certaines de ces femmes venaient de pays appauvris et où les femmes sont soumises au-delà de notre imagination.

Sur le vol de San Francisco à Seattle, Microsoft m'avait réservé une place en première classe - un environnement plus choyé que mon siège habituel en classe économique - et en regardant les sièges confortables et les passagers bien habillés qui les occupaient, j'ai réalisé que j'entrais dans un monde raréfié et que j'allais parler à des femmes qui vivaient et travaillaient dans ce monde tous les jours. Les femmes qui assistaient à la série de conférences pour cadres supérieurs étaient celles qui se trouvaient au sommet de la hiérarchie de l'entreprise. Lors d'une réunion d'information antérieure, on m'avait dit que la valeur nette moyenne de ces femmes était de 10 millions de dollars, que leur âge moyen était de 36 ans et que la plupart d'entre elles, plus de la moitié, avaient une famille. J'ai réalisé que je me rendais au cœur d'une entreprise à la pointe de la technologie mondiale et que je m'adresserais à un groupe qui repoussait les limites de chaque enveloppe dans ce domaine, mais aussi dans leur propre vie en tant que femmes remarquablement riches et prospères à un âge remarquablement jeune de leur carrière.

En pensant à elles pendant le trajet en limousine jusqu'au campus de Microsoft, j'ai pris de plus en plus conscience de la possibilité de faire une différence significative dans leur vie en les mettant en contact avec les femmes les plus démunies du monde, une population qui se compte en centaines de millions d'individus. J'ai réfléchi à ce que cette connexion pouvait signifier pour les deux groupes et au privilège que j'avais d'être une personne qui marchait dans ces deux mondes.

Sur le campus tentaculaire de Microsoft, on m'a accompagnée dans un élégant immeuble de bureaux, dans une salle de conférence pour le thé de l'après-midi avec un petit contingent de femmes qui participeraient à la conférence du soir. J'avais demandé cette petite réunion de l'après-midi parce que je voulais en savoir plus sur ces femmes en tant que groupe et avoir quelques conversations avec certaines d'entre elles pour savoir comment je pourrais me connecter plus facilement plus tard avec des femmes ayant une expérience de vie et de carrière aussi inhabituelle.

Autour d'un thé, ces dix femmes jeunes, dynamiques et extrêmement sûres d'elles ont parlé de leur vie familiale et professionnelle. Sept d'entre elles avaient un mari et des enfants à la maison, et lorsqu'on leur a demandé de décrire une journée type de leur vie, elles ont parlé de routines similaires à haute pression : Elles se levaient tôt, souvent à 5h30 ou 6h du matin, et pour la plupart d'entre elles, le seul repas qu'elles prenaient avec leurs enfants était le petit-déjeuner, voire le seul. Elles avaient des nounous et des gardiennes qui vivaient avec elles. Six des dix femmes étaient mariées à des hommes qui travaillaient également chez Microsoft. La plupart des femmes ont déclaré qu'elles nourrissaient, soignaient et habillaient leurs enfants le matin, puis les envoyaient à l'école avec la nounou ou les conduisaient elles-mêmes, avant d'aller travailler et d'être en ligne à 8 heures du matin, Elles rentraient à la maison, dînaient tard avec leur mari, embrassaient leurs enfants endormis pour leur souhaiter bonne nuit et, après le dîner, se connectaient à nouveau, parfois jusqu'à 1 heure du matin. La plupart d'entre elles nourrissaient un regret discret : Chaque jour, elles promettaient de rentrer plus tôt, de dormir davantage, de faire plus d'exercice, de faire les choses qui manquaient dans leur vie, et chaque jour, elles ne parvenaient pas à progresser dans la réalisation de ces engagements.

Je leur ai ensuite posé des questions sur leurs week-ends. La plupart d'entre eux travaillaient au bureau le samedi. Ils faisaient parfois une pause pour assister au récital de danse ou au match de football d'un enfant, mais sinon, ils restaient généralement au bureau jusqu'à 17 ou 18 heures le samedi. J'ai demandé ce qu'il en était du dimanche. La plupart ont répondu qu'ils restaient à la maison le dimanche, mais ont admis qu'ils étaient plus attirés par l'ordinateur que par toute autre activité, et qu'ils restaient souvent en ligne au moins la moitié de la journée.

Chaque jour, chaque semaine, chaque mois, elles se promettaient à elles-mêmes, à leurs maris et à leurs enfants, de mener à bien le prochain projet, de respecter le prochain délai, d'être plus souvent à la maison, d'être plus disponibles, d'avoir des relations plus chaleureuses avec leurs enfants, mais cela se produisait rarement et elles ressentaient une frustration chronique à cause de ces promesses non tenues.

Selon eux, ce modèle de travail et de vie de famille était plus la norme que l'exception parmi leurs collègues. Tous avaient beaucoup d'argent et pouvaient s'offrir n'importe quel type de service pour soutenir les enfants et les familles, et c'est ce qu'ils faisaient, plus souvent qu'ils ne voulaient l'admettre. Malheureusement, ont-ils dit, le jeu compétitif auquel ils participaient au sein de cette puissante entreprise exigeait un dévouement si total et si complet qu'au bout du compte, c'était leur priorité. Leur famille est passée au second plan. Dans tous les cas, ils étaient perturbés et déçus par certains des compromis qu'ils faisaient dans leur vie de famille.

Je les ai ensuite interrogées sur leur connaissance du monde, sur leurs amis et sur les conversations qu'elles avaient en dehors du travail. Les unes après les autres, elles m'ont confié que leur vie se résumait à leur écran d'ordinateur. La plupart de leurs conversations se déroulaient en ligne et portaient sur le développement de nouveaux logiciels ou sur la réalisation d'objectifs de performance et de productivité. Elles ne connaissaient pas grand-chose du monde extérieur, qu'il s'agisse de Seattle ou des États-Unis, et certainement pas des habitants des pays en développement ou des femmes d'autres régions du monde. Ils étaient enthousiastes d'apprendre que je parlerais ce soir-là des femmes des pays en développement, mais cela ne faisait pas partie de leurs conversations ou de leur réalité. Ils n'avaient ni le temps ni l'espace psychique pour inclure qui que ce soit ou quoi que ce soit d'autre que ce qui se présentait pour être fait dans l'instant.

Nous avons parlé de leur richesse. Outre leurs possessions matérielles, dont ils ne prenaient guère le temps de profiter, l'argent ne leur procurait que très peu de satisfaction. Très peu d'entre eux donnaient de l'argent et presque aucun ne prenait le temps de partir en vacances. Leur richesse - et l'utilisation qu'ils en faisaient pour acheter des services de garde d'enfants et de soins à domicile - ne leur permettait que de travailler plus dur et plus longtemps. Elle ne leur a pas apporté la liberté ou la vitalité qu'ils espéraient, et même qu'ils attendaient à un moment donné, et la promesse qu'ils s'étaient faite à eux-mêmes était qu'un jour elle le ferait. Un jour, ils prendraient leur retraite et vivraient heureux.

Ce soir-là, une centaine de femmes étaient présentes au dîner des cadres supérieurs. L'auteure et historienne Riane Eisler a pris la parole en premier et a évoqué les mille dernières années de l'histoire des femmes, en s'appuyant principalement sur les distinctions qu'elle avait établies dans son livre, *The Chalice and the Blade : Our History, Our Future*. Elle a décrit ce qu'elle appelle le modèle d'action dominateur, dans lequel les hommes et les principes masculins traditionnels prévalent, et les différences entre ce modèle et ce qu'elle appelle le modèle de partenariat, caractérisé par des principes plus féminins de collaboration et de partenariat. Puis ce fut mon tour.

En faisant progresser la conversation à partir de la recherche universitaire et de la perspective historique d'Eisler, mon intervention était ancrée dans les détails de la vie quotidienne et dans l'expérience des femmes vivant dans des pays pauvres en ressources tels que le Sénégal ou le Bangladesh. Ce sont des femmes qui travaillent, comme les femmes de Microsoft, seize à dix-huit heures par jour, dont la vie consiste à subvenir aux besoins de leurs propres enfants et de leurs familles, et dont les relations entre elles rendent les dures réalités de leur vie supportables. Les femmes de Microsoft ont été intéressées d'apprendre qu'elles faisaient partie de l'infime pourcentage des 1 % de femmes les plus riches du monde qui ont le choix et la possibilité d'utiliser leurs ressources financières comme elles l'entendent et de la manière dont elles façonnent la vie de leur famille. Je les ai invitées à entrer en contact avec le milliard de femmes qui survivent avec entre deux et cinq dollars par jour.

Je leur ai fait part de ce que je savais et avais vu, de l'engagement des femmes du monde en développement envers leurs familles, des chants et des danses qui les soutenaient, de leur capacité à inclure leurs enfants non seulement dans les épreuves, mais aussi dans la célébration de la vie et de l'amour. Je leur ai parlé des énormes difficultés dans lesquelles ces femmes vivent, de la répression, de la marginalisation et de l'assujettissement qu'elles subissent, et du courage avec lequel elles vivent chaque jour. Et je leur ai dit que l'expérience de ces femmes était centrée sur l'appréciation, la gratitude et la présence pour le peu qu'elles avaient, mais aussi sur la générosité des relations qu'elles partageaient, nées de la nécessité. Dans ces circonstances difficiles, tout tourne autour de la communauté. En fin de compte, il s'agissait de prendre soin les uns des autres. Il s'agissait de collaborer, de s'associer et de veiller à ce que tout le monde ait une chance. C'est grâce à ces liens et à cette attention que ces femmes ont non seulement survécu, mais qu'elles ont connu leur véritable richesse.

Les femmes cadres ont répondu par des réflexions sincères sur leur propre vie et sur la possibilité que la course effrénée aux progrès au travail puisse avoir un prix plus élevé que ce qu'aucune d'entre elles n'avait jamais envisagé ou même consciemment accepté - le temps perdu et l'expérience irremplaçable de leurs jeunes années familiales, ou des relations significatives avec les gens et la vie autour d'elles et au-delà. La révélation que la vie pourrait être en train de les dépasser complètement est devenue palpable dans la salle.

Je ne les encourageais pas à quitter leur entreprise ou à faire autre chose que d'établir ce lien et d'en apprendre davantage sur leurs consœurs du monde entier, mais notre discussion sur ces femmes vivant dans des conditions difficiles et impitoyables, l'attention que nous leur avons portée, a donné à ces femmes cadres l'occasion de prendre du recul et d'examiner la chasse qu'elles menaient chaque jour, et de se demander si elles voulaient y participer aussi aveuglément et pleinement qu'elles le faisaient jusqu'à présent.

La pause de réflexion a été significative pour de nombreuses femmes présentes. À ce moment-là, les femmes ont pu suspendre leur allégeance non examinée à la quête de plus - plus d'argent, plus de statut dans l'entreprise, plus de réalisations - et prendre note de la résignation qu'elles ressentaient face à l'emprise de la quête sur leur vie. Ce moment leur a également donné l'occasion, au sein de ce cercle de femmes, de réfléchir à la satisfaction authentique qu'elles retiraient de leur travail et de leur famille, à leur appréciation de leurs propres talents et réalisations, et à l'entreprise qui les affirmait et les célébrait en tant que dirigeantes. Cette expérience consciente de la satisfaction que leur procurent leur famille et leur carrière était nouvelle pour elles.

Je me souviens de m'être tenu devant eux et d'avoir vu leurs visages refléter une expérience de plénitude plutôt que de manque. Je me souviens de leurs expressions réjouies lorsque je les ai invités à se trouver un partenaire et à prendre un moment pour énumérer l'un pour l'autre toutes les choses qu'ils apprécient et dont ils sont reconnaissants dans leurs familles et leurs relations immédiates au travail et à la maison. Un immense sentiment de plénitude s'est emparé de la salle lorsque, l'un après l'autre, ils se sont levés et ont partagé la reconnaissance de la complétude et de la suffisance de leur propre vie, alors que cette expérience avait été absente auparavant, dans la course à l'abondance.

Ces femmes étaient au sommet de leur art, dans leur carrière et dans leur vie de famille aisée, mais le jeu auquel elles jouaient les avait privées de tout sentiment de victoire ou d'accomplissement, et les règles de ce jeu étaient basées sur la condition de rareté : Ils devaient obtenir plus, plus n'était jamais assez, et la poursuite était sans fin. J'ai vu dans leurs histoires que même lorsque nous nous promettons d'arrêter à un moment donné, cette promesse même fait partie du sophisme et de la justification servile de la poursuite du jeu, un tour de plus, un marché de plus, un "vous" de plus. J'ai également constaté la beauté et la puissance de la création d'un environnement dans lequel vous pouvez sortir de cet état d'esprit de pénurie, ne serait-ce qu'un instant, et voir que ce n'est rien d'autre qu'un état d'esprit. Ce n'est ni inévitable, ni inéluctable, ni désespéré. Ce n'est pas *simplement comme ça*. J'ai appris que même les personnes les plus motivées peuvent s'arrêter et jeter un coup d'œil, et que le fait de le faire, ne serait-ce qu'un instant, peut avoir un impact profond et durable sur la façon dont les gens poursuivent leur propre vie.

Dans les années qui ont suivi, plusieurs de ces femmes m'ont écrit pour me dire qu'elles prenaient leur retraite, et elles ont partagé avec moi certaines des idées et des expériences qui découlaient de cette décision. Certaines m'ont écrit pour me dire qu'elles avaient recadré leur expérience de travail au sein de l'entreprise et qu'elles vivaient pratiquement la même vie, mais sous l'angle de l'épanouissement et de la gratitude plutôt que sous celui de la peur, de la compétition et de la survie. Certains d'entre eux se sont profondément engagés dans l'activisme social et ont voyagé dans les pays en développement avec leur famille pendant leurs vacances. Certains ont pris conscience de la joie de contribuer et d'investir de l'argent dans des partenariats philanthropiques pour surmonter des situations de faim et de pauvreté ou des inégalités flagrantes. D'autres sont passés de l'entreprise à des postes au sein de la toute nouvelle Fondation Bill et Melinda Gates, qui est aujourd'hui l'une des fondations les plus importantes et les plus novatrices au monde.

Cette soirée a été une rencontre que je n'oublierai jamais. Ces femmes avaient beaucoup, non seulement de l'argent, de la richesse, mais aussi une profonde capacité d'attention et de connexion qui leur était largement inaccessible dans le contexte de leur mode de vie pressé et aisé. Leur désir d'être en relation, avec leurs familles, avec d'autres femmes dans des conditions qui réclament leur partenariat, et même simplement avec leur propre désir de faire la différence, était une expression puissante de l'énergie et de la possibilité de l'âme qui est en chacun de nous. Cette nuit-là, c'est le trésor de leur éveil qui a rempli mon propre cœur.

LA SUFFISANCE EST TOUJOURS DISPONIBLE

Qu'est-ce qui est suffisant ? Chacun d'entre nous le détermine pour lui-même, mais il est très rare que nous nous permettions de faire cette expérience. Quel est ce moment où nous sommes comblés, où nous avons tout ce que nous voulons et ce dont nous avons besoin, sans rien en trop ? Très peu d'entre nous peuvent se rappeler des moments de leur vie où ils ont ressenti cela. Comme les femmes de Microsoft, nous passons le plus souvent à côté du point de suffisance, comme s'il n'existait pas. Il arrive un moment où le fait d'avoir plus que ce dont nous avons besoin devient un fardeau. Nous sommes surcompensés, surchargés, nous nageons dans l'excès, nous cherchons à être satisfaits de plus ou moins de manières. L'expérience à laquelle nous aspirons pour être comblés dans la vie ne peut être trouvée dans la recherche de la satisfaction ou dans la recherche d'une plus grande quantité de quoi que ce soit.

Chacun d'entre nous, à travers sa relation à l'argent, aux autres et à la vie, peut se réapproprier ce territoire de la suffisance, ce territoire de l'assez. Nous pouvons redécouvrir l'épanouissement et la satisfaction. Le plus grand maître de la suffisance est la nature et les lois naturelles de la terre - des lois qui n'ont pas d'amendements, des lois qui ne sont pas discutées au Sénat. Ce sont les lois qui régissent notre vie, que nous les reconnaissions ou non.

La grande écologiste Dana Meadows a déclaré que l'une des lois les plus fondamentales de la terre est la loi du nombre. La nature, a-t-elle écrit, nous dit que nous avons "juste ce qu'il faut et pas plus". Juste ce qu'il faut de sol. Juste assez d'eau. Juste assez de soleil. Tout ce qui naît de la terre grandit jusqu'à la taille appropriée, puis s'arrête. La planète ne s'agrandit pas, elle s'améliore. Ses créatures apprennent, mûrissent, se diversifient, évoluent, créent une beauté, une nouveauté et une complexité étonnantes, mais vivent dans des limites absolues".

Les exemples de la nature sont partout autour de nous, disponibles à tout moment pour nous enseigner ce que nous devons apprendre pour faire une percée dans notre relation avec la vie afin qu'elle soit durable. Cette distinction de la suffisance nous permet de transformer notre culture non durable en une culture durable.

Pouvons-nous, individuellement et collectivement, dans notre relation avec l'argent et toutes les ressources, abandonner l'idée que plus, quoi qu'il arrive, c'est mieux ? Pouvons-nous reconnaître que l'amélioration ne vient pas de l'augmentation, mais de l'approfondissement de notre expérience de ce qui est déjà là ? Plutôt que de considérer la croissance comme un processus externe d'acquisition et d'accumulation d'argent ou de biens, pouvons-nous redéfinir la croissance comme une reconnaissance et une appréciation de ce que nous avons déjà ?

Je suggère que la suffisance soit précise. La *suffisance* est un lieu que l'on peut atteindre et dans lequel on peut demeurer. Nous pensons souvent que l'"abondance" est le point où nous savons que nous sommes vraiment arrivés, mais l'abondance reste insaisissable si nous pensons que nous la trouverons dans une quantité excessive de quelque chose. La véritable abondance existe ; elle découle de la suffisance, de l'expérience de la beauté et de la plénitude de ce qui est. L'abondance est un fait naturel. C'est une loi fondamentale de la nature : il y a assez *et c'*est fini. Cette finitude n'est pas une menace ; elle crée une relation plus précise qui commande le respect, la révérence et la gestion de ces ressources en sachant qu'elles sont précieuses et de manière à ce qu'elles fassent le plus grand bien au plus grand nombre. Je vois dans le mouvement environnemental que la recherche de la durabilité peut être plus précisément située dans la reconnaissance et l'affirmation que nous avons ce dont nous avons besoin - non pas qu'il disparaisse et que nous devions le sauver parce qu'il diminue, mais que nous avons ce dont nous avons besoin, exactement ce dont nous avons besoin, et que par conséquent nous devons faire la différence avec lui. Nous devons savoir qu'il s'agit d'une ressource limitée et précieuse, mais qu'elle est suffisante.

Cette façon de voir, qui est cohérente avec les lois du monde naturel, offre un nouvel ensemble de principes ou d'hypothèses pour une toute nouvelle culture autour de l'argent. Elle nous apprend à être des intendants de l'argent plutôt que des collecteurs d'argent. Elle nous apprend à utiliser les ressources financières avec qualité et intelligence, de manière à refléter notre richesse intérieure plutôt que l'étalage flamboyant de l'accumulation de richesses extérieures. Ce faisant, que l'on soit milliardaire américain ou paysan guatémaltèque, mère célibataire d'un quartier défavorisé ou cadre moyen, l'expérience de la suffisance et de la gestion respectueuse des ressources financières et autres redéfinit la vie de telle sorte que la suffisance et l'épanouissement sont à la portée de tous. Il n'y a pas de sacrifice, il y a de la satisfaction.

La suffisance en tant que manière d'être nous offre une liberté et des possibilités personnelles énormes. Plutôt que les mythes de la pénurie qui nous disent que la seule façon de percevoir le monde est qu'il n'y *en a pas assez, que plus c'est mieux*, et que c'est comme *ça*, la vérité de la suffisance affirme qu'il y en a assez pour tout le monde. Savoir qu'il y a assez inspire le partage, la collaboration et la contribution.

Il se peut que nous ne gérions pas nos vies et le monde de manière à ce que cette expérience soit disponible en permanence, mais en vérité, il y en a assez et toute véritable abondance ou richesse ne découle pas d'un excès, mais de notre reconnaissance de la suffisance, de l'affirmation qu'il y en a assez. Comme l'a dit Buckminster Fuller dans les années 1970, c'est un monde qui peut fonctionner pour tout le monde, sans que personne ni rien ne soit laissé de côté, et nous avons aujourd'hui le pouvoir et les ressources nécessaires pour créer un monde "toi *et* moi" plutôt qu'un monde "toi *ou* moi". *Il y a assez pour tout le monde.* Pour accéder à cette expérience de *suffisance*, nous devons cependant être prêts à lâcher prise, à abandonner les leçons et les mensonges de la pénurie qui ont marqué toute une vie.

Dans le conte contemporain *Hershel et les gobelins de Hannukah*, d'Erik Kimmel, une foule de gobelins macabres s'acharne à détruire la fête d'une petite ville, mais Hershel les déjoue tous, l'un après l'autre. À un gobelin avide, Hershel offre un cornichon dans un bocal, mais lorsque le gobelin tend la main pour en saisir une poignée, il est outré de constater que son poing entier est coincé dans le bocal. Furieux d'être pris au piège, il se déchaîne sur Hershel, qui lui dit enfin : "Dois-je te dire comment rompre le sort ?"

"Oui !" hurle le gobelin. "Je n'en peux plus !"

"Lâchez les cornichons", répond Hershel. "Votre avidité est le seul sort qui vous retient prisonnier".

Nous ne sommes pas des monstres aveugles et avides, mais la peur de la pénurie nous pousse à mettre la main sur tout ce que nous pouvons obtenir et à nous agripper pour en avoir plus. Tant que nous nous accrochons à cette peur, nous sommes piégés, les mains pleines, mais le cœur craintif et insatisfait. Lorsque nous abandonnons la peur et le désir inconditionnel d'en avoir plus, nous nous libérons de son emprise. Nous pouvons prendre le temps de réfléchir à la façon dont nous vivons avec ce que nous avons, et si nos pratiques financières sont au service de nos engagements spirituels.

Lorsque nous cessons d'essayer d'obtenir plus de ce dont nous n'avons pas vraiment besoin, nous libérons une énorme quantité d'énergie qui a été immobilisée dans la poursuite. Nous pouvons recentrer et réaffecter cette énergie et cette attention à l'appréciation de ce que nous avons déjà, de ce qui est déjà là, et faire une différence avec cela. Il ne s'agit pas seulement de le remarquer, mais de faire une différence avec ce que nous avons déjà. Lorsque vous faites une différence avec ce que vous avez, cela s'étend.

Anne Morrow Lindbergh a compris la distinction exquise de ce qui est suffisant lorsqu'elle a écrit, dans son livre *Gift from the Sea* :

On ne peut pas ramasser tous les beaux coquillages sur la plage. On ne peut en ramasser que quelques-uns, et ils sont d'autant plus beaux qu'ils sont peu nombreux. Un seul coquillage de lune est plus impressionnant que trois... Petit à petit, on... conserve le spécimen parfait, pas nécessairement un coquillage rare, mais un spécimen parfait de son espèce. On le voit à part, entouré par l'espace, comme l'île. Car ce n'est qu'encadrée dans l'espace que la beauté s'épanouit. Ce n'est que dans l'espace que les événements, les objets et les personnes sont uniques et significatifs, et donc beaux.

Au cours des nombreuses années pendant lesquelles j'ai travaillé et interagi avec des personnes dans le monde de la collecte de fonds, qu'il s'agisse de personnes que nous appellerions riches ou de personnes que nous appellerions de la classe moyenne ou de moyens économiques moindres, l'expérience de l'épanouissement et de la suffisance leur devient accessible lorsqu'elles prennent les ressources dont elles disposent, à quelque niveau que ce soit, et qu'elles choisissent de faire la différence avec ces ressources. Lorsqu'ils utilisent ce qu'ils ont pour soutenir leurs idéaux et engagements les plus élevés et exprimer leurs valeurs les plus profondes, leur expérience de la vraie richesse s'élargit.

L'ENTREPRISE DE LA SUFFISANCE

J'avais l'habitude de penser que le monde des affaires était très éloigné de moi et de mon travail, même si je pensais que les principes de suffisance devaient être aussi valables et précieux dans le contexte des affaires que dans celui de la philanthropie, des initiatives socio-économiques mondiales ou de la transformation personnelle. Le monde de l'entreprise au quotidien me paraissait tout simplement plus là-bas qu'ici. Dans mon travail de collecte de fonds, je traitais presque exclusivement avec des particuliers et j'approchais rarement des entreprises ou des fondations soutenues par des entreprises pour leur demander de l'argent. Nos chemins ne se croisaient tout simplement pas.

Dans le même temps, j'ai constaté que l'énergie commerciale et entrepreneuriale fondée sur les principes de la suffisance conduit au succès et à une croissance durable, tandis que les échecs commerciaux notoires de ces dernières années - comme celui d'Enron - prouvent amplement que les activités fondées sur la mentalité de la pénurie, qui consiste à obtenir ce que l'on veut et ce que l'on veut vite, ne font que créer une instabilité financière et s'avèrent finalement non viables, même si les gains à court terme semblent très rentables.

J'ai réalisé au cours de la rédaction de ce livre que bon nombre des personnes qui m'ont encouragé et poussé à écrire ce livre font partie des entrepreneurs, des hommes d'affaires et des dirigeants d'entreprise les plus prospères au monde. Certains sont milliardaires, multimillionnaires ou autres et leur sagesse en matière d'affaires, d'économie et d'argent est très respectée. Nos vies se sont croisées principalement en dehors du monde des affaires, par le biais d'intérêts communs en tant qu'activistes et philanthropes. C'est dans ce contexte que je les connais en tant qu'amis et collègues.

Au fil des ans, en tant que consultant ou simple observateur, j'ai été témoin du succès phénoménal d'entreprises dont le principe directeur est la suffisance, qui utilisent les ressources de manière créative et efficace et qui associent la responsabilité sociale à un engagement profond en faveur du service et de la qualité. Ces entreprises se trouvent au Japon, en Angleterre, en Suède, en Allemagne, aux États-Unis et dans d'autres environnements hautement compétitifs.

Elles n'ont pas abandonné la recherche du profit ou l'engagement d'accroître leur part de marché. Elles ont simplement poursuivi leurs objectifs en accordant une attention consciente à l'intégrité dans le développement des produits, la fabrication et la fixation des prix, la main-d'œuvre et la gestion, et l'expérience du consommateur.

Paul Dolan, président de Fetzer Vineyards and Winery, est un viticulteur de quatrième génération qui aime l'industrie, la terre et le monde de la gastronomie et du vin. C'est un cadre remarquable et un leader d'avant-garde dans le développement de pratiques durables pour son entreprise et son secteur, un philanthrope actif et un partenaire impliqué dans notre travail de préservation des forêts tropicales.

Paul a invité un groupe d'entre nous, tous partenaires, comme lui, du travail de préservation de la forêt tropicale de l'Alliance Pachamama, à lui rendre visite un jour dans les vignobles Fetzer à Hopland, en Californie. Il voulait nous montrer l'extraordinaire transformation en cours dans son entreprise - des changements qui se répercutent maintenant dans le secteur du vin en Amérique.

Paul et ses collègues se sont positionnés avec une grande clarté dans leur relation à l'argent, en tant qu'entreprise socialement responsable *et* rentable. La déclaration de mission de l'entreprise comprend les engagements suivants :

Nous sommes un cultivateur, un producteur et un distributeur de vins de la plus haute qualité et de la plus grande valeur, soucieux de l'environnement et de la société.

Travaillant en harmonie et dans le respect de l'esprit humain, nous nous engageons à partager des informations sur le plaisir de la nourriture et du vin dans le cadre d'un mode de vie modéré et responsable.

Nous nous consacrons à la croissance et au développement continus de notre personnel et de notre entreprise.

Cette mission est pleinement opérationnelle dans chaque centimètre carré de la propriété de Fetzer et dans chacune des personnes qui y travaillent. Fetzer est une exploitation toujours plus respectueuse de l'environnement, qui cultive ses raisins de manière biologique, démontrant ainsi à l'industrie que les pesticides, les produits chimiques et la manipulation des sols par des moyens non naturels ne sont plus nécessaires, ni même viables.

Dans les champs où les spermophiles posaient problème, il y a des maisons pour les hiboux. Les hiboux limitent naturellement la population de spermophiles et créent de la beauté par leur présence dans toute la région. Partout où un certain type d'insecte posait problème, Fetzer a créé une maison accueillante pour son prédateur naturel.

L'entreprise a apporté la même attention à la sécurité environnementale et à la durabilité dans tous les aspects de son activité. Qu'il s'agisse de la vinification, de l'entretien ou de la flotte de camions et de chariots électriques utilisés pour se déplacer sur le terrain, l'entreprise s'efforce d'agir dans le respect de l'environnement. À chaque étape du processus de commercialisation du vin, Paul et ses collègues mettent en place des pratiques respectueuses de l'environnement et de la terre qui permettent également de produire des vins plus excellents, plus savoureux et plus remarquables. Son amour pour la terre, son amour pour les gens, son amour pour son industrie et son engagement en faveur de la responsabilité et de la modération pour les citoyens qui apprécient le vin avec leur nourriture nous ont tous inspirés. L'esprit avec lequel il dirigeait cette entreprise était éblouissant, et ce qui était encore plus puissant, c'était son engagement absolu à démontrer la suffisance des sols, des plantes, des animaux, des insectes et de l'ensemble du cycle naturel s'il est honoré, bien soigné et compris.

Enfin, ce qui parle vraiment à ses collègues et concurrents, et au monde entier, c'est la réussite financière croissante de Fetzer Vineyards. Les vignobles sont une merveille de pratiques environnementales durables, les vins sont de la plus haute qualité *et les* revenus atteignent et dépassent les attentes chaque année. Paul s'est maintenant engagé à utiliser l'exemple de ses vins primés et de ses pratiques commerciales rentables pour transformer l'ensemble du secteur aux États-Unis et dans le monde.

En côtoyant cet homme doux et bienveillant, j'ai pu constater à quel point il adhère aux principes de la suffisance et crée un lieu et une conversation dans le secteur où ces principes et la rentabilité se rejoignent.

Les entreprises socialement responsables sont aujourd'hui omniprésentes, innovant et démontrant de nouvelles pratiques qui permettent de gagner de l'argent honorablement et de ne pas épuiser les ressources de la planète de manière irrévocable. Odwalla Juice, Patagonia outdoor gear, Ben & Jerry's ice cream, Working Assets phone company, the Body Shop, Esprit, Interface Carpet - la liste est longue. L'investissement socialement responsable est la classe d'actifs qui connaît la plus forte croissance en Amérique. Il existe partout des opportunités appropriées pour vivre dans le domaine de la suffisance et choisir consciemment les produits et services qui respectent les ressources et honorent la distinction "assez".

Se pourrait-il que la vérité surprenante, la vérité révélatrice de notre époque, soit que notre relation à l'argent repose sur un ensemble de suppositions non examinées et non remises en question qui sont des mythes et des mensonges et qui nous poussent à agir d'une manière qui nous prive de la satisfaction et de l'épanouissement que nous recherchons dans la vie ? Se pourrait-il que la clé du redressement d'une économie et d'une culture qui s'emballent et ne sont pas viables, et d'une période presque effrayante de l'évolution de la civilisation, soit d'affronter et d'embrasser la surprenante vérité qu'il y a assez, que nous avons assez, que *nous sommes assez, et qu*'au cœur de chaque circonstance se trouve cette possibilité et cette opportunité ?

Dans les chapitres suivants, nous établirons les principes de la suffisance et les étapes d'une vie fondée sur la suffisance. Dans ce contexte, nous considérerons l'argent d'une nouvelle manière, comme un flux, comme l'eau, plutôt que comme une quantité statique de quelque chose que nous devons accumuler. Nous examinerons le pouvoir de ce qui fait vraiment croître la valeur des choses - profondeur, qualité et épanouissement - grâce à l'action et à la puissance de l'appréciation. Nous verrons comment les ressources existantes, lorsqu'elles sont réunies en collaboration, créent une nouvelle source de prospérité. Et nous verrons comment les principes ou les vérités de la suffisance, qui sont cohérents avec les lois du monde naturel et les instincts les plus profonds de notre propre nature humaine, peuvent être les nouveaux principes directeurs de notre époque.

TROISIÈME PARTIE

LA SUFFISANCE : LES TROIS VÉRITÉS

CHAPITRE 5

L'argent est comme l'eau

L'argent est un courant, un support, un conduit pour nos intentions. L'argent porte l'imprimatur de notre âme.

J'ai rencontré Gertrude dans le sous-sol d'une église de Harlem, et c'est auprès d'elle, une femme que la plupart des gens qualifieraient de relativement pauvre, que j'ai appris certaines des leçons les plus importantes que j'aie jamais apprises sur l'argent. C'est auprès de Gertrude que j'ai appris que l'argent est comme l'eau.

C'était en 1978, au tout début de ma carrière de collecteur de fonds pour le Projet Faim, et certains dirigeants de la communauté m'avaient demandé d'organiser une collecte de fonds à Harlem. Je n'étais pas sûr que ce soit une bonne idée d'aller collecter des fonds à Harlem, mais on m'avait demandé de venir et j'ai dit que je le ferais ce mercredi soir. Puis j'ai reçu un appel pour rencontrer tôt le matin le même jour le PDG d'une grande entreprise alimentaire à Chicago. Il s'agissait d'une entreprise alimentaire très connue, l'un des géants de l'industrie, et bien que le timing soit serré entre Chicago et New York, je me suis engagé à participer aux deux réunions.

Le problème de l'horaire étant résolu dans mon esprit, je me suis tourné vers d'autres questions importantes. J'ai commencé à penser à la rencontre avec ce représentant d'une entreprise agroalimentaire, qui était peut-être le plus gros contributeur potentiel que j'avais jamais approché. Ce qui me préoccupait le plus, c'était de savoir comment m'habiller. Quelle image voulais-je donner ? Mes vêtements risquaient-ils de donner une image négative de ma mission ? Je me posais des questions qui, d'habitude, ne me traversaient même pas l'esprit. La façon dont j'abordais cette réunion me mettait mal à l'aise, m'était étrangère. Et cela n'a fait qu'empirer.

Je me souviens encore de ce que j'ai ressenti en entrant dans l'ascenseur de cet immeuble de Chicago. C'était un gratte-ciel imposant, et il n'y avait pas qu'un seul ascenseur pour accéder aux bureaux de la société. Il fallait en prendre plusieurs, d'une banque à l'autre. Au fur et à mesure que je montais, je devenais de plus en plus nerveux et je commençais à transpirer. Plus je montais, plus je me sentais séparé du reste du monde. Même l'air et la qualité du son ont changé jusqu'à ce que l'atmosphère devienne extrêmement silencieuse et impressionnante. J'avais l'impression de faire un pèlerinage au sommet d'une montagne. L'air semblait raréfié et je me sentais un peu faible.

On ne m'avait pas donné beaucoup de détails sur cette contribution, mais on m'avait dit ceci : L'entreprise alimentaire avait récemment subi quelques revers en matière de relations publiques - elle s'était rendue coupable de certaines choses désagréables et avait un problème d'image - et les dirigeants de l'entreprise pensaient que faire un don au Projet Faim et être perçu comme soutenant la lutte contre la faim dans le monde pourrait contribuer à redorer son image.

On m'a fait entrer dans le bureau du PDG. Il était assis à son bureau, et je me suis assis en face de lui, de l'autre côté. Derrière lui, des fenêtres allant du sol au plafond offraient une vue spectaculaire sur l'horizon de la ville, mais le contre-jour me permettait à peine de voir son visage. Comme je ne disposais que de quinze minutes, j'ai parlé rapidement de la mission et du travail de notre organisation, ainsi que des défis à relever pour mettre fin à la faim dans le monde. J'ai parlé du courage des personnes souffrant de la faim et du partenariat que nous devions tous leur apporter dans leur engagement courageux à se nourrir et à nourrir leurs enfants et à créer les conditions d'une vie saine et productive. Lorsque j'ai eu terminé et que j'ai présenté ma demande, il a ouvert le tiroir de son bureau et en a sorti un chèque préimprimé de 50 000 dollars qu'il m'a tendu.

Il était clair qu'il voulait que je parte le plus vite possible. La présentation superficielle et le ton de sa voix m'ont montré qu'il ne s'intéressait pas vraiment à notre travail, à l'établissement de liens avec les personnes disposant de peu de ressources ou à la volonté de faire une quelconque différence dans les efforts déployés pour mettre fin à la faim dans le monde. Il s'agissait d'une démarche purement stratégique. Il voulait se décharger de la culpabilité et de la honte liées aux erreurs publiques commises par l'entreprise. Et il voulait que l'entreprise fasse bonne figure dans les médias. D'un point de vue purement financier, la transaction devait être simple : En me remettant ce chèque de 50 000 dollars, il offrait à son entreprise la possibilité de redorer son blason. Mais lorsqu'il m'a remis le chèque, j'ai senti la culpabilité de l'entreprise qui passait directement sur ce bureau avec l'argent. Il m'a donné l'argent *et la* culpabilité de l'entreprise.

Notre rencontre était gênante, mais j'étais un collecteur de fonds, assez nouveau de surcroît, et j'avais un vol à prendre. J'ai mis le chèque dans ma mallette. Je l'ai remercié et, un peu hébété, je suis reparti dans le labyrinthe des salles intérieures et extérieures, et j'ai emprunté les différents ascenseurs.

Alors que je descendais étage après étage, j'avais une drôle de sensation au creux de l'estomac - et je savais que ce n'était pas dû au trajet en ascenseur. Je ne me sentais pas heureux, même si j'avais l'impression que je devais l'être. Ce chèque représentait la plus grosse somme d'argent que j'avais jamais reçue d'un seul contributeur, et je savais que tout le monde au Projet Faim serait ravi. Mais j'avais aussi l'impression d'avoir reçu la culpabilité et la honte de l'entreprise avec cet argent. Je me sentais sale et j'avais mal au ventre. J'ai descendu la dernière rangée d'ascenseurs et j'ai hélé un taxi pour l'aéroport, déstabilisée par tout cela, mais ne sachant pas quoi faire d'autre.

Je suis arrivé à New York au milieu d'une tempête de pluie et je me suis rendu à Harlem, dans un vieux bâtiment religieux. J'ai descendu les marches jusqu'à la salle du sous-sol où environ soixante-quinze personnes s'étaient réunies pour la collecte de fonds. L'environnement n'aurait pas pu être plus différent du bureau en attique que j'avais quitté quelques heures auparavant. Il pleuvait et il y avait des fuites dans toute la salle où nous étions réunis. Des seaux ont été placés stratégiquement tout autour des murs extérieurs pour recueillir les gouttes d'eau. Il y avait un bruit de fond constant de la pluie à l'extérieur et du *plink, plink, plink à* l'intérieur des murs et du plafond qui fuyaient. Je me sentais à la fois soulagée et gênée, plus à l'aise dans ce rassemblement communautaire que dans la suite de l'entreprise, mais aussi consciente que j'étais le seul visage blanc et que la robe de soie que j'avais choisie pour impressionner le PDG me paraissait maintenant officielle et ridicule. J'ai regardé le public et j'ai su que les personnes assises là n'avaient pas beaucoup d'argent à donner. Je leur ai parlé de l'engagement du Projet Faim en faveur de l'Afrique, car je pensais que c'était ce qui correspondait le mieux à leur propre vie et à leur héritage. Au moment de demander des dons, j'avais les mains moites et je commençais à me demander si c'était la bonne chose à faire. Je suis allée de l'avant et j'ai fait la demande, et la salle est devenue absolument silencieuse.

Après ce qui a semblé être une longue pause silencieuse, une femme s'est levée. Elle était assise dans une rangée au fond de l'allée. Elle avait une soixantaine d'années et ses cheveux gris étaient séparés par le milieu et relevés en un chignon impeccable. Lorsqu'elle s'est levée, elle était grande, mince, droite et fière.

"Je m'appelle Gertrude, j'aime ce que vous avez dit et je vous aime bien", dit-elle. "Je n'ai ni chéquier ni carte de crédit. Pour moi, l'argent est un peu comme l'eau. Pour certains, il traverse leur vie comme une rivière en furie. L'argent traverse ma vie comme un petit filet d'eau. Mais je veux le transmettre de manière à ce qu'il profite au plus grand nombre. Je considère que c'est mon droit et ma responsabilité. C'est aussi ma joie. J'ai cinquante dollars dans mon sac à main que j'ai gagnés en faisant la lessive d'une femme blanche et je veux vous les donner".

Elle a remonté l'allée et m'a tendu ses cinquante dollars. Il y avait des billets de cinq, dix et un dollars. Puis elle m'a serré dans ses bras. Alors qu'elle retournait à sa place, d'autres personnes ont commencé à s'approcher et à faire leur propre contribution en billets de un, de cinq, de dix et de vingt dollars. J'étais tellement émue que je pleurais. Je ne pouvais pas tenir tous les billets dans mes mains, alors à un moment donné, j'ai ouvert ma mallette et je l'ai posée sur la table pour servir de panier à l'argent. Ces moments, où les gens affluaient pour donner leur argent, donnaient l'impression d'une cérémonie. Il y avait un sens de l'intégrité et du cœur. La somme d'argent que nous avons reçue - peut-être 500 dollars au maximum - était plus précieuse pour moi que toutes celles que j'avais vues auparavant. J'ai réalisé qu'au fond de cette même mallette, sous tous ces billets, se trouvait le chèque de 50 000 dollars. En le voyant, j'ai également réalisé que les cinquante dollars de Gertrude avaient plus de valeur à mes yeux et qu'en fin de compte, ils contribueraient davantage à mettre fin à la faim que le chèque d'un montant mille fois supérieur.

L'argent que j'ai reçu de Gertrude portait l'énergie de son engagement à faire la différence - l'empreinte de son âme - et en acceptant l'argent, je me suis sentie inspirée par elle et renouvelée par l'expression de son intégrité et de son objectif. J'ai senti les principes et les programmes de mon organisation confirmés, non seulement par ses cinquante dollars, mais aussi par sa contribution spirituelle. L'argent de Gertrude provenait de son âme et non d'un compte bancaire destiné à soulager la culpabilité ou à susciter l'admiration. Elle a fixé cette norme pour toutes les personnes présentes dans la salle ce soir-là, et j'ai senti que l'argent qu'elles ont donné était de "l'argent béni". Le montant précis de l'argent et ce qu'il permettrait d'acheter étaient secondaires par rapport au pouvoir de l'argent qui se déplaçait avec un but, une intention et une énergie spirituelle dans l'acte de contribution. Gertrude m'a appris que le pouvoir de l'argent découle réellement de l'intention que nous lui donnons et de l'intégrité avec laquelle nous l'envoyons dans le monde. Le don de Gertrude était immense et sa clarté m'a aidée à retrouver le mien.

Le lendemain, j'ai renvoyé le chèque de 50 000 dollars au dirigeant de l'entreprise agroalimentaire, et j'ai été soulagée de sentir que je lui rendais aussi la culpabilité et la honte qu'il portait. Je me suis sentie déchargée. Avec le chèque, j'ai envoyé une lettre suggérant au PDG de choisir une organisation dans laquelle il se sentait engagé et le remerciant d'avoir pensé à nous. Je n'ai pas eu de nouvelles du PDG à ce moment-là, mais des années plus tard, il m'a recontacté d'une manière qui a permis à notre première transaction maladroite de s'achever de manière surprenante et magnifique, comme je le raconterai plus loin dans ce chapitre.

SCARCITÉ VS. SUFFISANCE : COMMENT RESSENTONS-NOUS LE FLUX ?

Gertrude m'a appris que l'argent est comme l'eau. L'argent coule dans toutes nos vies, parfois comme une rivière impétueuse, parfois comme un filet d'eau. Lorsqu'il coule, il peut purifier, nettoyer, créer de la croissance et nourrir. Mais lorsqu'il est bloqué ou retenu trop longtemps, il peut devenir stagnant et toxique pour ceux qui le retiennent ou le thésaurisent.

Comme l'eau, l'argent est un vecteur. Il peut être porteur d'énergie bénie, de possibilités et d'intentions, ou de contrôle, de domination et de culpabilité. Il peut être un courant ou une monnaie d'amour - un conduit pour l'engagement - ou un vecteur de blessure ou de mal. Nous pouvons être inondés d'argent et nous noyer dans son excès, et lorsque nous l'endiguons inutilement, nous l'empêchons de circuler au détriment des autres.

Dans cette situation de pénurie, l'argent n'apparaît pas comme un flux, mais comme une quantité, quelque chose à collecter et à conserver, à stocker. Nous mesurons notre valeur personnelle à l'aune de notre valeur nette, et c'est seulement et toujours *plus qui est mieux*. Toute baisse du bilan est vécue comme une perte qui nous diminue.

Fondé sur la suffisance, le mouvement de l'argent dans et hors de notre vie nous semble naturel. Nous pouvons considérer ce flux comme sain et vrai, et l'autoriser au lieu d'en être anxieux ou de le thésauriser. Dans la suffisance, nous reconnaissons et célébrons le pouvoir de l'argent pour le bien - notre pouvoir de faire le bien avec lui - et nous pouvons faire l'expérience de l'épanouissement en dirigeant le flux vers nos idéaux et engagements les plus élevés. Lorsque nous percevons le monde comme un monde où il y a assez et où nous sommes assez pour que le monde fonctionne pour tout le monde, partout, sans laisser personne de côté, notre argent porte cette énergie et génère des relations et des partenariats dans lesquels chacun se sent capable et valorisé, quelle que soit sa situation économique.

Mère Teresa n'a jamais gardé de réserves d'argent. Lorsque je lui ai rendu visite dans son orphelinat en Inde, je lui ai demandé si elle avait des conseils à donner en matière de collecte de fonds. Elle m'a répondu que sa méthode consistait à prier et que Dieu lui avait toujours fourni ce dont elle avait besoin, ni plus ni moins. Elle ne disposait d'aucune réserve, confiante dans le fait que Dieu lui fournirait toujours ce dont elle avait besoin, ce qu'il a toujours fait. Elle a géré plus de 400 centres dans 102 pays, et ils semblaient toujours avoir exactement ce dont ils avaient besoin. Pas en excès, pas plus. Mais pas moins non plus.

La plupart d'entre nous ne peuvent pas s'imaginer vivre de cette manière et je ne le suggère même pas, mais le fait de savoir que Mère Teresa a géré avec succès une opération de plusieurs millions de dollars de cette manière vous fait réfléchir à nouveau sur l'argent et le flux.

ALLOCATION VS. ACCUMULATION

Il y a des années, ma collègue et mentor Joan Holmes, présidente du Hunger Project, a mis au défi les contributeurs "d'être connus pour ce qu'ils allouent, et non pour ce qu'ils accumulent". Je n'ai jamais oublié ces mots et j'ai commencé à prendre conscience des modèles et des habitudes que je voyais chez les gens à cet égard et de l'impact qui en résultait sur leur vie, y compris la mienne.

Dans les systèmes économiques indigènes, les principes centraux sont ceux de la durabilité et de la suffisance. Les valeurs de partage, de distribution et d'allocation - et non d'accumulation - sont le mode de vie. Le concept de "biens communs" et leur protection pour l'usage de tous prévalent sur la propriété individuelle et les "avoirs" personnels. Dans ces cultures, tout est transféré et partagé d'une personne à l'autre, donné, reçu et transmis, avec une valeur toujours croissante.

Les mythes de la rareté qui animent la culture et la sagesse populaires encouragent la possession, la détention, la collection et l'accumulation. Dans le contexte de la suffisance, l'accumulation au-delà du point de suffisance empêche le flux des ressources de trouver leur meilleur usage. Paradoxalement, la pénurie favorise l'accumulation à l'excès, ce qui ne fait que diminuer la valeur de ce que nous possédons en trop grande quantité. Nous sommes accablés par nos excès ; ils encombrent notre pensée et notre vie. Nous nous attachons à nos possessions et, d'une certaine manière, nous commençons à penser que ce que nous avons est ce que nous sommes, et il devient de plus en plus difficile de partager quoi que ce soit, car à mesure que la valeur de ce que nous possédons diminue sous l'effet de l'excès, nous nous sentons nous-mêmes moins précieux et nous *devons en* acquérir davantage.

La véritable richesse, ou le bien-être, ne se trouve pas dans un bilan statique, quelle que soit l'importance de l'accumulation d'actifs financiers. La richesse se manifeste dans l'action de partager et de donner, d'allouer et de distribuer, de nourrir et d'arroser les projets, les personnes et les objectifs auxquels nous croyons et qui nous tiennent à cœur, avec les ressources qui nous parviennent et qui passent par nous. Accumuler avec modération - économiser de l'argent - fait partie d'une approche responsable des finances personnelles. Mais lorsque les "avoirs" nous empêchent d'utiliser l'argent de manière utile et positive, l'argent devient une fin en soi et un obstacle au bien-être.

Tout comme le sang doit circuler dans toutes les parties du corps pour rester en bonne santé, l'argent est utile lorsqu'il se déplace et circule, qu'il est apporté et partagé, qu'il est dirigé et investi dans ce qui est source de vie. Lorsque le sang ralentit et commence à s'arrêter ou à coaguler, le corps tombe malade. Lorsque l'eau ralentit et devient stagnante, elle devient toxique. Accumuler et détenir de grandes quantités d'argent peut avoir le même effet toxique sur notre vie.

Comme Gertrude l'a si clairement démontré, l'argent a circulé dans sa vie, non pas de façon à ce qu'il lui apparaisse comme fini, ni de façon à ce qu'il soit accumulé à un degré important, mais de façon à ce qu'elle puisse le recevoir et le diriger conformément à ses engagements et à ses valeurs les plus élevés. Lorsque nous considérons l'argent comme quelque chose qui coule dans nos vies et dans le monde, nous réalisons qu'il n'appartient vraiment à personne ; ou nous pourrions dire qu'il appartient à tout le monde et que l'opportunité que nous avons est de permettre à cette ressource, tout comme l'eau, de circuler dans le monde d'une manière qui nourrisse le plus grand nombre de personnes, et dans le but le plus élevé.

On pourrait dire qu'un grand collecteur de fonds est un courtier de l'énergie sacrée de l'argent, qui aide les gens à utiliser l'argent qui circule dans leur vie de la manière la plus utile et la plus cohérente avec leurs aspirations et leurs espoirs pour l'humanité. On pourrait dire que le meilleur conseiller financier est en fait quelqu'un qui peut inspirer un client à faire la même chose - investir l'argent de la manière qui contribue le plus à une vie significative et épanouissante. On pourrait dire que chacun d'entre nous a la possibilité, dans sa propre vie, de gérer le flux d'argent, quel que soit le niveau auquel il se trouve.

En Haïti, un proverbe dit : "Si vous prenez une part de gâteau et que vous la mangez en entier, vous vous sentirez vide. Si vous recevez une part de gâteau et que vous en partagez la moitié, vous vous sentirez à la fois rassasié et comblé". Les personnes les plus heureuses et les plus joyeuses que je connaisse sont celles qui s'expriment en canalisant leurs ressources - l'argent, quand elles en ont - vers leurs engagements les plus élevés. Ils vivent dans un monde où l'expérience de la richesse consiste à partager ce qu'ils ont, à donner, à répartir et à s'exprimer de manière authentique avec l'argent qu'ils mettent en circulation.

L'ARGENT TRANSPORTE L'ÉNERGIE DE L'ÂME

Tout comme Gertrude a décrit le filet d'argent comme quelque chose qu'elle était fière de transmettre, et qu'elle voulait transmettre pour "faire le plus de bien au plus grand nombre". Pour chacun d'entre nous, l'argent, quel que soit son montant, agit comme un vecteur d'énergie et d'intention.

Les personnes et les familles disposant de très peu de ressources financières, ainsi que celles disposant d'une énorme richesse financière, ont orienté leurs flux financiers vers des causes et des engagements qui font chanter leur cœur, et leur argent transporte la même énergie joyeuse et positive dans le monde pour faire la différence. Ces personnes ne vivent pas dans la peur de perdre ce qu'elles ont ou dans la crainte qu'il n'y en ait pas et qu'il n'y en ait jamais assez. Elles font l'expérience de la bénédiction des ressources, de l'appréciation et de la reconnaissance d'avoir juste ce dont elles ont besoin ou plus que ce dont elles ont besoin, et s'attachent à faire de l'argent un canal ou une expression de leur gratitude et de leur raison d'être. Certaines des institutions sociales et des transformations catalytiques les plus importantes au monde ont été financées par ces personnes éclairées, souvent des personnes aux moyens modestes.

J'ai également travaillé en étroite collaboration avec des familles et des personnes possédant de grandes fortunes, dont certaines ont été profondément blessées par leur richesse. Contrairement à ce que nous croyons, beaucoup de ces vies sont un exercice d'excès et de vide. Lorsque la richesse et les privilèges sont les conditions dominantes, et que l'argent définit la vie et le caractère, la peur de le perdre est souvent profonde. Les gens adoptent un comportement défensif, voire désespéré, pour s'accrocher à l'argent, pour en obtenir toujours plus et pour utiliser ce qu'ils ont comme support de leur propre besoin de contrôler les autres. La vie devient un jeu qu'ils doivent gagner à tout prix, et l'argent qu'ils contrôlent amplifie leur capacité à conquérir, rabaisser et diminuer les autres pour rester au sommet. Leurs relations avec les autres peuvent se durcir dans la stratégie et la méfiance, avec des conflits internes déchirants et des luttes de pouvoir. L'alcoolisme et la toxicomanie sont endémiques dans les familles considérées comme faisant partie de la "société polie" des riches. Les violations de la confiance personnelle et de l'intimité se traduisent par des abus sexuels et des violences. Ces familles riches ne sont pas étrangères aux abus les plus insidieux que la culture de l'argent favorise.

GUÉRIR UNE FAMILLE : LE CHOIX COURAGEUX DE BARBARA

À maintes reprises, j'ai vu des personnes donner de l'argent d'une manière qui les libérait du piège de l'accumulation et de l'acquisition, et les ouvrait à une nouvelle expérience de vie dans la contribution. Barbara, une femme d'une soixantaine d'années, était la bénéficiaire d'une fortune familiale de cinq générations de la Nouvelle-Angleterre. Cette fortune avait défini sa famille depuis si longtemps que personne dans la famille ou en dehors de la famille n'avait d'autre sens de la famille que celui de l'argent. Aussi longtemps que l'on s'en souvienne, les membres de la famille ont vécu dans le raffinement discret du "vieil argent", une vie qui n'était pas très tape-à-l'œil selon les critères de richesse d'aujourd'hui. Les membres de la famille étaient là pour servir la fortune, la protéger, la représenter et l'utiliser pour promouvoir la position supérieure et intacte de la famille aux yeux du public. Dans leurs choix de vêtements, d'écoles, d'amis et même de mariages, ils étaient censés vivre dans le respect de la fortune et des membres de la famille qui la contrôlaient. La valeur de chaque membre de la famille était le reflet de sa place dans la hiérarchie du pouvoir, du prestige et de l'accès à la fortune familiale.

Pour Barbara et ses deux sœurs, cet héritage était devenu une sorte de malédiction, se manifestant par un alcoolisme qui a paralysé la capacité d'une génération à élever de manière responsable la génération suivante, et a produit une autre génération d'enfants riches dysfonctionnels.

Lorsque j'ai rencontré Barbara au début des années 1990, c'était une alcoolique en voie de guérison qui s'efforçait d'aider ses trois enfants adultes à faire face à leurs propres dépendances et autres problèmes. Sous la pression de la famille, qui souhaitait conserver sa fortune et craignait de la dilapider, Barbara et ses proches n'avaient pratiquement pas donné d'argent. Au contraire, l'argent a été utilisé pour répondre aux crises constantes qui se cachaient derrière la façade de l'Ivy League. Les désastres personnels et financiers étaient une constante pour beaucoup de ses proches et de ses enfants adultes. Elle a vu l'argent de la famille dépensé et épuisé d'une manière qui l'a affligée et qui a drainé non seulement sa fortune, mais aussi son esprit.

Notre première conversation a commencé lorsque Barbara a manifesté son intérêt pour une contribution au Projet Faim. Au cours de cette conversation, elle a parlé de son désir de donner un sens à sa vie et de faire en sorte que sa fortune ait plus de sens dans le monde. Elle a fait sa première contribution de manière anonyme, sachant que sa famille serait irritée par un engagement important de ce qu'elle considérait comme étant en fin de compte et finalement "son argent". Cependant, au fur et à mesure que son engagement et sa générosité grandissaient, elle a pris l'initiative audacieuse de faire connaître ses activités et ses contributions aux membres de sa famille. Comme elle l'avait prédit, ils furent d'abord en colère. Puis elle les a activement recrutés pour participer aux travaux pratiques, les invitant à se joindre aux partenariats avec des personnes qui, tout comme eux, luttaient pour devenir autonomes dans des circonstances difficiles.

L'un après l'autre, ses enfants et les autres membres de sa famille sont sortis de leur vie centrée sur eux-mêmes pour entrer dans le monde plus vaste de l'expérience qu'offrait un tel partenariat authentique. Ils ont appris à se connaître différemment, à collaborer de manière désintéressée avec d'autres personnes et à se considérer comme des partenaires utiles, productifs et capables de faire la différence. La transformation de leurs vies individuelles et de l'état de la famille a été remarquable. Barbara a réussi à changer l'énergie et le flux de l'argent familial. Elle l'a investi avec l'intention de guérir et de construire des familles fortes - les siennes et celles des autres - et l'argent a transporté cette énergie et cette guérison dans un cercle complet.

CONNAÎTRE LE FLUX : DIRE LA VÉRITÉ SUR LA DESTINATION DE L'ARGENT

Connaissez-vous les flux d'argent dans votre vie ? Êtes-vous conscient de la façon dont il vous parvient ? Attribuez-vous consciemment l'argent là où vous voulez qu'il aille ? Lorsque vous pouvez voir comment l'argent circule dans votre vie, cela vous permet de savoir où vous en êtes dans votre relation avec lui et où vous voulez aller avec lui.

Si vous voulez avoir une idée claire de vos priorités dans la vie, de qui vous êtes et de ce qui vous tient à cœur, regardez votre chéquier, vos factures de carte de crédit et votre relevé bancaire. C'est là que vous pouvez voir les flux noir sur blanc. L'argent va peut-être aux voitures et aux vêtements, peut-être à l'éducation ou aux voyages.

La façon dont l'argent circule vers vous et à travers vous à d'autres fins n'est pas sans rapport avec votre vie. Votre argent vous parvient-il par le biais de votre travail, de vos relations ou peut-être d'une richesse existante qui porte l'énergie d'engagements et de valeurs nourricières et génératives ? Ou bien vous parvient-il par le biais d'un travail ou de relations qui vous épuisent ou vous exploitent, ainsi que d'autres personnes ou l'environnement ? Une relation malsaine avec votre façon d'acquérir de l'argent peut étouffer votre vie. La façon dont nous le gagnons et la façon dont nous le dépensons ont un effet. Elle a de l'importance. Elle fait la différence. Introduire cette conscience dans votre relation avec l'argent, pour suivre le cours de ce flux, est une pratique courageuse, valorisante et importante.

Connaître le flux est un examen sans reproche. Nous pouvons observer comment l'argent nous parvient, comment nous le dépensons, l'épargnons, l'investissons, le donnons aux autres et, dans le cadre de cette mission d'enquête financière personnelle, commencer à voir le flux comme une représentation de nos valeurs. Parfois, ce que l'on découvre correspond à ce que l'on pense être, et d'autres fois, ce n'est tout simplement pas le cas. Lorsque ce n'est pas le cas, c'est l'occasion de réexaminer le flux et la manière dont vous le gérez et l'orientez activement. Sans porter de jugement sur ce qui est bon ou mauvais, lorsque vous connaissez le flux, cela vous donne la connaissance de soi nécessaire pour faire des choix conscients qui alignent vos dépenses sur la vision que vous avez de vous-même et sur vos engagements les plus élevés.

DIRIGER LE FLUX : NOTRE POUVOIR EN TANT QUE CONSOMMATEURS

Il n'est pas nécessaire de disposer d'une fortune familiale pour envoyer des dollars dans le monde grâce à la puissance de vos engagements et de votre intégrité. Au cours de mes années de partenariat avec Barbara, et finalement avec des milliers d'autres contributeurs, j'ai vu ce pouvoir de transformation de l'argent, quel qu'en soit le montant. Chacun d'entre nous, en tant qu'individu, donne à l'argent ce pouvoir de génération lorsque nous faisons les choix les plus routiniers avec intention. Nous pouvons consciemment mettre de l'argent entre les mains de projets, de programmes, d'entreprises et de vendeurs que nous respectons et en qui nous avons confiance, et même envisager de payer des impôts comme un moyen d'exprimer notre engagement et notre investissement en tant que citoyens.

Nous avons beaucoup plus de pouvoir que nous ne le pensons pour orienter nos ressources financières de manière à soutenir, renforcer et exprimer ce en quoi nous croyons. Il faut du courage pour diriger le flux, mais avec chaque choix, nous investissons dans le monde tel que nous l'imaginons. Nous pouvons choisir consciemment, par exemple, de dépenser notre argent pour des produits ou des divertissements violents et destructeurs pour le psychisme de nos enfants, ou d'investir dans des activités qui enrichissent leur expérience de la vie et leur permettent de mieux l'apprécier. Nous pouvons choisir d'adhérer à l'imagerie du succès ou du style, ou d'investir notre argent de manière à nourrir la vie intérieure. Nous pouvons utiliser cette formidable ressource qu'est l'argent pour soutenir les entreprises dont les produits et le personnel contribuent au bien-être de nos enfants et de nos communautés, ou nous pouvons nous laisser entraîner à dépenser pour obtenir plus simplement parce que nous le pouvons, et nous retrouver à accumuler des choses qui finissent par nous accabler d'excès, encombrer nos maisons et se retrouver dans une décharge. Je le sais parce que je l'ai fait moi-même !

SHOPPING POUR AYAH : MA PRISE DE CONSCIENCE

Lorsque ma première petite-fille, Ayah, est née en 1999, j'étais ravie d'avoir un petit-enfant. J'étais impatiente de faire des achats pour elle. Chaque magasin de puériculture, chaque publicité, capturait mon imagination et m'emmenait dans le monde des beaux trésors roses pour une petite fille. Lorsqu'elle a eu trois mois, ma belle-fille Halima et moi avons décidé d'aller acheter des vêtements pour bébé. Tous les vêtements qu'elle avait reçus en cadeau à la naissance d'Ayah commençaient à être trop petits et il était temps d'en acheter de nouveaux. En raison de nos emplois du temps chargés en semaine, nous avons planifié notre sortie shopping pour un week-end où nous pourrions y consacrer une journée. Nous nous sommes donné rendez-vous dans un grand centre commercial du comté de Marin, à environ une demi-heure de chez moi. Halima venait d'Oakland avec le bébé, et ma fille Summer arrivait de chez elle à Sausalito. Trois femmes et un bébé, ça allait être une sacrée virée shopping !

Peu avant de quitter la maison, le téléphone a sonné et c'était mon fils Zachary, le père d'Ayah. J'ai compris au ton de sa voix qu'il voulait me dire quelque chose de grave. "Maman, dit-il, je sais que tu vas faire des courses aujourd'hui avec Halima et je veux te dire à quel point il est important pour nous d'acheter des choses pour notre fille qui sont produites et fabriquées de manière à ce que nous nous sentions bien.

Il a ensuite dressé la liste des magasins dans lesquels nous ne devions pas acheter. Une chaîne nationale de magasins à la mode était connue pour faire travailler des enfants en Indonésie. Un autre grand magasin respecté n'avait aucune politique contre l'utilisation de colorants toxiques, et Zachary et Halima ne voulaient pas que leur argent serve à soutenir cette entreprise.

Zachary a continué, gentiment mais fermement, en me demandant de ne pas acheter à Ayah plus que ce dont elle avait besoin - ils ne voulaient pas commencer à faire des excès. Il m'a également demandé de n'acheter que des articles provenant de magasins ou de marques qui proposent des produits naturels et durables et des pratiques de travail équitables. Halima et lui voulaient que les articles qu'ils achetaient - et les articles que j'achetais pour leur fille - soient conformes à leurs valeurs. Et il m'a cité quelques magasins où nous aurions le plus de chances de trouver ces marques.

Je me souviens avoir été totalement choquée par cette conversation. Ses paroles ne correspondaient pas à l'image de la séance de shopping qui avait envahi mon esprit. Il ne m'était pas venu à l'esprit d'acheter des vêtements pour ma nouvelle petite-fille. Mon éducation, ma formation, ma façon de voir et d'être avec ce nouveau bébé étaient remplies des voix de ma culture et de l'histoire de ma famille, et je n'avais pas remarqué que j'étais complètement aspirée. J'avais adhéré à l'engouement du marketing qui cible les grands-mères. Ils m'avaient bien cernée. Je suis tombée dans le panneau. Me voilà, activiste sociale, travaillant à mettre fin au travail des enfants dans les pays en développement et à assainir l'environnement, mais complètement aveugle au fait que j'étais prête à acheter tout et n'importe quoi pour mon adorable petite-fille, sans me soucier d'où cela venait, qui l'avait fabriqué, comment cela avait été fabriqué, et toutes les conséquences qui en découlaient.

J'ai également constaté que j'aurais acheté bien plus que ce dont elle avait besoin. Ce qui défilait dans mon esprit, c'était un stock infini de robes roses, de chaussons et de bonnets, et cette parade inutile a été interrompue par la conversation avec mon fils. Je savais qu'il avait raison.

Halima, elle aussi, m'avait fait part des mêmes normes lors de conversations antérieures. Et pourtant, comme il était facile de se laisser prendre par l'impulsion d'acheter et de laisser mes habitudes de consommateur consciencieux pour un autre jour. Toute ma formation sur le terrain, tout mon témoignage sur les conditions de cruauté et les ateliers de misère en Asie, tout mon engagement, avaient été anéantis dans la grande joie de ce marathon d'achat pour ma petite-fille. Il a fallu que mon fils me réveille pour que je me rende compte que je n'avais jamais pris toutes ces leçons et que je ne les avais jamais appliquées à la vie réelle. Pas dans ma propre vie, en tout cas, pas maintenant.

Le visage rouge, mais reconnaissant, j'ai promis d'honorer sa demande. J'ai retrouvé ma fille et ma belle-fille au centre commercial et nous avons fait nos courses avec une conscience que je n'avais jamais connue auparavant. Nous avons regardé les étiquettes. Nous avons posé des questions. Nous nous sommes renseignées sur les tissus et l'origine des matériaux. Nous avons choisi des magasins où les gens connaissaient bien les artisans qui fabriquaient leurs produits, et nous avons acheté exactement la bonne quantité de vêtements pour les prochains mois de la vie de la petite Ayah.

Lorsque nous avons terminé, je ne me sentais plus intimidée par ce qui m'avait semblé être des limites imposées à mon esprit d'achat. J'étais enthousiaste ! La joie d'acheter de jolies choses à ma petite-fille était d'autant plus grande que j'avais la satisfaction d'avoir investi mon argent dans les services des entreprises et des artisans qui avaient tricoté les pulls ou matelassé la couverture. Je me suis sentie bien à l'idée de payer les vendeurs pour leur service attentif et prévenant. Nous avons terminé nos achats avec un sentiment de satisfaction et d'accomplissement, sans être surchargés par rapport à ce qu'Ayah pourrait utiliser, mais avec une quantité appropriée de vêtements et d'équipement pour bébé pour les prochains mois de sa jeune vie. J'ai été satisfaite de diriger le flux de mon argent et de l'investir selon mes propres valeurs, en l'allouant à des personnes et à des lieux qui me plaisent.

COLLECTE DE FONDS : UNE FENÊTRE SUR LE FLUX ET L'ÂME

J'adore demander de l'argent aux gens. La collecte de fonds est pour moi une vocation, et non pas la tâche redoutée ou l'obligation pesante qu'elle est parfois présentée comme telle. La collecte de fonds est un travail difficile, mais je crois aussi qu'il s'agit d'un travail sacré. Elle offre une occasion puissante et privilégiée d'avoir une conversation intime avec une autre personne sur la nature de ses engagements et de ses valeurs les plus élevés. Ces conversations leur permettent d'orienter l'argent qui circule dans leur vie vers ces engagements les plus élevés, d'une manière ou d'une autre. La collecte de fonds est une question de flux : il s'agit de le libérer, de l'inviter, de le canaliser et de permettre aux gens de se nourrir de ce flux, où qu'ils se trouvent sur son chemin.

En collectant des fonds auprès de personnes du monde entier, j'ai constaté que chacun, où qu'il se trouve, souhaite apporter son argent pour faire une différence dans le monde, qu'il dispose de quelques roupies indiennes ou kwachas zambiens ou de millions de yens ou de centaines de milliers de dollars. En fin de compte, ils veulent faire circuler leur argent. La philanthropie, à quelque niveau que ce soit, permet aux gens de renouer avec cette relation avec l'argent. Dans les interactions philanthropiques, nous pouvons revenir à l'âme de l'argent : l'argent comme vecteur de nos intentions, l'argent comme énergie et l'argent comme monnaie d'échange pour l'amour, l'engagement et le service ; l'argent comme occasion de nourrir les choses qui nous tiennent le plus à cœur.

Lorsque nous sommes dans le domaine de l'âme, nous imprégnons de cette énergie l'argent qui circule dans notre vie. Ce type de relation avec l'âme crée un flux de ce que j'appelle de l'argent béni, de l'argent qui a un pouvoir surprenant. Bien que j'aie très peu collecté de fonds auprès d'entreprises et de fondations, je sais qu'en fin de compte, les décisions de ces entités sont également prises par des personnes, et lorsque les personnes sont engagées avec âme et authenticité, les engagements qu'elles prennent avec de l'argent peuvent nourrir le monde et le nourrissent effectivement.

Outre le privilège d'être dans ce type d'interaction intime et inspirante avec les autres en tant que collecteur de fonds, j'ai également vu des personnes accéder à leur richesse. Je veux dire par là qu'ils en ont fait l'expérience profonde, et dans de nombreux cas pour la toute première fois. Cela s'est produit même avec des personnes qui se trouvaient en dessous de n'importe quel seuil de pauvreté dans n'importe quel pays du monde, et cela s'est produit avec des personnes qui font partie des milliardaires du monde. L'expérience de la vraie richesse vient du partage, de l'expression du fait que l'on a et que l'on est assez. Cette belle citation du poète indien Rabindranath Tagore exprime cette expérience de suffisance :

Je vivais du côté ombragé de la

de la route et j'ai regardé les

les jardins de l'autre côté du chemin se réjouissent

sous le soleil.

Je me sentais pauvre, et de la porte

La porte d'entrée est allée de pair avec ma faim.

Plus ils m'ont donné de

leur abondance insouciante les

plus j'ai pris conscience de ma

bol du mendiant.

Jusqu'à ce qu'un matin je me réveille de mon

sommeil à l'ouverture soudaine de

de ma porte, et tu es venu et tu as

a demandé l'aumône.

En désespoir de cause, j'ai cassé le couvercle de mon

et a été surpris par l'ouverture de la poitrine de l'enfant.

trouver ma propre richesse.

La collecte de fonds m'a donné l'occasion de me tenir dans le flux - les rivières et les gouttes d'argent - et d'aider à le diriger vers des projets qui répondent aux besoins et aux aspirations les plus profonds de la vie sur terre. Éliminer la faim. Améliorer la santé et l'alphabétisation. S'occuper des enfants. S'occuper des malades et des mourants. Protéger la Terre et gérer avec sagesse les ressources naturelles. Créer des communautés saines et prospères qui soutiennent et affirment la vie dans le monde entier.

Beaucoup de gens comme moi en font le travail de leur vie, pour des organisations qui fournissent la structure qui permet au flux d'argent et d'engagement d'aller d'ici à là et de revenir. Mais en fin de compte, tout le monde - vous, moi, vos amis et vos voisins, l'homme qui vous précède dans la file d'attente à l'épicerie et la femme dans la voiture derrière la vôtre - nous nous trouvons tous dans le flux d'argent et avons la possibilité de le diriger. Chacun d'entre nous peut découvrir dans ce flux sa propre suffisance, sa propre prospérité, son propre sentiment de suffisance et sa propre richesse.

LE TRAVAIL INACHEVÉ D'UN CHEF D'ENTREPRISE

Je n'ai jamais oublié Gertrude. Mon souvenir d'elle m'accompagne dans toutes les actions de collecte de fonds que j'ai menées depuis la nuit de 1978 où elle a partagé avec moi dans l'église de Harlem. Les leçons que j'ai apprises d'elle se perpétuent d'une manière que je n'aurais jamais pu imaginer. L'impact de cette journée aurait changé ma vie quel qu'en soit le résultat final, mais plusieurs années plus tard, l'autre volet de cette journée a connu une conclusion surprenante.

Le Projet Faim était devenu une organisation beaucoup plus importante et plus visible, et nos résultats s'étaient étoffés de mois en mois et d'année en année. Cinq ou six ans après ma rencontre maladroite à Chicago avec le cadre de la grande entreprise alimentaire et ma décision de lui renvoyer son chèque après ma révélation à Harlem, j'ai reçu une lettre de sa part. Il avait depuis pris sa retraite et avait reçu une indemnité de départ très lucrative pour son travail à la tête de l'entreprise. Dans cette lettre, il me disait qu'il vivait dans une sorte d'abondance qui dépassait largement ses besoins. Il m'a dit que l'interaction entre nous il y a des années aurait été facilement oubliée si ce n'était pour la lettre que j'ai envoyée et l'étrange événement du renvoi de l'argent. Lorsqu'il a pris sa retraite, il a repensé à sa longue et fructueuse carrière, et l'une des choses qui l'a le plus marqué est notre interaction et le retour de ce chèque de 50 000 dollars accompagné d'une lettre expliquant que nous étions à la recherche de partenaires engagés. Il s'agissait pour lui d'un moment décisif où toutes les règles de l'Amérique des affaires qu'il avait si profondément apprises - à savoir que l'on fait tout et n'importe quoi pour augmenter les profits - toutes ces règles avaient été enfreintes par quelqu'un d'extérieur à son monde qui avait rendu l'argent de la société.

En réfléchissant aux moments importants de sa retraite, il s'est rendu compte qu'il voulait en fait contribuer à l'éradication de la faim dans le monde. Il voulait que l'argent dont il disposait fasse la différence, et il voyait maintenant qu'il était possible d'apporter une contribution significative à l'éradication de la faim dans le monde. C'est pourquoi, de sa propre poche, et en affirmation de son propre engagement, il a fait une contribution personnelle au Projet Faim dépassant de loin les 50 000 dollars qui lui avaient été retournés. Il l'a fait en son âme et conscience et c'était pour lui, disait-il, l'accomplissement de quelque chose qui avait été laissé inachevé. C'était sa façon à lui d'achever ce travail inachevé.

Quant à moi, je n'oublierai jamais d'avoir ouvert cette lettre, d'avoir vu ce chèque et d'avoir réalisé à nouveau le pouvoir de l'argent lorsqu'il est imprégné d'un but, d'intégrité et aligné sur notre âme. C'était un triomphe ! Un triomphe pour Gertrude, un triomphe pour la collecte de fonds et un triomphe pour cet homme qui a parlé avec une telle générosité d'une interaction qui a amélioré sa vie.

Quelle que soit la quantité d'argent qui circule dans votre vie, vous vous sentez riche lorsque vous orientez ce flux dans un but spirituel. Vous vous sentez vibrant et vivant lorsque vous utilisez votre argent d'une manière qui vous représente, non seulement comme une réponse à l'économie de marché, mais aussi comme l'expression de ce que vous êtes. Lorsque vous laissez votre argent aller à des choses qui vous tiennent à cœur, votre vie s'illumine. C'est vraiment à cela que sert l'argent.

CHAPITRE 6
Ce que vous appréciez apprécie

Dans le contexte de la suffisance, l'appréciation devient une pratique puissante de création de nouvelle valeur dans notre attention délibérée à la valeur de ce que nous avons déjà.

Ce que vous appréciez s'apprécie. C'est vrai dans notre culture de l'argent, où une maison recherchée dans un quartier recherché prend de la valeur en dollars d'une année à l'autre. C'est vrai dans nos relations personnelles, où notre appréciation des qualités particulières d'une personne peut la faire s'épanouir sous nos yeux. C'est vrai dans le monde des affaires, où l'engagement d'une entreprise envers ses employés favorise la fierté et l'excellence dans leur travail. Cet acte simple mais puissant que nous appelons appréciation accroît la liberté, la créativité et, en fin de compte, le succès que nous connaissons, en particulier dans notre relation avec l'argent. L'appréciation est le cœur battant de la suffisance.

Dans le contexte de la suffisance, l'appréciation devient une pratique puissante et intentionnelle de création de nouvelles valeurs par notre attention délibérée à la valeur de ce que nous avons déjà. Notre attention élargit et enrichit notre expérience de ce qui se présente à nous.

Nous avons la possibilité d'orienter notre attention sur notre rapport à l'argent, et lorsque nous le faisons, cela nous donne du pouvoir. L'argent devient notre identité et notre raison d'être. Lorsque nous laissons la jalousie, l'envie, le ressentiment et même la vengeance devenir le centre de notre attention et de notre intention, nous devenons des personnes jalouses, envieuses, rancunières et vengeresses avec notre argent. Lorsque nous portons notre attention sur la créativité, le courage et l'intégrité, nous devenons l'expression de ces qualités dans tout ce que nous faisons dans nos interactions avec l'argent.

Lorsque votre attention se porte sur ce qui manque et ce qui est rare dans votre vie, dans votre travail, dans votre famille, dans votre ville, cela devient votre raison d'être. C'est la chanson que vous chantez, la vision que vous générez. Vous vous engagez dans le manque et la nostalgie, et vous appelez les autres à faire la même expérience. Si votre attention se porte sur les problèmes et les ruptures liés à l'argent, ou sur la pensée de pénurie qui dit qu'*il n'y en a pas assez*, que *plus c'est mieux* ou que c'est comme *ça*, alors c'est là que réside votre conscience. Ces pensées et ces peurs se développent grâce à l'attention que vous leur portez et peuvent prendre le contrôle de votre vie. Quelle que soit la quantité d'argent que vous possédez, elle ne sera pas suffisante. Aucune somme d'argent ne vous permettra d'acquérir une véritable tranquillité d'esprit. Vous élargissez la présence et le pouvoir de la pénurie et resserrez son emprise sur votre monde.

Si votre attention se porte sur votre capacité à subvenir à vos besoins et à ceux de votre famille, et à contribuer de manière significative au bien-être des autres, alors votre expérience de ce que vous avez est nourrie et se développe. Même dans l'adversité, si vous pouvez apprécier votre capacité à y faire face, à apprendre et à vous développer, vous créez de la valeur là où personne n'aurait pu l'imaginer. À la lumière de votre appréciation, votre expérience de la prospérité s'accroît.

Nous pouvons utiliser notre appréciation - notre attention et notre intention conscientes - pour développer une certaine maîtrise dans le domaine de l'argent et transformer notre relation avec l'argent en un espace ouvert à la croissance et à la liberté. C'est la vérité, et je l'ai d'abord apprise auprès de personnes que l'on qualifierait de pauvres. Je l'ai apprise dans des endroits du monde où il n'y a presque pas d'eau ni de nourriture, et où rien n'explique que les gens survivent.

LES SEPT MAGNIFIQUES

Le Bangladesh est un pays asiatique qui compte plus de 130 millions d'habitants sur une masse continentale de la taille de l'Iowa. Il fut un temps où le pays regorgeait de forêts tropicales humides, d'une grande diversité de plantes et d'espèces animales et d'une abondance de ressources naturelles. Dans les années 1900, le pays a été dépouillé de ses forêts par des intérêts étrangers qui allaient et venaient, et il a été ravagé par la guerre et les conséquences de mauvaises politiques foncières. En l'absence des arbres et de la végétation qui prospéraient autrefois, les inondations saisonnières ont fait des ravages encore plus importants sur la terre et la population. Classé par les Nations unies comme le deuxième pays le plus pauvre du monde à la fin des années 1970, le Bangladesh est devenu le destinataire d'un autre type d'inondation, une inondation d'aide, et en peu de temps, il est devenu presque entièrement dépendant de l'aide provenant de sources extérieures. Le Bangladesh a commencé à jouir d'une réputation mondiale de pays nécessiteux et sans défense, un gigantesque mendiant, et au sein même du pays, la population a fini par se percevoir de la même manière. Les Bangladais étaient convaincus d'être un peuple sans espoir et sans défense, dépendant des autres pour sa survie, même minimale.

Dans ce qui est devenu un cycle commun de désintégration des villages et des communautés, les habitants des villages proches du district de Sylhet abandonnaient, envisageant de quitter la région et de chercher ailleurs un travail de subsistance, ou d'envoyer les hommes dans les grandes villes pour y trouver du travail et envoyer de l'argent à la maison pour subvenir aux besoins de leurs familles indigentes.

Sylhet se trouve dans la région des collines du nord du Bangladesh, juste assez haut pour échapper aux inondations qui submergent périodiquement les basses terres environnantes chaque année. Les collines sèches ont cédé depuis longtemps la place à une jungle envahissante de broussailles épineuses, une plante dont les seuls fruits sont des baies empoisonnées. Les plantes enchevêtrées ressemblent à un immense champ de bruyères, inaccessible, dangereux et épais. Une zone envahie par la végétation avait été considérée comme une terre gouvernementale et ne pouvait être exploitée par les agriculteurs locaux. Mais la plante vénéneuse et broussailleuse qui y poussait ne cessait de s'étendre et d'envahir les petites parcelles de terre que les villageois cultivaient, prenant le dessus sur les cultures et empoisonnant la terre.

Pendant des générations, les villageois ont tiré leur maigre subsistance des petits lopins de terre que le gouvernement leur avait donnés, mais même cela devenait une tâche impossible. Les jeunes se sont mis à mendier sur les routes et à voler. La criminalité atteignait des sommets. Les villageois ont donc abandonné leurs terres difficiles et improductives et étaient prêts à prendre des mesures radicales. Beaucoup étaient prêts à abandonner le village et à déplacer leurs familles ailleurs, ou à abandonner l'espoir d'une famille intacte et à envoyer les hommes chercher du travail ailleurs. La conversation entre les villageois était urgente et pragmatique. Où pouvaient-ils déplacer ou envoyer les hommes pour leur permettre de cultiver ou de gagner suffisamment d'argent pour subvenir aux besoins de leur famille ? Il a également été question de demander l'aide financière des États-Unis pour leur permettre d'acheter de la nourriture et d'autres biens sans travailler du tout. Ils ont baissé les bras. Ils étaient fatigués et résignés. Ils pensaient que la solution se trouvait ailleurs et chez quelqu'un d'autre. Ils pensaient qu'ils ne pouvaient tout simplement pas s'en sortir seuls.

À peu près à la même époque, le Projet Faim a commencé à travailler activement au Bangladesh. De nombreuses organisations humanitaires indépendantes y accomplissaient déjà un travail héroïque et inspirant, mais ce qui semblait apporter des améliorations durables, c'était les initiatives émanant des Bangladais eux-mêmes. La désormais célèbre Grameen Bank, créée par le Dr Muhammed Yunus, est un programme de microcrédit qui accorde des prêts aux petites entreprises aux femmes qui travaillent dur et qui manquent d'argent, et le BRAC, une initiative de développement des villages créée par le dirigeant bangladais Faisal Abed, a remporté des succès significatifs là où des étrangers qui ne connaissaient pas la population avaient échoué.

Ces succès et les expériences menées dans d'autres régions nous ont confortés dans notre conviction que le peuple bangladais était la clé de son propre développement et que l'aide extérieure le transformait systématiquement et psychologiquement en mendiant au lieu d'être l'auteur de son propre avenir.

La première étape du processus de mise en place d'un partenariat efficace a consisté à examiner en profondeur la culture bangladaise, les attitudes et les croyances des Bangladais à leur égard, leur résignation et leur désespoir. Il est apparu clairement qu'après avoir subsisté si longtemps grâce à l'aide, les gens avaient perdu tout sens de leur propre compétence ou toute vision de leur pays comme étant capable de réussir. Au cours de nos réunions, les dirigeants bangladais ont déterminé que la chose qui manquait et qui, si elle était fournie, permettrait à ces personnes de devenir autonomes et autosuffisantes, était une vision de leurs propres forces et capacités. Le Projet Faim s'est engagé, en tant que partenaire, à développer un programme conçu pour permettre aux Bangladais de renouer avec une vision d'eux-mêmes et de leur pays, avec une prise de conscience de leurs atouts disponibles et avec des stratégies pour mettre leurs idées en action. C'est de cet engagement et de ce partenariat qu'est né l'atelier "Vision, engagement et action". Il a invité les participants à s'engager dans une série de discussions de groupe et d'exercices de visualisation leur permettant d'imaginer et de concevoir un Bangladesh autonome et autosuffisant : le Bangladesh sain et prospère pour lequel ils s'étaient battus il y a des années lors de leur lutte pour l'indépendance.

Au Bangladesh, en raison du grand nombre d'habitants, lorsque vous organisez une réunion, des centaines, voire des milliers de personnes peuvent se présenter. Les gens se rassemblent souvent dans les parcs et sur les places des villages. À Dhaka, la capitale, il y a un parc public qui peut facilement accueillir un millier de personnes ou plus, et c'est là que nous avons lancé certains des premiers ateliers "Vision, engagement et action". Nous avons fait de la publicité pour la réunion et, à l'heure prévue, le parc était rempli de monde. Si vous pouvez l'imaginer, il ne s'agit pas d'une belle retraite pastorale, mais d'un parc avec à peine un brin d'herbe, rempli de centaines de petites personnes brunes et belles, assises sur le sol très près les unes des autres, de nombreux bébés et jeunes enfants, des personnes de tous âges assises attentivement, timidement, à l'écoute de tout ce que nous pourrions leur offrir d'utile.

Le programme a débuté par de la musique, quelques présentations et paroles inspirées de dirigeants communautaires, et quelques exercices interactifs initiaux pour amener l'énergie et la concentration de la foule sur la tâche à accomplir. Nous avons ensuite entamé le programme en demandant à chacun de fermer les yeux et d'imaginer à quoi ressemblerait un Bangladesh autonome et autosuffisant :

Que se passerait-il si le Bangladesh était un pays qui exportait des produits de qualité supérieure ? Que se passerait-il si le Bangladesh était connu pour son art, sa musique et sa poésie ? Que se passerait-il si le Bangladesh contribuait à la communauté mondiale, au lieu d'être le grand bénéficiaire, le grand mendiant qui reçoit de l'aide ? Que se passerait-il si les dirigeants bangladais, y compris les femmes, les hommes et les jeunes du Bangladesh, contribuaient à la société ? À quoi cela ressemblerait-il ?

Au début, les gens sont restés assis, très calmes, les yeux fermés, sans expression, épaule contre épaule dans le parc. Un silence s'est installé dans la foule, et la mer de visages est restée immobile, les yeux fermés, dans la réflexion. Au bout de quelques minutes, j'ai remarqué que des larmes coulaient sur le visage d'un homme, puis d'un autre et d'un autre encore. Les gens étaient toujours assis, les yeux fermés, mais ils pleuraient en silence. Et ce n'était pas seulement trois ou quatre, ou dix ou vingt visages qui versaient des larmes. Dans cette foule de plus de mille personnes, il y avait des centaines de visages en larmes. C'était comme s'ils n'avaient jamais pensé, au cours de leur vie, qu'ils pouvaient être autonomes, autosuffisants ou contribuer à une nation, qu'ils n'avaient jamais imaginé qu'ils pouvaient être une nation qui ferait la différence pour les autres nations, qu'ils pouvaient être une nation qui se démarquerait, qui aurait des qualités que les gens admireraient, un rôle unique à jouer dans la communauté mondiale. C'était une pensée nouvelle et courageuse.

Lorsque nous avons terminé cette méditation sur la vision et que les gens ont partagé les uns avec les autres les visions qu'ils avaient eues pour leur village, leur famille, leur école, leur maison, leur entreprise, leurs enfants et leurs petits-enfants, la vision est devenue riche et réelle, palpable et exaltante. Un nouvel avenir est né.

Dans la partie suivante de l'atelier, les participants ont été invités à s'engager dans leur vision. Il leur a été demandé non seulement d'imaginer, mais aussi de s'engager à être les personnes qui concrétiseront cette vision. On pouvait les voir abandonner leur anxiété et leur peur, se débarrasser de leur sentiment de manque et d'inadéquation, s'approcher de leur propre création et s'y engager. Au cours de cet exercice, vous avez pu voir la posture et l'attitude des gens changer. Les gens semblaient visiblement se renforcer. Leur détermination était contagieuse et l'impossible semblait possible. Les participants se sont finalement répartis en petits groupes afin de collaborer et de concevoir les actions qu'ils allaient entreprendre pour concrétiser leur engagement à rendre leur vision réelle. Les actions étaient pratiques, locales, réalisables, mais en accord avec leurs nouveaux engagements et au service de leur vision. Les participants ont semblé se voir eux-mêmes, leur famille, leur village et leur pays comme des personnes capables, pleines de ressources et puissantes, autonomes et autosuffisantes.

Bientôt, ces ateliers ont été répétés dans des rassemblements un peu partout, certains dans les villes, d'autres dans les villages, d'autres encore au sein des familles, et chaque dimanche, des milliers de personnes se réunissaient sur la place de Dhaka.

Lors d'un voyage à Dhaka, l'un des chefs d'un village de Sylhet a participé presque par erreur à un atelier "Vision, engagement et action". Il s'appelait Zilu. Il rendait visite à son cousin en ville et celui-ci l'a invité à se rendre dans le parc pour voir de quoi il retournait. Zilu ne voulait pas y aller. Il voulait parler à son cousin de l'installation de sa famille de Sylhet chez lui, pour partager leur maison, afin que la famille puisse quitter leur village désolé, en espérant que Zilu puisse trouver du travail en ville et leur donner une chance d'avoir une nouvelle vie. Son cousin l'a cependant emporté et ils ont participé ensemble à l'atelier.

Zilu a été complètement captivé par l'expérience de l'atelier et par sa prise de conscience de son propre engagement envers son village et la communauté environnante. Il est resté à Dhaka trois jours de plus et a participé à une formation pour devenir lui-même animateur d'atelier. Il a ensuite ramené la formation et la vision à Sylhet.

De retour chez lui, il a réuni ses six amis masculins les plus proches et leur a présenté l'atelier. Forts d'une vision commune et d'un engagement illimité à développer les ressources humaines et naturelles de leur région, les sept hommes ont eu une idée et ont élaboré un plan pour une nouvelle entreprise agroalimentaire destinée à sortir toute la région de la pauvreté, à la rendre autonome et, enfin, à la rendre prospère. Ils l'ont appelé le projet Chowtee : Un pas audacieux vers l'autosuffisance.

Je suis arrivé à Sylhet quatre mois plus tard, en avril 1994, avec dix-sept voyageurs qui étaient d'importants donateurs du Projet Faim. Zilu nous avait invités pour nous montrer les progrès que lui et ses amis avaient réalisés dans la région et pour nous remercier de la contribution que nous apportions à son pays et à son peuple. Lui et ses amis, que nous avons appelés les "Sept Magnifiques", nous ont raconté l'histoire de la transformation de leur région et nous ont montré les résultats.

Zilu a raconté comment il était revenu de l'atelier de Dhaka ce jour de décembre, inspiré à regarder d'un œil nouveau les ressources dont lui et son peuple disposaient, et déterminé à développer une vision, un engagement et un plan d'action. Une fois que ses six amis l'ont rejoint dans cet engagement, l'étape suivante a consisté à examiner les ressources dont ils disposaient déjà mais qu'ils avaient négligées jusqu'alors. C'est là, à la périphérie de la ville, que se trouvaient les terres en friche du gouvernement, couvertes de ronces vénéneuses. Les sept hommes ont rencontré des fonctionnaires et ont obtenu l'autorisation de débarrasser dix-sept hectares de la végétation enchevêtrée qui avait envahi leurs terres. Ils se sont ensuite adressés à la communauté pour obtenir l'argent nécessaire à l'achat d'équipements et de fournitures. Les gens ont puisé dans leurs maigres économies pour soutenir l'initiative, et les hommes ont pu réunir les milliers de taka nécessaires, soit environ 750 dollars. Enfin, ils ont organisé leur propre version de l'atelier "Vision, engagement et action" à l'intention de six cents personnes dans ce village de dix-huit mille habitants.

Ces six cents personnes se sont mises au travail, construisant une route le long du terrain et commençant à défricher. Impressionné par leur vision, leur clarté et leur engagement, le gouvernement leur a donné une centaine d'hectares supplémentaires à développer. Ils ont formé les jeunes qui s'étaient tournés vers la mendicité et la criminalité à la culture et à l'exploitation agricole. Ils ont formé des femmes démunies, dont de nombreuses veuves, à l'agriculture. En défrichant la terre, ils ont eu la surprise de découvrir un lac inconnu jusqu'alors et un petit ruisseau abondant en poissons.

Toute la zone est désormais cultivée et fournit de la nourriture, du poisson, une formation et un emploi à des centaines de personnes. Les dix-huit mille habitants de la région immédiate ont bénéficié de cette activité, et une région qui avait été ravagée par la pauvreté est devenue autosuffisante et commence à prospérer. Le taux de criminalité a chuté de 70 %.

Nous avons parcouru les champs avec Zilu et le reste des Sept Magnifiques, et nous avons visité les pêcheries et les terrains d'entraînement. Nous avons été submergés par la vitalité, la joie et la réussite de ces gens. Je me suis rendu compte, en marchant avec eux, qu'ils avaient accompli cet exploit sans aucune aide extérieure. Ils avaient ce dont ils avaient besoin depuis le début - la terre, l'eau, l'intelligence, les muscles et la capacité de tout mettre en place - mais ils avaient perdu le contact avec ces ressources et ces capacités dans le climat de l'aide au "tiers monde" et le désespoir et l'incompétence présumée qui l'accompagnaient. Une fois qu'ils ont été incités à se voir différemment, à se considérer comme forts, créatifs et capables, leur engagement n'a plus connu de limites. Le succès était inévitable.

En regardant les champs, autrefois jungle et broussailles impénétrables, j'ai pensé à nos propres vies et à ce qui recouvre le sol de nos rêves, ce qui bloque temporairement notre vision intérieure ou notre capacité à voir. Dans leur monde, c'était la jungle et le message confus de l'aide qui leur disait qu'ils étaient incomplets, dans le besoin et incapables de se débrouiller seuls. Ils avaient adhéré à ce message et, tant qu'ils l'ont fait, ils n'ont pas pu voir les ressources qui se trouvaient en face d'eux. Une fois qu'ils ont concentré leur attention sur leurs propres ressources intérieures illimitées, les ressources extérieures se sont matérialisées, devenant soudainement accessibles. Ils ont pu commencer à voir que ce dont ils avaient besoin était là depuis le début.

Je n'ai jamais oublié les Sept Magnifiques. Lorsque vous êtes écrasé par la mentalité de victime, comme ils l'ont été, votre capacité à rêver et à envisager est également écrasée. Elle s'éteint. Lorsque je me retrouve à chercher à tâtons ce qui me dépasse, j'entends leurs paroles dans ma tête et je sais que si je peux regarder de l'intérieur vers l'extérieur, accéder à ce qui est déjà là, ce qui est déjà disponible, et l'apprécier, alors son pouvoir, son utilité et sa grâce grandiront et prospéreront dans la nourriture de mon attention.

L'ENQUÊTE APPRÉCIATIVE : UNE THÉORIE POSITIVE DU CHANGEMENT

Le pouvoir de l'appréciation a été reconnu comme un outil de réussite organisationnelle, qu'il s'agisse d'une communauté d'agriculteurs, d'un groupe d'ouvriers d'usine, d'une entreprise comptant des milliers d'employés ou d'une poignée de bénévoles participant à un projet de service communautaire.

David L. Cooperrider, Diana Whitney et leur équipe de chercheurs et de consultants dans le domaine de la théorie organisationnelle et du développement humain ont introduit le concept d'"enquête appréciative" en tant que modèle formel de changement. Dans leur livre, *Appreciative Inquiry : Rethinking Human Organization Toward a Positive Theory of Change*, ils nous suggèrent de passer d'un cadre de référence de "résolution de problèmes" à un cadre de référence qui cherche à identifier les sources disponibles dans tout groupe de personnes pour inspirer, mobiliser et soutenir un changement positif.

Comment nos pratiques en matière de changement seraient-elles différentes, demandent-ils, si nous partions de l'hypothèse positive que "les organisations, en tant que centres de relations humaines, sont "vivantes" et dotées d'une capacité constructive infinie" ?

Dans l'enquête appréciative, nous "recherchons ce qu'il y a de mieux chez les gens, dans leurs organisations et dans le monde qui les entoure". L'enquête appréciative implique "la découverte systématique de ce qui donne "vie" à un système vivant lorsqu'il est le plus vivant, le plus efficace et le plus constructif en termes économiques, écologiques et humains". Selon eux, il faut rechercher ce qui fonctionne plutôt que ce qui ne fonctionne pas, et "au lieu de la négation, de la critique et du diagnostic en spirale, il y a la découverte, le rêve et la conception".

Une grande partie de notre vie autour de l'argent est centrée sur les hypothèses fondées sur le problème de la pénurie, sur le diagnostic en spirale et sur la recherche de solutions qui nous dépassent. Si, au contraire, vous pouvez porter toute votre attention et votre appréciation sur ce qui est là, vous ferez l'expérience de la générosité disponible dans l'instant. Vous faites l'expérience de la suffisance, et c'est là votre raison d'être. Vous générez cette vision et vous appelez les autres à vivre cette expérience. Dans le contexte de la suffisance, chaque aspect de votre vie devient un atout en vertu de votre capacité à l'accueillir, à en tirer des enseignements et à en faire quelque chose. Ce que vous appréciez et la manière dont vous dirigez votre attention déterminent la qualité de votre vie.

Ce pouvoir d'appréciation est à la portée de chacun d'entre nous, partout et à tout moment. Votre pays et votre culture peuvent être différents du Bangladesh et de sa culture, mais l'anxiété, la peur, la résignation et le désespoir que nous ressentons parfois face aux problèmes d'argent peuvent être exactement les mêmes. En appréciant tout ce que nous sommes et ce que nous avons déjà, nous pouvons revoir les possibilités, identifier une vision, prendre un engagement et agir en conséquence.

AUDREY : TROUVER SA VALEUR

Audrey avait quarante-deux ans, était femme au foyer à plein temps, épouse et mère de deux jeunes filles, lorsqu'elle a demandé le divorce de son mari adultère et violent sur le plan émotionnel. Ils étaient mariés depuis près de vingt ans et, sous la pression de son mari, Audrey avait renoncé à des études supérieures et à une carrière d'artiste prometteuse pour devenir une femme au foyer à plein temps. À plusieurs reprises au fil des ans, Audrey s'est tournée vers son rêve - avoir sa propre entreprise de création de vêtements pour enfants - mais son mari et ses parents l'en ont dissuadée. Ils lui ont dit qu'elle n'était pas assez intelligente, et elle les a crus.

Son mari était issu d'une famille très riche et avait beaucoup d'argent, mais il avait utilisé des lacunes juridiques pour lui interdire l'accès à ses biens.

Au cours de la procédure de divorce, à chaque échange punitif de propositions de règlement avec son ex-mari, elle s'est sentie à nouveau blessée par le fait qu'il lui rappelait - désormais exprimé en faibles montants - qu'il la considérait, elle, le temps et la vie qu'elle avait investis dans leur mariage, comme n'ayant aucune valeur. "Je suis sans valeur" était le mantra de l'argent, la condamnation à perpétuité punitive qu'elle avait gardée de son expérience du mariage, et c'était maintenant le message officiel, en langage juridique, de l'accord de divorce.

Jour après jour, date d'audience après date d'audience, elle est devenue de plus en plus déprimée, en colère et découragée par son sentiment d'avoir été trompée, d'abord sur son rêve d'un mariage à vie, puis, d'un point de vue pratique, sur une partie de l'argent qu'elle estimait lui être dû. Elle est devenue pessimiste quant à sa capacité à trouver du travail.

Ses pires craintes se profilent à l'horizon. Et si elle ne parvenait pas à gagner suffisamment d'argent pour obtenir un appartement et conserver la garde de ses enfants ? Et si elle s'avérait inepte et inemployable, comme son mari lui avait toujours dit qu'elle l'était ? Accablée de peurs et de doutes, elle n'arrivait pas à dépasser les images de désastre pour imaginer un avenir prospère pour elle et ses enfants. Bien souvent, elle était immobilisée par sa colère et sa peur de l'échec.

Audrey et moi nous sommes rencontrés alors qu'elle était au plus bas en termes de revenus et d'estime de soi, et nous avons utilisé le prisme de sa relation avec l'argent comme moyen de trouver de nouvelles perspectives pour favoriser son rétablissement.

Nous avons orienté notre conversation vers l'identification des véritables atouts d'Audrey : ses talents et ses compétences, ses espoirs et ses rêves, ainsi que les ressources dont elle disposait dans son cercle de famille et d'amis. Après tant d'années passées à se sentir inutile, il n'était pas facile pour Audrey de se considérer comme ayant des atouts, une richesse intérieure à proprement parler.

Nous avons commencé par recenser les personnes dont Audrey savait qu'elles lui offraient un amour et une reconnaissance inconditionnels et qu'elles croyaient en elle. Ces personnes étaient aussi des atouts. Elle a imaginé ses deux filles et le lien étroit et affectueux qu'elles partageaient, sans rapport avec l'argent. Elle a pensé à ses parents et à ses frères, qui ne pouvaient guère lui apporter de soutien matériel, mais dont l'amour et les encouragements étaient inébranlables. Elle a pensé à ses amis de longue date les plus proches et les plus fiables, puis à d'autres amitiés plus récentes, et à la manière dont chacune d'entre elles contribuait au climat d'amour et de bien-être dans sa vie. Aucune de ces relations ne dépendait de l'argent comme ciment. L'amour et l'appréciation étaient tout ce qu'il y avait.

Elle a nommé chaque personne - il y en avait une vingtaine en tout - et je lui ai ensuite demandé de citer les qualités que, à un moment ou à un autre, ils lui avaient fait savoir qu'ils appréciaient chez elle. Elle a ri d'un air gêné, mais a continué à nommer les choses dont elle se souvenait que ses amis lui avaient dit. Comme moi, ils la savaient intelligente, créative, futée, généreuse, enthousiaste, déterminée et dotée d'un grand sens de l'humour.

Nous avons identifié ces qualités de caractère comme des atouts plus précieux et illimités que tous les biens qu'elle pourrait posséder ou que l'argent qu'elle pourrait avoir sur un compte en banque. Il s'agit d'atouts que certaines personnes travaillent toute leur vie à développer, de qualités que l'argent ne peut pas acheter. Audrey les possédait déjà !

Alors que nous parlions et qu'Audrey tournait son attention vers la richesse de ces amitiés, ses propres atouts de caractère et ses ressources matérielles, elle a senti un changement et je l'ai vu. Elle s'est légèrement redressée sur sa chaise, son expression s'est améliorée et sa voix est devenue plus assurée. Elle a décrit un changement dans la façon dont elle se sentait maintenant, par rapport au défi. Ses craintes se sont atténuées. Elle se sentait déjà plus autonome et moins dans le besoin, même si elle avait des besoins, et ne se sentait pas intimidée par les circonstances, même si elles étaient difficiles. Elle ressentait encore un peu de peur, mais maintenant elle se sentait aussi plus confiante dans la solidité de ses propres ressources et dans l'affirmation des autres.

"Imaginez maintenant que nous sommes dans vingt-cinq ans", ai-je dit.

"Cela me donnerait soixante-dix ans", dit-elle en riant.

"Imaginez que vous allez sur vos soixante-dix ans, que vos filles ont grandi et sont peut-être mariées, que vous avez des petits-enfants et que vous traversez une période incroyable de votre vie, que vous avez fait la paix avec le passé et avec vous-même, et que vous pouvez regarder en arrière et voir. Comment avez-vous traversé cette période juste après votre divorce ? Quelles ont été les possibilités et les opportunités que vous avez trouvées et créées pour vos filles ? Qu'est-ce qui vous a permis de traverser ces premières années ?

Audrey marque une pause, puis prend la parole, d'abord avec un peu d'hésitation.

"J'ai cessé de me laisser arrêter par la peur", a-t-elle déclaré. "J'avais peur, mais je l'ai fait quand même. Je me suis fait confiance.

"Et qu'allez-vous raconter à vos petits-enfants sur la manière dont vous avez traversé ce passage difficile avec de l'argent ? ai-je demandé. "Quelle a été la percée qui vous a permis de trouver votre suffisance ?"

Elle marqua une nouvelle pause, comme si elle écoutait de loin sa propre personne, plus sage et plus âgée, qui lui faisait un compte rendu de l'avenir. Puis, d'une voix forte cette fois, elle répondit.

"J'ai cessé d'attendre que quelqu'un me dise quoi faire. J'ai compris que je devais essayer un certain nombre de choses différentes et je l'ai fait. J'ai commencé à croire en moi. Alors que j'avais passé des années à croire en un homme, je n'en mettais plus qu'un quart à croire en moi, ce qui libérait les trois quarts de mon énergie pour d'autres choses que gagner ma vie. Je pense que les femmes devraient examiner la quantité d'énergie qu'elles consacrent à leurs relations et en prendre consciemment un quart pour l'investir dans leur propre relation avec elles-mêmes, et elles iraient aussi loin que moi.

"Et comment gagniez-vous votre vie ? Quelle a été la percée là-bas ?"

Audrey marque une nouvelle pause, puis s'excuse. "Quand j'essaie de penser à cela, j'ai peur et j'arrête de regarder", dit-elle. Mais elle a recentré son attention sur son avenir.

"J'ai lancé mon entreprise de vêtements pour enfants et c'est devenu notre gagne-pain, ce qui nous a permis de survivre", a-t-elle déclaré.

Nous avons parlé de son désir de tirer parti de ses passions et de ses talents pour gagner réellement sa *vie*, ce qui est différent de gagner suffisamment d'argent pour payer le loyer, ou de faire un malheur, comme l'avaient fait son ex-mari et ses parents. Au cours de notre conversation, elle a pu prendre du recul et voir à quel point son énergie avait été accaparée par ses craintes liées à l'argent et par l'idée incontestable qu'elle était incapable de mener une bonne vie pour elle et ses enfants. Elle l'avait dit elle-même : Si elle prenait toute l'énergie liée à l'anxiété, à l'inquiétude et à la peur et qu'elle la concentrait sur ses atouts, son engagement et ses stratégies pour réaliser sa vision, elle savait maintenant au fond d'elle-même qu'elle réussirait.

Dans les mois qui ont suivi, Audrey m'a tenu au courant de ses progrès. Avec une confiance grandissante et les encouragements de ses amis et de sa famille, Audrey a commencé à s'intéresser à ses compétences commercialisables et à prendre des mesures pour apprendre à créer sa propre entreprise.

Un soir, elle a assisté à un séminaire sur les femmes d'affaires et a immédiatement découvert un monde de contacts, de groupes de soutien aux petites entreprises et d'ateliers sur les questions qu'elle avait besoin d'apprendre pour créer sa propre entreprise. Bientôt, elle participe à un programme de mentorat, dans le cadre duquel des femmes d'affaires prospères de la communauté s'associent à des femmes comme elle, en tant qu'enseignantes et conseillères. Elle a suivi d'autres cours, s'est familiarisée avec les flux d'argent dans les entreprises et a appris à les gérer judicieusement. Partout où elle allait, lorsqu'elle apportait un nouvel échantillon de vêtements pour enfants pour le montrer à une amie, un passant voulait l'acheter.

Des inconnus lui font part de leur enthousiasme pour son produit et sa vision, et Audrey est de plus en plus enthousiaste.

Étape par étape, Audrey a étudié les aspects de la fabrication et de la vente de l'entreprise de ses rêves, a affiné la conception de ses produits et a élaboré un plan d'entreprise. Les personnes qu'elle a rencontrées au cours de ce processus ont été impressionnées par sa créativité, son enthousiasme et son sens aigu des affaires, et elle a pu obtenir un certain nombre d'emplois à temps partiel au fur et à mesure qu'elle avançait dans son projet. Alors qu'elle consacrait de plus en plus d'attention à la création de sa propre entreprise, son cercle d'amis et de contacts professionnels s'est élargi et a continué à l'encourager et à la soutenir dans ses efforts inspirés.

Au fil du temps, sa relation avec l'argent a changé. Au lieu de vivre dans l'admiration de l'argent ou dans la peur constante de ne pas en avoir assez, elle a vécu prudemment avec ce qu'elle avait et s'est concentrée sur la création d'une entreprise viable faisant ce qu'elle aimait. Sa relation avec l'argent a changé. Elle n'était plus une victime ou une participante passive redevable à son ex-mari et en colère ou craignant d'être coupée du monde. Désormais, elle apprenait à connaître sa propre capacité de gain et sa propre valeur en tant qu'entrepreneuse créative et générative, dans les affaires comme dans la vie. Elle a inscrit dans son plan d'entreprise l'engagement de devenir une ressource pour d'autres femmes, en travaillant à la couture, à la fabrication et à la vente de sa ligne de produits.

Il y a eu des jours difficiles, mais lorsqu'Audrey concentrait son attention - ne serait-ce qu'un instant - sur les aspects les plus simples de sa propre suffisance, elle retrouvait son courage et son énergie, et même sa joie, à ce moment-là. À chaque fois, elle a pu trouver le courage dont elle avait besoin pour continuer ; pas un courage excessif, mais *suffisant,* a-t-elle dit plus tard en riant. Plus surprenant encore, chaque fois qu'elle était prête à faire un pas de plus dans ses projets, elle trouvait, par chance, exactement ce dont elle avait besoin - le bon contact, le bon studio, les bons fournisseurs, les bons investisseurs - et à la fin de l'année suivante, Audrey avait lancé son entreprise et connaissait un début prometteur. À partir des restes d'une vie déchirée, elle avait créé un chef-d'œuvre.

JAMES : PERDU, RETROUVÉ ET RETOURNÉ

Il serait facile de supposer que tous ces discours sur l'appréciation et la suffisance s'adressent en réalité à des personnes comme Audrey ou les Sept Magnifiques, celles qui ont si peu qu'elles doivent apprendre à apprécier le peu qu'elles ont ou sombrer dans le désespoir. C'est tout aussi vrai pour les personnes très riches et excédentaires. Elles peuvent, et c'est souvent le cas, se perdre dans une mer d'excès, inondées de choses, de maisons, de voitures et d'objets, au point de perdre tout sens d'une vie intérieure ou d'un sens au-delà de l'argent. Mère Teresa a un jour noté ce qu'elle appelait "la profonde pauvreté de l'âme" qui afflige les riches, et a déclaré que la pauvreté de l'âme en Amérique était plus profonde que n'importe quelle autre pauvreté qu'elle avait vue sur terre.

James connaissait cet endroit et cette pauvreté d'esprit. Il avait grandi dans une petite ville du Missouri, où sa famille possédait la principale industrie de la ville. Son nom de famille était une malédiction : tous ceux qui le connaissaient savaient qu'il était riche et qu'il n'aurait jamais besoin de travailler, et ils supposaient automatiquement qu'il était un enfant riche et gâté. Ils le traitaient avec envie et mépris.

James avait un grand cœur et voulait être considéré comme un membre normal de la société, mais il considérait son nom et sa fortune comme un terrible fardeau qui l'empêchait d'avoir des relations normales avec les gens et le monde qui l'entourait. Il en voulait à son nom de famille et au fardeau de sa fortune, qu'il détestait en fait. Il sentait qu'il devait s'échapper de l'environnement dans lequel il se trouvait pour trouver un véritable sentiment d'estime de soi, en fait pour se prouver qu'il était à sa place. Le vide en lui se creusait et il était torturé par un sentiment d'inutilité, de culpabilité et de honte.

Nous nous étions rencontrés à l'université et bien que je puisse aujourd'hui regarder en arrière et voir rétrospectivement la douleur qu'il ressentait, je ne l'ai pas vue à l'époque. Il n'était qu'un camarade de classe parmi d'autres, qui étudiait, passait des examens, buvait de la bière - il était un étudiant.

J'ai repris contact avec lui des années plus tard chez un ami commun, et il paraissait plus vieux que son âge, mais il était toujours l'homme élégant et beau dont je me souvenais à l'école. Il m'a demandé de me joindre à lui pour un déjeuner quelques jours plus tard, en disant seulement qu'il avait besoin d'un conseil. Au cours du repas, il m'a raconté son histoire. James était alcoolique. Il était également père de deux enfants et en plein milieu d'un second divorce. Il avait assez d'argent pour vivre dans le luxe, mais il se sentait perdu et triste, et craignait que les gens découvrent que sa vie personnelle était en désordre. Il voulait changer, mais ne savait pas comment.

Comme presque toutes les autres relations de sa vie, la relation de James avec l'argent était faite de blessures, de conflits, de méfiance, de déception et de très peu de clarté. Les problèmes émotionnels profonds et longtemps ignorés qui le tourmentaient depuis l'enfance s'étaient aggravés avec une vie de négligence, et l'argent liquide de la famille lui avait permis de contourner les moments difficiles du mariage, de la famille, de l'amitié et de la vie elle-même.

N'ayant rien fait d'important pour gagner cet argent, l'amer secret de James était qu'il souffrait d'un profond doute de soi. Il se sentait inutile, sauf pour l'argent qu'il détestait. Il avait l'argent pour faire n'importe quoi, mais sa vie n'était devenue qu'une mascarade coûteuse et de plus en plus complexe, masquant l'alcoolisme, les relations ratées, les amitiés superficielles et un profond sentiment d'inutilité.

C'était un homme attentionné, un homme qui voulait faire le bien dans le monde, qui voulait apporter une contribution significative à sa vie. Il souhaitait pouvoir repartir à zéro, mais il se sentait piégé par ses excès financiers et ses échecs personnels.

Nous avons commencé à parler régulièrement, et tandis que James se lançait dans la lente et difficile réparation de ses relations avec les personnes de sa vie, nous nous sommes concentrés sur sa relation avec l'argent. Il attribuait ses problèmes au nom de famille et à la fortune qu'il était censé cultiver. Il s'est déchargé d'une grande partie de son bagage émotionnel de gosse de riche en colère et malheureux, ainsi que de ses mariages ratés et des personnes qu'il considérait comme des opportunistes dans sa vie. Puis, au bout d'un certain temps, le besoin de blâmer et de s'en prendre à son argent et à son passé a semblé s'estomper. Il a commencé à parler de l'homme qu'il aspirait à devenir.

À quoi ressemblerait sa vie s'il la vivait en accord avec une vision plus profonde ? En quoi ses relations avec ses enfants et ses ex-femmes seraient-elles différentes s'il agissait avec intégrité à leur égard, y compris dans les règlements financiers du divorce ? Au-delà de la responsabilité aimante de s'occuper de ses enfants, quels engagements plus importants lui tenaient à cœur ? Quel genre de différence voulait-il faire dans le monde ?

Envisager une vie qu'il pourrait aimer a ouvert James à de nouvelles possibilités et lui a donné une nouvelle expérience de lui-même. Lorsque nous avons concentré notre attention sur cette vision, c'était comme attiser une petite braise dans un lit de charbons ardents. Les possibilités se sont mises à briller et des idées plus spécifiques ont commencé à émerger avec une certaine définition. Il ressentait une affinité particulière pour les jeunes en difficulté et voulait travailler avec eux. Il s'est porté volontaire dans une école locale et, à mesure qu'il en apprenait davantage sur les difficultés des enfants souffrant de troubles de l'apprentissage, il s'est découvert des talents pour travailler avec eux. Plus il travaillait avec les élèves, leurs enseignants et les éducateurs spécialisés qui les aidaient souvent en classe ou leur fournissaient une assistance spéciale sous forme de tutorat, plus il commençait à comprendre la complexité des besoins des enfants et les efforts déployés pour y répondre.

L'argent qui avait été un fardeau tout au long de sa vie est devenu une ressource pour soutenir les organisations travaillant avec les enfants ayant des besoins spéciaux. Il s'est également engagé dans sa communauté en tant que défenseur des écoles et de leur financement, au bénéfice de tous les enfants. Sa propre enfance douloureuse est devenue un atout qui lui a permis d'être plus sensible aux enfants avec lesquels il travaillait. Le chaos de sa vie troublée a commencé à se calmer, et il a commencé à apprécier même ce chaos comme un passage d'une époque confuse et troublée à une époque où il y a un but, un sens et un accomplissement.

Ses enfants l'ont rejoint dans son travail de bénévole auprès d'autres enfants et, en tant que père célibataire, ce nouvel engagement auprès de ses propres enfants a enrichi leur relation ; ils se sont appréciés davantage l'un l'autre. Le travail acharné de James et son dévouement à l'école, aux élèves et à ses enfants n'ont pas seulement changé la vie de beaucoup de ces enfants, mais aussi la sienne. L'argent, qui avait semblé être une malédiction pendant si longtemps, est devenu l'instrument de sa libération dans une vie nouvelle et gratifiante, faite de liens et de contributions.

Le poète Rainer Maria Rilke a écrit (traduit par Robert Bly) :

J'aime les heures sombres de mon être

dans laquelle mes sens tombent dans l'abîme.

J'y ai trouvé, comme dans les vieilles lettres, un certain nombre d'informations,

Ma vie privée, elle, est déjà vécue,

Ils sont devenus vastes et puissants, comme des légendes.

Je sais alors qu'il y a de la place en moi

Pour une deuxième vie immense et intemporelle.

Le temps est venu pour James de vivre une deuxième vie immense et intemporelle.

LA SAGESSE DU BOUDDHA

Le Bouddha a dit à ses disciples que tout ce à quoi ils choisissaient d'accorder leur attention, leur amour, leur appréciation, leur écoute et leur affirmation se développerait dans leur vie et dans leur monde. Il comparait la vie et le monde à un jardin - un jardin qui a besoin de soleil, de nourriture et d'eau pour pousser. Dans ce jardin se trouvent les graines de la compassion, du pardon, de l'amour, de l'engagement, du courage et de toutes les qualités qui nous affirment et nous inspirent. À côté de ces graines et dans le même jardin se trouvent les graines de la haine, des préjugés, de la vengeance, de la violence et de toutes les autres façons d'être blessantes et destructrices. Ces graines et bien d'autres comme elles existent dans le même jardin.

Les graines qui poussent sont celles que nous entretenons avec notre attention. Notre attention est comme l'eau et le soleil, et les graines que nous cultivons pousseront et rempliront notre jardin. Si nous choisissons d'investir notre attention dans les graines de la pénurie - l'acquisition, l'accumulation, la cupidité et tout ce qui découle de ces graines - alors la pénurie est ce qui remplira l'espace de notre vie et l'espace de notre monde. Si nous portons notre attention sur les graines de la suffisance et que nous utilisons notre argent comme de l'eau pour les nourrir dans un but spirituel, alors nous jouirons d'une récolte abondante.

Les Sept Magnifiques et les Bangladais, Audrey et James ne pourraient être plus différents. Mais pour chacun d'entre eux, le pouvoir de l'appréciation leur a permis d'élargir et d'approfondir leur expérience de leur véritable richesse et de leur moi. Dans le contexte de la suffisance, ils ont tous trouvé une nouvelle liberté dans leur relation avec l'argent ou les questions liées à l'argent, et en cela, un chemin vers leur propre prospérité. Pour chacun d'entre nous, dans le sol fertile de notre appréciation, de nouvelles possibilités prennent racine et se développent sans limites à la lumière durable de notre attention.

CHAPITRE 7
La collaboration crée la prospérité

Il n'y a pas de nantis et de démunis. Nous sommes tous des nantis et nos atouts sont divers. Dans l'alchimie de la collaboration, nous devenons des partenaires égaux ; nous créons la plénitude et la suffisance pour tous.

C'était vendredi soir. J'avais participé à une réunion toute la journée et j'étais épuisé. Je rentrais chez moi de Sausalito à San Francisco lorsque les freins de ma voiture ont commencé à lâcher à quelques rues du Golden Gate Bridge. Je me suis arrêté à la station-service la plus proche. Le type qui s'y trouvait ne pouvait pas réparer les freins, mais il m'a indiqué un garage de réparation automobile au bout de la rue. J'ai roulé à toute allure - sans freins - sur la courte distance, mais en arrivant devant le garage, j'ai compris que je n'avais pas de chance. Il était plus de sept heures. Les portes du garage étaient fermées et la lumière du bureau était éteinte. Mais une douce lumière brillait à travers les fenêtres de la porte du garage et, désespéré, je me suis approché et j'ai jeté un coup d'œil à l'intérieur, espérant y trouver un mécanicien miséricordieux. Au lieu de cela, j'ai vu une fête de trente ou quarante personnes en cours. Tout l'équipement automobile avait été mis de côté et, au centre du sol en béton nu, entouré de lumières et de décorations de fête, se trouvait un piano à queue élégant et brillant. La fête battait son plein, mais le piano restait silencieux. Je me suis aventuré à l'intérieur, j'ai trouvé le propriétaire du garage, un homme nommé Rico, une coupe de champagne à la main, et j'ai demandé si quelqu'un pouvait m'aider. J'ai expliqué mon problème. J'ai expliqué mon problème : "Je vous paierai n'importe quoi pour réparer mes freins afin que je puisse rentrer chez moi".

Rico rit et dit : "Pas question, madame. Nous sommes en train de faire une fête et nous sommes en pleine effervescence." Mais il a ajouté en plaisantant : "Notre pianiste est absent, et si vous savez jouer du piano, nous réparerons votre voiture." Tout le monde a ri, mais il se trouve que je *sais* jouer du piano, et c'est ce que j'ai fait. J'ai joué pendant près d'une heure et, entouré de ces gens qui riaient, chantaient et dansaient, le mécanicien a joyeusement réparé mes freins. Une fois le travail terminé, ils m'ont renvoyé chez moi, refusant tout paiement et trinquant à notre nouvelle amitié. Je suis rentré chez moi en toute sécurité, non plus fatigué et épuisé, mais exalté et plein d'énergie. Je m'étais présenté avec exactement ce dont ils avaient besoin, et ils m'avaient fourni exactement ce dont j'avais besoin. Notre rencontre s'est déroulée dans la joie de la sérendipité et la satisfaction d'avoir été parfaitement capables de nous aider mutuellement.

La collaboration et la réciprocité sont naturelles, et pourtant, dans le monde où nous vivons, la compétition et la peur de la pénurie nous empêchent souvent de voir ces façons d'être les uns avec les autres. Dans un monde où c'est toi ou moi, la réciprocité et la collaboration n'ont pas leur place. Un monde "toi *et* moi" est rempli de collaborateurs, de partenaires, de partage et de réciprocité. Dans ce monde, nos ressources ne sont pas seulement suffisantes, elles sont infinies. Lorsque nous intégrons la pratique de la collaboration et de la réciprocité dans notre vie quotidienne, une sorte d'alchimie et de prospérité nous attendent tout autour de nous.

Les liens forgés dans un état d'esprit de pénurie - en agissant sur la base de la croyance qu'il n'y a pas *assez, que plus est mieux,* ou que c'est comme *ça - aussi* forts qu'ils puissent paraître dans l'instant, sont intrinsèquement autolimitatifs. Fondées sur un mensonge, elles ne font que compromettre nos chances de survie et de durabilité à long terme. Les types de liens qui nous protègent et nous préservent vraiment sont ceux qui émergent du contexte de la suffisance et du partage, de la diversité, de la réciprocité et du partenariat que l'on y trouve. Nous trouvons la suffisance et la prospérité durable lorsque nous considérons nos ressources comme un flux destiné à être partagé, lorsque nous mettons toute notre attention à faire la différence avec ce que nous avons, et lorsque nous nous associons à d'autres de manière à élargir et à approfondir cette expérience.

Les repas-partage, le covoiturage, le temps partagé, les groupes de jeu, les quilting bees - ces activités, ces façons de partager et de prendre soin les uns des autres, enrichissent nos vies plus que nous ne le pensons, et peut-être plus que l'argent ne le fera jamais ou ne le pourra jamais. La collaboration nous conduit à la suffisance et nous y enracine. Vous pouvez le constater dans la façon dont les connexions fondées sur la suffisance valorisent la diversité, les connaissances, la créativité, l'expérience et la sagesse de tous les partenaires, et nous permettent de nous sentir comme des participants actifs dans un processus vital et génératif. La collaboration devient le circuit par lequel l'énergie, l'attention et les ressources de la suffisance circulent et sont continuellement renouvelées. La collaboration repose implicitement sur la confiance qui dit qu'il y a assez et que nous trouverons comment l'utiliser ensemble avec sagesse.

Pensez à une collaboration efficace dans laquelle vous avez été impliqué et à la manière dont le fait de travailler sur les problèmes a approfondi votre perception de vous-même ainsi que votre appréciation et votre respect pour votre collaborateur. Pensez à la générosité dont vous avez dû faire preuve et à l'ouverture d'esprit qu'elle a exigée de vous et de votre ou vos partenaires. Pensez à la satisfaction des résultats obtenus collectivement et à l'expérience d'une véritable richesse dans le fruit de l'action.

La réciprocité nous permet de nous reconnaître mutuellement dans l'appréciation de nos dons uniques. La réciprocité est comme le souffle que nous inspirons - pas plus que ce dont nous avons besoin. Nous expirons exactement la quantité qui doit être libérée. C'est suffisant, c'est précis et c'est une affirmation de la vie. Reconnaître, élever et mettre en lumière la beauté des relations et des interactions réciproques dans nos vies, c'est découvrir de vastes réservoirs de richesses existantes que nous tenons pour acquises. La réciprocité est source de nourriture et de joie : Je suis là pour toi et tu es là pour moi.

En tant qu'activiste et collecteur de fonds pour un travail fondé sur l'autosuffisance, et en tant que personne qui essaie de vivre de cette manière, je vois pratiquement tous les jours de ma vie le pouvoir de la collaboration pour combler les fossés d'âge, de race, de sexe, de religion, d'ethnie et de situation socio-économique qui nous divisent souvent. Les avantages de la collaboration sont évidents dans les histoires de retournement de situation comme celles de Sylhet au Bangladesh, ou du village sénégalais où les femmes ont creusé leur puits, ou de tant d'autres où la lutte chronique s'est transformée en succès célébré. Des victoires plus discrètes, parfois invisibles, ont été remportées dans la transformation similaire du paysage intérieur de la vie des gens, ceux qui luttent contre la pauvreté et ceux qui luttent contre la richesse matérielle. Là, la collaboration a conduit à la découverte de soi, à l'épanouissement personnel, à la guérison et à une expérience de suffisance inaccessible auparavant, le bonheur que l'argent ne peut pas acheter.

Dans notre relation avec l'argent, la collaboration nous libère de la course obligatoire à l'acquisition pour avoir l'impression d'en avoir assez, et devient une occasion de faire la différence avec ce que nous avons. Elle donne à l'argent la place qui lui revient, comme l'une des nombreuses ressources que nous pouvons avoir à offrir et qui sont appréciées et nécessaires. Et il maintient notre argent en circulation, de sorte que, qu'il soit une rivière, un ruisseau ou un filet d'eau dans notre vie, il circule de manière à faire le plus grand bien au plus grand nombre - y compris à nous-mêmes !

TRACY : RESSOURCES ET RICHESSES PARTAGÉES

L'une de mes amies les plus proches et les plus aimées s'appelle Tracy. Son parcours de vie a été semé d'embûches, et pourtant elle a toujours eu exactement ce dont elle avait besoin pour elle-même et ses enfants. À chaque fois, elle a trouvé la richesse et l'alchimie dans la collaboration, et je continue d'être émue par les principes de suffisance dont elle s'inspire.

Tracy est mère de deux enfants et vit dans une petite communauté du nord de la Californie. Elle s'est séparée de son mari à la fin des années 1980, et lorsque ce dernier est parti, Tracy a cru que sa vie était finie. Elle avait peu d'argent. Elle n'avait pas de mari. Elle avait deux jeunes enfants et un cœur plein de désespoir.

Au plus profond de son âme, Tracy s'est toujours sentie attirée par la vie dans d'autres cultures. Après l'échec de son mariage, elle a décidé de partir loin, très loin, pour se changer les idées et le cœur, et pour réfléchir plus ouvertement à son avenir et à celui de ses enfants. Elle avait travaillé pour le Projet Faim au Japon et s'était liée d'amitié avec un collègue, Hiroshi Ohuchi, professeur japonais à l'université de Tamagawa. Hiroshi et son épouse américaine, Janet, ont trois enfants âgés de douze, dix et huit ans. La petite fille de Tracy, Sage, a sept ans, et son fils, Sebastian, cinq ans.

Tracy écrit à Janet et Hiroshi pour leur faire part de son désespoir face au divorce et de son désir d'être dans un endroit différent où elle pourrait réfléchir plus clairement à sa situation. Janet l'a immédiatement invitée, ainsi que les enfants, à leur rendre visite pour les vacances d'hiver. Les Ohuchi vivaient au pied du mont Fuji, loin des autres, sans télévision, et leurs enfants faisaient l'école à la maison. La famille Ohuchi a accueilli Tracy et ses deux enfants à bras ouverts et les a intégrés avec enthousiasme dans leur maison et leur vie. Les cinq jeunes enfants se sont rapidement liés d'amitié.

Pendant toute la durée de leur séjour, chaque jour a apporté de nouvelles dimensions joyeuses à leur amitié et une nouvelle appréciation des dons de chacun. Tracy a apporté à la famille et au foyer de magnifiques qualités d'organisation, un flair pour la cuisine amusante et un génie pour créer des moments privilégiés à partager par tous. À la fin de la période de vacances, alors que Tracy et ses enfants avaient initialement prévu de rentrer aux États-Unis, une nouvelle possibilité s'est présentée. Comme le veut l'histoire familiale, Tracy a dit : "Je ne me souviens plus pourquoi nous devions rentrer" et Janet a répondu : "Personne n'a jamais dit que vous deviez partir... nous serions ravis que vous restiez !". De ce moment de joie est né ce que chacun appelle aujourd'hui un cadeau de quatorze mois, un cadeau mutuel de responsabilité partagée, d'amitié et de famille élargie.

Tracy, ancienne enseignante, a travaillé avec les cinq enfants en faisant l'école à la maison, a aidé à la cuisine et à la préparation des repas, a apporté des idées créatives pour que les trois adultes et les cinq enfants soient organisés et heureux, a travaillé à temps partiel pour le Projet Faim, a pratiqué le bouddhisme avec Hiroshi, a chanté de vieilles chansons folkloriques avec Janet et les enfants, et a lentement pu se guérir dans l'environnement nourricier de la famille Ohuchi.

Les Ohuchis ont offert la chaleur, le réconfort et la joie dont Tracy et ses enfants avaient besoin après l'éclatement de la famille. Les Ohuchis, quant à eux, ont dû faire face à la maladie mortelle de leur petite fille. La participation de Tracy et de ses enfants à la vie de la famille, y compris aux funérailles du bébé, a permis de partager une expérience déchirante et de la rendre plus supportable. Tous les membres de la famille se sont épanouis. Tous avaient exactement ce dont ils avaient besoin et, en collaborant et en ouvrant leurs cœurs les uns aux autres, ils ont trouvé un sentiment d'abondance, cette expérience exquise de suffisance. Les Ohuchis se sont sentis bénis de pouvoir partager leur maison et leur vie de famille avec leurs amis. Tracy a trouvé le temps et l'espace nécessaires à la guérison spirituelle dont elle avait besoin, ainsi qu'à la co-écriture d'un livre avec sa fille et à un travail productif avec le Projet Faim. Les cinq enfants de la famille ont grandi dans un environnement immensément plus riche que s'ils avaient vécu dans des foyers séparés.

Chaque famille a fourni ce qu'elle avait à ce moment-là de sa vie : Les Ohuchis avaient la stabilité, un salaire régulier et une maison paisible et suffisamment spacieuse pour tous. Tracy et ses enfants apportaient de la vivacité, des rires et de la créativité, le tout lié à une base et une discipline spirituelles. Les deux familles étaient confrontées aux périodes émotionnelles les plus déchirantes de leur vie, et elles ont trouvé l'une dans l'autre la compassion et la force.

Lorsque Tracy et ses enfants sont retournés aux États-Unis, elle a décrit le plaisir et les avantages de vivre dans une famille élargie avec des amis très chers, et ils ont décidé, avec leurs deux enfants, de s'engager dans une situation de vie en groupe. Ils ont trouvé une maison ensemble - un endroit charmant qu'aucune des deux familles n'aurait pu s'offrir seule - dans un endroit où il y a de bonnes écoles et de nombreuses aires de jeux extérieures pour les enfants.

Comme l'autre couple travaillait à l'extérieur, Tracy voulait une activité qui lui permettrait d'être à la maison après l'école pour les quatre enfants en âge d'aller à l'école primaire. Tracy a découvert qu'elle avait un talent pour les interviews et l'écriture, et elle s'est lancée dans une activité de rédactrice indépendante en rédigeant des chroniques sur la vie des personnes âgées à l'intention de leurs familles. L'entreprise a prospéré et les deux familles vivent ensemble depuis onze ans, à la satisfaction de tous. Tracy gagne aujourd'hui sa vie en faisant ce qu'elle aime le plus, tandis que ses enfants ont bénéficié d'excellentes possibilités d'éducation, d'un cadre de vie magnifique, chaleureux et stimulant, et d'une famille élargie qui a encore enrichi leur vie. Bien que les revenus de Tracy soient faibles ou moyens selon les normes américaines (environ 35 000 dollars), elle et ses enfants ne manquent de rien.

Le voyage qui a commencé dans le désespoir de Tracy face au divorce et à ses craintes concernant l'argent et le soutien de ses enfants s'est finalement avéré être un chemin vers une vie joyeuse et collaborative partagée avec des amis et une famille proches et aimants. Ses amis, à leur tour, se sont sentis privilégiés de pouvoir partager leur vie avec Tracy et ses enfants.

Tracy vit dans un contexte de suffisance. À partir de là, elle a eu l'espace et le cœur nécessaires pour être à la fois *généreuse - en donnant* tout ce qu'elle a sans craindre de le perdre - et sereinement *confiante dans le fait* que l'univers lui fournira ce dont elle a besoin. Elle m'a dit qu'elle était guidée par le conseil de Mère Teresa de "travailler comme si tout en dépendait, et de laisser le reste à Dieu". Tracy elle-même est une source d'inspiration constante dans la façon dont elle a développé profondément en elle et chez ses enfants la distinction "assez" qui est si perdue dans notre culture. C'est à partir de là, en ayant assez et en étant assez, qu'elle a récolté la moisson de la collaboration, l'alchimie de la réciprocité. Ses enfants, jeunes et adultes, s'épanouissent, centrés sur leurs propres dons et déterminés à les utiliser pour faire la différence dans le monde.

LA VÉRITABLE "LOI DE LA JUNGLE" : COLLABORATION ET CONCURRENCE EN ÉQUILIBRE

Les théoriciens scientifiques et économiques du XIXe siècle ont brossé un tableau sévère du monde naturel, décrivant la concurrence pour la nourriture et les autres ressources comme la force inévitable et déterminante par laquelle la nature équilibre la population et les ressources, et sélectionne certaines espèces au détriment d'autres. L'économiste politique Thomas Malthus considérait la famine, la maladie, la pauvreté et la guerre comme des fléaux naturels d'origine divine destinés à contrôler la surpopulation. Charles Darwin a ensuite décrit la "survie du plus apte" en grande partie comme la compétition pour des ressources rares, à la base de l'évolution des espèces. Contrairement à ces modèles où la nature est innée, intensément et presque exclusivement compétitive, des études scientifiques plus récentes ont mis en lumière le rôle puissant de la mutualité, de la synergie, de la coexistence et de la coopération dans le monde naturel, ainsi que l'image plus précise de la vie qui en découle.

Un simple coup d'œil à l'offre alimentaire mondiale et à la population mondiale nous apprend qu'il y a suffisamment de nourriture pour nourrir tout le monde, mais que d'autres facteurs font que certaines populations sont en surnombre, voire suralimentées, tandis que d'autres souffrent de malnutrition et meurent de faim. La faim chronique n'est pas un moyen "naturel" de limiter la population ou d'améliorer les espèces. En fait, il s'agit moins d'une question de nature que de gouvernements, de politiques et de systèmes économiques défectueux que nous avons construits nous-mêmes.

L'idée que la rareté et la concurrence sont des *réalités n'est* même plus une science viable. Elisabet Sahtouris, biologiste évolutionniste respectée, note que la nature favorise la collaboration et la réciprocité. La compétition existe dans la nature, dit-elle, mais elle a des limites, et la véritable loi de la survie est en fin de compte la coopération.

La nature s'exprime dans l'équilibre et la raison d'être. La nature s'épanouit dans la suffisance. Un lion tue ce dont il a besoin pour se maintenir, mais pas plus. Un lion en bonne santé ne se déchaîne pas. Il ne veut et ne prend que ce qui lui est nécessaire. Différentes espèces de plantes et d'animaux coexistent, chacune apportant quelque chose d'essentiel à un environnement équilibré qui soutient toute vie. Sahtouris et d'autres auteurs notent que, contrairement au thème de la compétition qu'évoque la "survie du plus apte", une description plus précise serait la "survie de la coopération et de la collaboration". D'après ma propre expérience, cette vérité s'est exprimée de manière particulièrement puissante dans la forêt tropicale, où chaque pas que vous faites vous confronte à l'interconnexion extraordinairement riche et délicate de toutes les formes de vie.

La regrettée scientifique de l'environnement Donella (Dana) Meadows, avec qui j'ai travaillé en étroite collaboration en tant qu'amie et collègue au sein du Hunger Project pendant vingt ans, dans son livre *The Limits to Growth (Les limites de la croissance)* et dans d'autres écrits, a présenté des arguments convaincants en faveur d'une compréhension plus éclairée du monde naturel. Dans ses œuvres et dans sa façon de vivre, elle a mis en lumière le monde négligé du "suffisamment" qui existe et soutient la vie sur cette planète.

Opposant les hypothèses économiques à celles de la nature, elle a écrit un jour que, tandis que les lois de l'économie conduisent à la condition de rareté avec l'hypothèse que nous devons consommer, produire, rivaliser et dominer de plus en plus, et de plus en plus vite, la nature, en équilibre, modélise la concurrence *et la* collaboration dans un contexte de coexistence ; la création, la production et la consommation selon un calendrier exprimé dans les cycles naturels de la vie, de la croissance et de la mort. Elle a écrit :

L'économie dit : Faites jouer la concurrence. Ce n'est qu'en vous opposant à un adversaire digne de ce nom que vous serez efficace. La récompense d'une concurrence réussie sera la croissance. Vous mangerez vos adversaires, un par un, et, ce faisant, vous gagnerez les ressources nécessaires pour continuer à le faire.

La Terre dit : Concourez, oui, mais limitez votre concurrence. Ne l'anéantissez pas. Ne prenez que ce dont vous avez besoin. Laissez à vos concurrents de quoi vivre. Chaque fois que c'est possible, ne rivalisez pas, coopérez. Pollinisez les uns les autres, construisez des structures solides qui permettent aux espèces plus petites de s'élever vers la lumière. Faites circuler les nutriments, partagez le territoire. Certains types d'excellence naissent de la concurrence, d'autres de la coopération. Vous n'êtes pas en guerre, vous êtes dans une communauté.

La nature nous offre bien d'autres leçons qui éclairent notre comportement face à l'argent, si nous choisissons d'être plus ouverts à ses enseignements et de reconsidérer nos anciennes hypothèses. Par exemple, des recherches récentes suggèrent que la réaction de "lutte ou de fuite" qui a longtemps été décrite comme la réaction humaine normale à une menace ou à la peur est en fait une caractéristique essentiellement masculine. La réponse féminine caractéristique à une menace est de se connecter et de collaborer avec les autres. Grâce à diverses sources de découvertes scientifiques éclairées, nous commençons à percevoir cette vérité plus large sur le monde naturel. La compétition et le conflit constituent une partie indéniable de la nature, mais pas la partie prédominante, comme le suggèrent ceux qui excusent la cupidité et la violence humaines en les considérant comme un phénomène naturel. C'est une erreur, ou une manipulation, que d'utiliser la nature comme métaphore ou modèle du comportement humain, tout en se concentrant sur une seule de ses facettes - la compétition, l'agression et la violence - pour définir un monde inévitable de gagnants et de perdants, et suggérer que c'est *tout simplement comme ça.*

Bien sûr, la nature inclut les conflits - certains animaux sauvages se battent jusqu'à la mort pour la domination, pour les partenaires d'accouplement, pour la nourriture et pour le territoire. Mais même dans la communauté animale, il ne s'agit que d'un comportement parmi d'autres, dont la plupart se caractérisent par l'éducation, l'exploration ou la communication d'informations importantes sur l'emplacement de la nourriture, de l'eau et des prédateurs.

La nature n'est pas un modèle séparé de nous. Nous *faisons* partie du monde naturel, avec toutes ses complexités. En tant que partie du monde naturel, nous pouvons accepter la peur et les comportements agressifs comme naturels, mais seulement comme des comportements extrêmes dans le contexte plus large d'une relation coopérative, collaborative et symbiotique qui est génératrice et qui soutient la vie. Il est tout aussi raisonnable pour nous de nous inspirer de ces comportements et images naturels qui affirment la vie - en fait, c'est même plus raisonnable - car ce sont ces types de relations, ces qualités de comportement, qui offrent les meilleurs modèles et les meilleures pratiques pour une relation générative avec l'argent, pour la survie de l'homme et pour un avenir durable pour notre Terre.

LE PROBLÈME DE LA CHARITÉ ET DE LA "MAIN TENDUE"

"Si vous venez pour m'aider, vous perdez votre temps", dit un proverbe indigène, "mais si vous venez parce que votre libération est liée à la mienne, alors travaillons ensemble".

En tant que collecteur de fonds, je facilite la collaboration et j'ai été profondément impliqué dans le monde du don et de la réception. Aussi beau que cela puisse paraître, j'ai aussi vu le côté sombre et malhonnête de ce qui, à première vue, semble si authentique et bon. Il est difficile d'imaginer que la charité puisse avoir un côté sombre ou être malhonnête, mais c'est pourtant vrai.

J'ai rencontré le côté obscur il y a de nombreuses années à Chicago, lorsque j'ai accepté le chèque de 50 000 dollars du PDG de l'entreprise alimentaire, réalisant tardivement qu'il s'agissait d'un argent de culpabilité, d'un paiement destiné à compenser un faux pas en matière de relations publiques. Je l'ai vu à Bombay, lorsqu'il est apparu que les mendiants mutilaient leurs enfants pour choquer les visiteurs et leur faire honte afin qu'ils donnent de l'argent, et que l'argent qu'ils obtenaient ainsi ne faisait que perpétuer la manipulation et, en fin de compte, le cycle de la mendicité. Je l'ai constaté dans la manière dont certains donateurs fortunés utilisent les dons pour soigner leur image publique, ou utilisent la promesse d'argent pour obtenir une attention particulière ou des privilèges de la part de ceux qui ont désespérément besoin d'argent ; et dans la manière dont les organisations, les programmes et les personnes se compromettent parfois pour satisfaire les riches, dans l'espoir de s'attirer leurs faveurs et de recevoir un gros chèque.

Le côté obscur apparaît dans les pays en difficulté où des quantités massives d'aide - argent, nourriture ou autres fournitures - provenant des nations aidantes finissent entre les mains de fonctionnaires corrompus, servant à renforcer leur emprise avide sur la vie de ceux qui luttent, ou lorsque les bénéficiaires s'investissent dans la dépendance. On le retrouve même dans les dons et les dons de charité les plus courants, lorsqu'il s'agit d'une charité à distance : la culpabilisation, le transfert d'argent de ceux qui en ont à ceux qui n'en ont pas, qui ne fait que perpétuer le mensonge selon lequel il y a des "nantis" et des "démunis" plutôt que des partenaires aux ressources variées qui se rencontrent dans le cadre d'une transaction bénéfique pour les *deux*.

L'héritage douloureux des excès et des erreurs de charité était évident en Éthiopie lorsque je m'y suis rendu au début des années 1990. Six ans auparavant avait eu lieu le "Live Aid", le plus grand événement télévisé de collecte de fonds de l'histoire à l'époque, qui avait réussi à attirer l'attention du monde sur la famine dévastatrice qui sévissait en 1984 dans la vallée du Rift, en Éthiopie. Des millions de dollars d'aide ont été collectés et de la nourriture a été envoyée pour éviter de nouveaux décès. L'Éthiopie et le peuple éthiopien ont été au centre de l'attention mondiale pendant plusieurs semaines. Les images télévisées de leurs visages décharnés et affamés et de leurs corps émaciés ont touché la corde sensible du monde riche, si bien que les contributions caritatives ont afflué vers les agences qui s'efforçaient d'atténuer la famine et d'aider la population.

Bien que cet argent ait permis de faire beaucoup de bien et de sauver de nombreuses vies, lorsque je me suis rendu sur place six ans plus tard, j'ai rencontré des personnes qui étaient toujours au bord de la mort, qui avaient perdu leur sens de l'autonomie et qui attendaient que le monde les sauve à nouveau. Désormais, sans les gros titres et les images télévisées, ils étaient impuissants et sans espoir dans une situation de sécheresse et de désespoir, et la communauté mondiale était passée à d'autres crises. On a parlé de "lassitude des donateurs" et l'aide s'est pratiquement réduite à néant.

En se montrant charitable pendant ces semaines, le monde riche a peut-être fait plus pour soulager son propre malaise que pour s'occuper réellement de la situation des Éthiopiens, et dès que cette crise est passée de mode, l'attention et l'argent sont allés ailleurs. Les Éthiopiens, quant à eux, ont appris qu'ils devaient être capables de continuer à tenir un bébé affamé pour obtenir l'attention dont ils avaient désespérément besoin afin de maintenir une certaine forme d'aide dans leur direction. Tout comme les mendiants organisés de Bombay avaient appris à se présenter avantageusement pour obtenir des aumônes, cette relation de charité basée sur la pitié et la sympathie pour les "nécessiteux" a commencé à m'apparaître comme une sorte de pornographie de la pauvreté qui rabaissait toutes les parties.

J'ai constaté son coût à maintes reprises dans le cadre de mon travail dans les pays en développement. Je vois des gens qui ont la gueule de bois de la dépendance. Je vois les conséquences d'un État-providence mondial qui va au-delà des riches et des pauvres, qui est en fait à l'intérieur des institutions, des familles, des relations de nation à nation où les gens "aident" d'autres personnes d'une manière qui est patriarcale - du haut vers le bas - et qui crée des personnes dépendantes, et la dépendance, au lieu de soutenir l'autonomie et une interdépendance saine. Cela diminue tout le monde.

Que ce soit entre nations ou dans l'espace plus restreint de nos propres communautés ou familles, lorsque les personnes qui donnent de l'argent se considèrent comme des sauveurs bienveillants, les personnes qui sont considérées comme des "bénéficiaires" ne peuvent pas établir ou distinguer par elles-mêmes leur valeur ou leur propre autonomie. Le sauveur bienveillant passe à côté de l'expérience humaine vitale de l'interdépendance saine, et les personnes qui reçoivent de l'argent se considèrent souvent comme indignes, au lieu d'être les partenaires valables et précieux qu'elles pourraient être. Les riches ne peuvent en aucun cas changer quoi que ce soit avec de l'argent sans la passion et l'engagement de partenaires qui savent comment faire ce qui doit être fait. Ce n'est que lorsque cette sagesse sur place est appréciée, honorée et adoptée dans le cadre d'un partenariat que des progrès durables sont réalisés. Sans l'engagement de relever les défis auxquels nous sommes confrontés ensemble en tant que communauté humaine, la charité ne résout pas les problèmes. Elle nous sépare temporairement du problème et nous tire d'affaire. Nos sociétés nous ont appris à donner et à accepter de l'aide, alors qu'en fait, ce qu'il faut, c'est un engagement total, une collaboration et un partenariat.

Il y a une distinction à faire entre la charité et la solidarité telle que nous la vivons dans la collaboration. Tad Hargrave, jeune militant et animateur de Youth for Environmental Sanity (YES), l'a exprimé de manière éloquente :

La charité est complète lorsqu'elle est fondée sur la solidarité... Alors que la charité peut aider ceux qui sont mis à l'épreuve par le système, la solidarité peut mettre à l'épreuve le système lui-même. Elle ne se contente pas de donner des ressources, mais elle s'emploie activement à modifier les systèmes mêmes qui mettent injustement des ressources entre les mains de certains au détriment d'autres. La solidarité dit : "Je ne veux pas bénéficier injustement d'un système qui est injuste"... La solidarité naît de la conscience que nous sommes tous liés et que le choix entre "nous" et "eux" est faux.

PHILANTHROPIE ENGAGÉE : L'ARGENT ET L'ÂME EN CONCERT

Si une surprise m'attendait dans ma carrière de collecteur de fonds, c'était bien celle-ci : Certains des philanthropes les plus grands et les plus inspirés du monde n'ont pas beaucoup d'argent. D'autres ont de l'argent, des sommes considérables, voire énormes. Mais la philanthropie aux États-Unis et dans le monde entier est autant le fait de salariés qui travaillent dur, de gens ordinaires, que de riches et de célébrités. Selon le *rapport annuel sur la philanthropie de Giving USA*, en 2000, plus de 200 milliards de dollars ont été versés au secteur non lucratif, dont 5 % seulement provenaient d'entreprises et 7 % de fondations. Quatre-vingt-huit pour cent provenaient de particuliers. L'essentiel des dons et de la générosité vient donc des particuliers, et parmi ces personnes qui donnent 88 % de l'argent, 75 % gagnent moins de 150 000 dollars par an.

La générosité des gens dans les pays où la pauvreté est la condition dominante est stupéfiante. En Afrique, par exemple, les habitants des villages ruraux, comme dans la plupart des régions du monde, dépendent les uns des autres et de la générosité de leur propre communauté pour réaliser des choses extraordinaires. Par exemple, pour un enfant d'un village africain ou mexicain qui a la possibilité d'aller à l'université, c'est souvent le village tout entier qui se réunit pour faire tout ce qui est en son pouvoir pour rendre cela possible. Ou bien ils mettront leurs ressources en commun si l'occasion se présente d'envoyer quelqu'un à une conférence aux États-Unis ou en Europe. Je me souviens d'un jeune adolescent qui a été envoyé à une conférence du Projet Faim en Allemagne par les trois cents personnes de son village nigérian, dont il nous a lu les noms à son arrivée.

Les personnes dont je parle n'ont pas ce que l'on pourrait appeler les moyens, mais elles ont une petite réserve d'argent qu'elles économisent pour ce genre d'occasion de soutenir quelqu'un de leur communauté ou de leur famille élargie. Les communautés religieuses ou spirituelles peuvent être des lieux où ce type de financement coopératif privé devient également un moyen pour les gens d'exprimer leur amour ou leur soutien par de petites contributions qui s'additionnent.

Nous pensons à la philanthropie, et c'est souvent un mot réservé aux riches ; mais je considère tous ces actes de générosité, de partage et de gentillesse comme de la philanthropie, et nous sommes tous capables d'y participer en permanence.

Une autre impression erronée est que les personnes disposant de ressources donnent à celles qui n'en ont pas, mais c'est rarement ainsi que les choses fonctionnent. Ce qui fonctionne vraiment, c'est que chacun donne les actifs ou les ressources qu'il apporte pour que la vision devienne réalité. Certaines de ces ressources sont financières. D'autres sont des ressources humaines. D'autres encore sont le dévouement et la passion pour ce que chacun souhaite voir se réaliser. Quelle que soit sa contribution, la participation de chacun est un atout égal. Lorsque nous cessons d'accorder à l'argent une importance démesurée qui lui donne plus de poids qu'à toute autre chose, nous voyons que tout le monde a et donne ses atouts, et que tout le monde se tient ensemble et contribue à la vision. C'est à ce moment-là que la situation est vraiment saine. C'est alors que l'argent n'a pas plus de sens qu'il n'en mérite ; c'est juste une autre façon de participer, et c'est ce que certaines personnes ont à partager.

Lors d'un voyage en Éthiopie pour le Projet Faim, je me suis rendue avec plusieurs autres femmes dans une communauté rurale appelée Lallibela, où un petit groupe de femmes âgées nous avait demandé de les rencontrer pour discuter d'un projet qu'elles avaient en tête. Il s'agissait d'une région rurale très rude et impitoyable, pas ce que la plupart d'entre nous considéreraient comme un endroit fertile pour une quelconque entreprise. La plupart des gens qualifieraient ces femmes de vieilles et d'autres de pauvres, mais nous nous sommes assises en cercle sur le sol dur, toutes les seize, et nous étions seize femmes prêtes à réfléchir et à travailler ensemble pour faire avancer les choses. Certaines d'entre nous venaient du monde aisé des États-Unis et y retourneraient. Certaines d'entre nous étaient nées ici et allaient vivre et mourir dans cette région aride et accidentée.

Les femmes éthiopiennes étaient beaucoup plus âgées que nous, elles avaient entre 60 et 70 ans, et certaines étaient veuves et n'avaient que peu ou pas de moyens de gagner leur vie. Ces femmes rêvaient de construire une maison de thé, une modeste maison de thé le long d'un chemin que de nombreux agriculteurs empruntaient pour apporter leurs marchandises au marché de Lallibela. Le salon de thé serait une aubaine pour les fermiers fatigués et les autres voyageurs empruntant cette route, ainsi que pour les femmes, car il leur permettrait de gagner suffisamment d'argent pour subvenir à leurs besoins. Elles voulaient travailler, mais elles étaient assez frêles, ne pouvaient plus cultiver la terre, ni se rendre au marché à pied, et il leur fallait trouver un moyen de rester au même endroit.

La vision qu'ils avaient de la maison était très simple et ils avaient déjà commencé à construire cette structure ronde, d'une seule pièce, avec des morceaux de branches tombées ou d'arbres morts dans la région. Elles avaient pu construire leur maison de thé avec tous les matériaux disponibles sur le terrain, mais il leur manquait des tasses à thé, des soucoupes et une bouilloire, les éléments qui en feraient vraiment une maison de thé et pas seulement un lieu de repos. Mon groupe de femmes s'est donc arrangé pour acheter ces fournitures et a contribué au projet. Nous avons également créé un petit fonds destiné à couvrir les coûts permanents des fournitures livrées périodiquement depuis la ville la plus proche par une jeune femme qui travaillait dans le domaine du développement et qui était heureuse d'être leur acheteuse et d'assurer l'approvisionnement du salon de thé. Elle a apporté sa jeunesse et sa force physique. Nous avons apporté notre soutien financier, ce que nous étions impatients de faire, afin d'être partenaires de ces femmes dans cette entreprise de salon de thé. C'était une collaboration parfaite, et je me souviens avoir pensé que nous n'étions que des femmes qui apportaient leur pierre à l'édifice pour que quelque chose d'extraordinaire et d'important se produise. C'était une expérience tellement joyeuse et belle. Nous ne donnions pas d'argent à ces "pauvres vieilles femmes". Nous collaborions toutes au service de ces femmes et de tous ceux qui empruntent ce chemin vers le marché, ainsi qu'à notre désir de faire la différence.

Dans le contexte de la suffisance, la philanthropie et le service deviennent l'expression de l'interconnexion. La philanthropie engagée permet aux gens d'investir leur richesse, non seulement en dollars, mais aussi avec l'énergie de leur intention. Ils s'investissent dans un nouvel avenir pour nous tous, qu'il s'agisse d'améliorer les installations de l'école locale, d'abolir les armes nucléaires sur terre ou d'autonomiser les femmes en Indonésie. En orientant les flux d'argent vers leurs engagements les plus élevés, ils investissent l'argent avec une âme, et embrassent et expriment la suffisance. C'est ce que j'appelle un "véritable" investissement, qui ne crée aucun bénéficiaire. C'est une occasion pour nous, en tant que famille humaine, de nous associer les uns aux autres avec les ressources qui font partie de notre vie. Dans ce contexte, les investisseurs financiers font l'expérience qu'ils ont assez et qu'ils ont la capacité, le désir et l'aptitude à partager.

Ils s'associent à des personnes qui, sur le terrain, travaillent à la construction d'une nouvelle école ou à la préservation d'une forêt tropicale, ou qui, dans les villages indonésiens, développent leurs compétences en matière d'alphabétisation, d'agriculture ou d'éducation. Ces collaborations sont des partenariats égaux au service d'une vision que toutes les parties partagent. Chacun partage ses richesses - celles qu'il ressent comme suffisantes, suffisantes, prospères dans sa propre vie et son propre travail.

La main humaine doit s'ouvrir pour recevoir, mais aussi pour donner et toucher. Un cœur humain doit également s'ouvrir pour recevoir, donner et toucher un autre cœur. Cette ouverture et cette réciprocité, cette image de la main et du cœur ouverts, nous relie non seulement aux autres, mais aussi au sentiment de plénitude et de suffisance en nous-mêmes.

LA FOI EST FORTE : LES LIENS CONSTRUISENT LA PARENTÉ

Faith Strong avait la soixantaine lorsqu'elle a décidé d'utiliser la philanthropie pour faire passer sa propre richesse héritée d'un héritage familial d'intérêt personnel à un investissement sérieux dans des partenariats mondiaux visant à faire progresser la santé et l'équité sociale, en particulier pour les femmes en situation d'assujettissement dans des cultures dominées par les hommes. Au fur et à mesure qu'elle contribuait et travaillait avec le Projet Faim, elle s'est intéressée de plus en plus à l'autonomisation des femmes travaillant à la création de communautés autonomes dans ces environnements difficiles. Lors d'un voyage au Sénégal pour rencontrer ses partenaires d'Afrique de l'Ouest, elle a trouvé, au cours d'une cérémonie et d'une célébration festive dans un village, un lien de parenté et un partenariat avec huit femmes sénégalaises qui souhaitaient lancer un programme de microcrédit pour leur propre village et cinq villages voisins.

Les ressources apportées par chaque femme au partenariat étaient différentes. L'une d'entre elles était le leader naturel du groupe. Une autre était excellente en comptabilité et en compilation de chiffres. Une troisième était une communicatrice et une promotrice naturelle, et les gens voulaient toujours faire ce qu'elle faisait. Une autre était très douée pour le stockage des aliments dans cet environnement difficile. Une autre encore était excellente dans l'élevage de volailles. Faith était douée pour fournir des ressources financières. Neuf femmes au total, dont Faith, se sont donc réunies autour d'une vision commune, celle d'un programme de microcrédit pour toutes les femmes de ces cinq villages. Ce programme leur permettrait de créer des entreprises de stockage de nourriture et d'élevage de volailles afin de gagner de l'argent pour nourrir leurs familles et améliorer les conditions de vie de leurs concitoyens.

Comme cela avait été le cas pour ceux d'entre nous qui participaient à l'aventure du salon de thé, Faith a donné les ressources dont elle disposait, ils ont donné les leurs et, ensemble, ils ont investi dans une vision commune. Tout le monde a été responsabilisé, personne n'a été "bénéficiaire". Personne n'était un "bénéficiaire". Chaque femme a été valorisée pour ses dons. Tel est le rôle de l'argent dans la philanthropie transformée.

La philanthropie n'est pas réservée aux riches qui se sentent magnanimes, coupables ou gênés d'avoir plus que ce dont ils ont besoin, ni à ceux qui cherchent à prouver leur droiture par le sacrifice et la charité. Notre monde est plus évolué que cela, et nous avons aujourd'hui la possibilité de mettre fin à la charité traditionnelle telle que nous l'avons connue, et de créer à sa place des partenariats dans lesquels une vision commune est réalisée grâce à la solidarité et à la collaboration du savoir-faire, de la sueur et des ressources financières. Ces partenariats existent déjà sous la forme d'organisations telles que The Hunger Project, le Peace Corps, Save the Children, Planned Parenthood, Habitat for Humanity, Katalysis : North-South Partnership, la Grameen Bank, The Pachamama Alliance dans des communautés, des projets et des programmes partout dans le monde. Des personnes de conditions diverses mettent en commun leurs ressources pour créer des solutions. Telle est la nouvelle philanthropie : contribution et service en collaboration. Lorsque vous êtes dans cet espace, cet endroit, les problèmes se dissolvent et les miracles abondent.

BANGLADESH : L'ARGENT, L'ÂME ET UNE NATION EN VOIE DE RÉTABLISSEMENT

L'histoire des "Sept Magnifiques" montre la puissance d'un partenariat dans lequel une organisation propose des ateliers et des formations sur la vision et le leadership afin que les dirigeants ou les militants des communautés locales puissent retrouver leur sentiment de puissance. En termes simples, ces ateliers continus ont rassemblé des personnes pour envisager un Bangladesh autonome et autosuffisant, un Bangladesh qui pourrait contribuer à la communauté mondiale - un pays qui n'a pas besoin d'aide ; un pays dont les habitants apportent leur intelligence, leur courage, leurs compétences et leur endurance ; un peuple industriel et créatif ; un peuple qui possède ses propres arts et sa propre littérature ; une nation qui pourrait s'asseoir fièrement à la table des Nations unies en tant qu'acteur à part entière.

La situation au Bangladesh s'est améliorée de façon spectaculaire au cours des vingt dernières années, grâce à une vision passionnée de ce qui pourrait être, à l'engagement de mobiliser leurs ressources intérieures pour cette tâche et à l'apport continu de ressources et de partenariats par l'intermédiaire de nombreuses autres organisations internationales qui ont contribué à d'autres ressources.

Beaucoup de choses ont changé en un laps de temps relativement court. Aujourd'hui, les femmes ont en moyenne trois ou quatre enfants au lieu de huit ou dix auparavant. Les revenus moyens ont doublé. Les agences non gouvernementales et les initiatives indépendantes de développement économique comptent parmi les mouvements populaires les plus efficaces au monde, car elles réduisent la pauvreté et luttent contre la faim.

Aujourd'hui, la poésie fait partie des sujets de conversation de la vie nationale : les Bangladais sont une nation de poètes prolifiques, et leur poésie est une source de fierté nationale. Dans les cafés et sur les places de marché, les lectures de poèmes sont souvent au centre des rassemblements, et de plus en plus de poèmes bangladais commencent à être publiés dans d'autres langues. Les tissus et la mode bangladais sont désormais disponibles dans le monde entier.

La transformation du Bangladesh se poursuit, avec d'énormes défis à relever, mais des progrès significatifs ont déjà été accomplis. De nombreuses personnes redécouvrent leur autosuffisance et sont capables de se considérer dans le partenariat comme des pairs, et non comme des nécessiteux que l'on vient secourir. Elles se considèrent comme les auteurs de leur propre développement, travaillant avec des partenaires égaux qui apportent des ressources différentes à la collaboration. Ils ont fait le choix conscient de cesser de s'efforcer d'obtenir toujours plus d'aide, et consacrent leur énergie à identifier leurs propres capacités et à faire plus avec ce qu'ils ont. Ils assument des responsabilités et jouent un rôle de premier plan dans le cadre d'une vaste collaboration avec des partenaires internationaux.

Lors d'une réunion à laquelle j'ai assisté en 1991, un commentaire récent du premier ministre a inspiré des discussions dans la rue et dans les allées du pouvoir. Il avait parlé avec fierté de son peuple : "Nous n'avons pas 120 millions de bouches à nourrir, mais 240 millions de mains prêtes à travailler. Ce que nous avons, ce sont 240 millions d'yeux prêts à voir le monde d'un œil nouveau. Ce que nous avons, ce sont 240 millions d'oreilles prêtes à s'écouter les unes les autres".

En regardant son propre pays et en voyant sa beauté, il a déclaré : "Nous sommes des poètes, des tisserands, des musiciens, des intellectuels, *et nous sommes* capables de gérer les catastrophes, inondation après inondation. Nous sommes parmi les peuples les plus créatifs et les plus résistants du monde. Nous ne voulons pas de charité. Ce que nous voulons, c'est un partenariat.

Grâce à des dizaines de milliers de partenariats organisationnels et à des millions de partenariats et de collaborations individuels, le Bangladesh exprime et approfondit sa force et son bien-être et devient un acteur à part entière sur la scène mondiale.

LA PROPHÉTIE DE L'AIGLE ET DU CONDOR

Dans le cadre de notre travail continu avec les peuples autochtones Achuar, ceux-ci nous ont dit que notre alliance avec eux est l'accomplissement d'une prophétie autochtone de longue date sur la collaboration pour la survie, appelée la prophétie de l'aigle et du condor. Depuis des milliers d'années, les chamans et les anciens d'Amérique du Sud racontent qu'au début du cinquième Pachakuti (un Pachakuti est un cycle de cinq cents ans) - l'ère dans laquelle nous vivons aujourd'hui - une réunion se produira entre le "peuple de l'Aigle" et le "peuple du Condor", qui ont été séparés depuis longtemps.

L'histoire de la prophétie raconte qu'au début, tous les peuples de la terre ne formaient qu'un, mais qu'il y a longtemps, ils se sont divisés en deux groupes qui ont chacun suivi une voie de développement différente. Le peuple de l'Aigle était très scientifique et intellectuel. Le peuple du Condor était très à l'écoute de la nature et du monde intuitif.

L'histoire poursuit en disant qu'à ce stade de l'histoire de la Terre, le peuple de l'Aigle - le peuple de l'intellect et de l'esprit, les personnes ayant un sens esthétique et des compétences cognitives très développés - aura atteint un zénith dans l'accumulation de connaissances scientifiques, de technologies et d'outils technologiques, dans l'expression du grand art et dans la capacité de construire et d'édifier. Le peuple de l'Aigle développera même des outils et des technologies qui élargiront l'esprit et produira des miracles techniques d'une puissance et d'une ampleur inimaginables. Les énormes réalisations et technologies du peuple de l'Aigle apporteront une richesse matérielle considérable aux dirigeants du monde de l'Aigle. Dans le même temps, ils s'appauvriront spirituellement à leurs risques et périls, et leur existence même sera menacée.

À cette même époque, le peuple du Condor - le peuple du cœur, de l'esprit, des sens et de la connexion profonde avec le monde naturel - sera hautement développé dans ses compétences intuitives. Ils (les peuples indigènes) atteindront un puissant zénith dans leur profonde sagesse ancienne, leur compréhension et leur relation avec le monde naturel et les grands cycles de la terre, leur connexion avec les grands esprits, les animaux et le règne végétal, et leur capacité à se déplacer dans les nombreuses dimensions spirituelles qu'ils habitent. En même temps, ils seront affamés et appauvris en connaissances qui leur permettront de réussir dans le monde matériel, et ils seront désavantagés dans leurs interactions avec le monde matériel de l'aigle d'une manière telle que leur existence même sera en danger.

Il est clair que notre culture occidentale représente le peuple de l'Aigle. Les peuples indigènes du monde entier sont le peuple du Condor.

La prophétie dit qu'à ce moment de l'histoire de la terre, le peuple de l'Aigle et le peuple du Condor se rejoindront. Se rappelant qu'ils ne forment qu'un seul peuple, ils reprendront contact, se souviendront de leur origine commune, partageront leurs connaissances et leur sagesse et se sauveront l'un l'autre. L'aigle et le condor voleront ensemble dans le même ciel, aile contre aile, et le monde retrouvera son équilibre après avoir frôlé l'extinction. Ni les aigles ni les condors ne survivront sans cette collaboration, et de cette réunion des deux peuples émergera une nouvelle conscience de l'alliage qui honorera le peuple de l'aigle pour ses remarquables accomplissements de l'esprit et le peuple du condor pour la profonde sagesse du cœur. Ensemble, et seulement ensemble, la crise sera résolue et un avenir durable émergera pour tous.

Dans notre travail avec le peuple Achuar, j'ai vu l'alchimie claire et nette de la collaboration. Mon mari, Bill, est devenu plus clair, plus profond et plus riche dans ses propres dons d'homme d'affaires du monde moderne, intégrant désormais les qualités profondes du holisme, de la réciprocité et de la sagesse du cœur, si essentielles à la façon d'être de nos partenaires indigènes. J'ai vu mes propres forces se développer et mes déficits diminuer à mesure que j'intégrais dans mon cœur et dans mon âme leurs anciens modes de connaissance et de compréhension du monde naturel. Nous les avons vus conserver et approfondir leur pouvoir intuitif tout en devenant des acteurs clairs et bien informés sur la scène du monde moderne, ajoutant des compétences et des qualités essentielles pour réussir dans le nouveau monde qu'ils habitent.

La richesse croissante et approfondie de cette alliance, ainsi que mes années de travail sur la faim et la pauvreté, l'aisance et la richesse, m'ont montré que la collaboration et tous ses affluents - réciprocité, partenariat, solidarité, alliance - découlent de la vérité de la suffisance. Tout est là, maintenant. C'est suffisant. Nous sommes les uns les autres et nos ressources abondent.

Cette ancienne prophétie offre une sagesse intemporelle pour nos vies contemporaines, même si nous les vivons au pays des aigles, où la science, la technologie et les biens matériels sont devenus des éléments déterminants. L'histoire de l'aigle et du condor est une parabole pour notre propre époque et notre propre récit, qui nous rappelle que la collaboration est un élément essentiel de notre histoire humaine, la vérité de la suffisance et la clé d'un avenir prospère et durable pour nous tous.

QUATRIÈME PARTIE

CHANGER LE RÊVE

CHAPITRE 8

Changer le rêve

Nous l'avons rêvé : c'est donc qu'il est. J'ai acquis la conviction que tout ce que nous pensons et ressentons n'est qu'une perception : que nos vies - individuelles et collectives - sont modelées autour de cette perception et que si nous voulons changer, nous devons modifier notre perception. Lorsque nous donnons notre énergie à un rêve différent, le monde se transforme. Pour créer un nouveau monde, nous devons d'abord créer un nouveau rêve.

-JOHN PERKINS, **Le monde est tel que vous le rêvez**

Depuis 1995, Bill et moi sommes plongés dans le travail avec le peuple Achuar en Équateur, une ancienne culture indigène intacte, prospère, saine et incroyablement sage avec laquelle nous n'aurions jamais rêvé d'être partenaires - mais c'est en fait un rêve et un ami qui nous ont réunis.

En 1994, je me suis rendue au Guatemala avec John Perkins, auteur, militant écologiste et ami, qui travaille avec des chamans en Amérique du Sud depuis plus de trente ans. John nous a emmenés en Équateur la première fois que nous sommes allés dans la forêt amazonienne et nous a présenté à toutes les personnes clés avec lesquelles nous avons commencé à travailler lorsque nous avons fondé l'Alliance Pachamama - ou plus exactement, lorsque les Achuar nous ont "trouvés" grâce à leur action initiale auprès de nous.

Mon voyage au Guatemala avec John remonte à près de dix ans. Lui et moi avons conduit un groupe de donateurs et d'activistes à la rencontre du peuple indigène maya dans la région des collines de Totonicapan. Au cours de ce voyage, un petit groupe d'entre nous a eu l'occasion de participer à une cérémonie rituelle de rêve et de vision avec un chaman vénéré. Cette étape particulière de l'itinéraire était une occasion rare, car l'histoire avait rendu les chefs indigènes méfiants à l'égard des Blancs comme nous, et le chaman ne nous aurait normalement pas vus. Mais John, fort d'une confiance et d'une amitié de trois décennies, a pu organiser cette séance entre notre groupe et le chaman.

Nous nous sommes réunis ce soir-là à l'endroit que le chaman avait préparé pour notre cérémonie. Il nous a accueillis et nous a invités à former un cercle pour faire un voyage différent, le genre de voyage intérieur que l'on fait dans le puissant espace de transe et de rêve créé par le chaman. Dans la plupart des cultures indigènes, les rêves sont un moyen de communication puissant ; les gens discutent de leurs rêves et en tirent une signification, ils consultent leurs rêves avant de prendre des décisions importantes et considèrent leurs rêves comme un moyen de communiquer leurs désirs et leurs intentions et de les faire connaître et de les rendre réels aux autres.

C'était la première fois que je participais à une cérémonie chamanique et, alors que je me laissais entraîner dans cet état de rêve, j'ai vécu une expérience remarquable. Dans mon rêve, je me suis transformé en un grand oiseau et j'ai survolé une vaste forêt verdoyante. En regardant vers le bas, j'ai vu des visages désincarnés s'élever du sol de la forêt dans ma direction. Il s'agissait de visages d'hommes peints de motifs géométriques et portant des couronnes de plumes jaunes et rouges. Alors qu'ils flottaient vers moi, puis retournaient dans la forêt, ils semblaient parler une langue étrange que je ne connaissais pas. Le rêve était très vivant et clair, très obsédant et très beau. Puis j'ai entendu un grand bruit de tambour et je me suis réveillée.

Le chaman a battu le tambour et, alors que tous les membres du groupe étaient réveillés de leur espace intérieur, il nous a invités à partager ce que nous avions vu et entendu dans notre rêve. Nous avons parlé un par un, certains ayant rêvé et d'autres non. Ceux qui avaient rêvé rêvaient généralement qu'ils étaient une sorte d'animal - un loup, un papillon. Certains s'étaient simplement endormis. Certains avaient eu des visions très vives. D'autres avaient eu des visions plus légères. Ma vision était claire et je l'ai partagée. Le chaman et John ont dit que ces visions, et en particulier la mienne, pourraient être une communication, mais ils n'ont pas spéculé sur la source. À la fin de la cérémonie, nous sommes tous retournés à notre logement et j'ai pensé qu'il s'agissait d'une expérience puissante et exotique, mais je n'ai pas eu le sentiment qu'elle avait une signification particulière.

Nous avons terminé notre voyage et je suis rentrée chez moi, aux États-Unis, et j'ai repris mon travail avec le Hunger Project, mais les visions du rêve sont revenues, encore et encore, parfois dans mon sommeil et parfois dans mes moments d'éveil. Deux semaines après mon retour du Guatemala, je me suis rendue au Ghana, en Afrique de l'Ouest, pour une réunion du conseil d'administration ; les visions ont continué. De retour chez moi, elles ont persisté, au point de devenir une véritable interruption et une imposition dans ma vie. Aussi belles que soient ces visions, elles ne voulaient pas disparaître.

J'en ai parlé à John qui m'a répété que dans le contexte de la pratique chamanique et de la culture du rêve, les visions étaient significatives. Il a également reconnu dans ma description des marques faciales et des couronnes de plumes qu'il pouvait s'agir des marques et des couronnes de plumes traditionnelles des Shuars et des Achuars de l'Amazonie équatorienne. Il avait travaillé avec les Shuars pendant de nombreuses années et les connaissait bien. Les Achuar, en revanche, étaient un groupe isolé qui n'avait eu que peu de contacts avec des étrangers, mais dont il avait récemment appris qu'ils prévoyaient d'entamer ces contacts. Il m'a fait part des conversations remarquables qu'il avait eues avec des guerriers Achuar dans les profondeurs de la forêt amazonienne, conversations qui ont marqué le début de l'invitation ou de l'"appel" lancé aux habitants du monde moderne pour qu'ils viennent à eux.

Conformément à l'ancienne prophétie de l'aigle et du condor, les Achuar avaient vu dans leurs propres rêves prophétiques que le contact avec le monde moderne était inévitable. Il se produirait, qu'ils le veuillent ou non, aux alentours de l'an 2000, et de manière menaçante et dangereuse. Informés par ce rêve prophétique, ils avaient décidé d'initier la chose qu'ils craignaient le plus, le contact avec le monde moderne, mais de le faire à leurs conditions, avec des gens en qui ils avaient confiance. Ils voulaient commencer à se familiariser avec le monde moderne afin d'être prêts à faire face à un contact inamical lorsqu'il se produirait. À cette fin, ils se sont associés à un Equatorien en qui ils avaient confiance, Daniel, et ont commencé à travailler à la création d'un lodge sur leur territoire où les gens du monde moderne - le peuple de l'Aigle - pourraient venir les rencontrer - le peuple du Condor - et leur territoire de forêt tropicale vierge.

C'est ainsi que Daniel, qui était également un ami et un partenaire de longue date de John, a recruté John, qui m'a ensuite recruté, pour organiser cette rencontre entre des personnes de notre région du monde et les dirigeants Achuar. À l'époque, j'étais en plein travail avec l'initiative contre la faim. Je voyageais constamment en Afrique subsaharienne, en Inde et au Bangladesh, je collectais des fonds et je travaillais avec le personnel et les bénévoles en Asie, en Australie, en Europe et aux États-Unis. Je n'avais ni le temps ni l'espace pour réfléchir aux problèmes de cette région d'Amérique latine et d'Amérique du Sud. Je n'étais jamais allée en Amérique du Sud et, bien que je sois consciente de la destruction des forêts tropicales et de leur fragilité, j'étais heureuse de savoir que d'autres personnes s'en occupaient. J'avais les mains pleines.

Cependant, lorsque l'invitation, ou plutôt l'"appel", est venue de ce peuple autochtone isolé au fin fond de l'Amazonie, c'était un appel que je ne pouvais pas refuser. John et moi avons donc aidé à organiser un groupe de douze voyageurs du monde moderne pour rencontrer les dirigeants Achuar. Le groupe était composé de personnes d'une qualité et d'une intégrité énormes - des personnes au cœur ouvert, dont chacune avait une voix globale dans son domaine et comprenait l'importance de la forêt tropicale pour la durabilité de toute vie. Ces personnes avaient l'humilité de s'ouvrir à la sagesse indigène, de respecter les méthodes du chaman et le mode de vie de la communauté Achuar.

Emmenés par John et Daniel, nous nous sommes rendus en Équateur et avons entamé notre voyage depuis Quito, la capitale, en passant par la vallée des volcans, le versant oriental des Andes, le canyon de la rivière Pistaza et le début du vaste bassin amazonien, qui s'étend à l'est sur l'ensemble du continent. Après avoir pris un petit avion militaire pour atterrir sur une piste en terre dans la forêt tropicale, nous nous sommes enfoncés dans la jungle et finalement dans le territoire Achuar en volant dans un avion encore plus petit qui nous a laissés sur une piste en terre aussi éloignée du monde civilisé qu'on puisse l'être.

C'est là, en territoire Achuar, que nous avons eu une rencontre avec les chefs du peuple Achuar qui a complètement changé ma vie. Ici, dans cette forêt tropicale, abondante et débordante de beauté et de vie, se trouvaient des gens qui portaient des peintures faciales et des couronnes de plumes jaunes et rouges que j'avais reconnues dans mon rêve. On aurait dit qu'ils venaient d'un autre âge, mais ils étaient aussi sophistiqués et évolués que les plus évolués d'entre nous.

Ils nous ont demandé d'établir avec eux un partenariat qui leur permettrait de commencer à comprendre les modes de fonctionnement du monde moderne, de sorte que lorsque la menace qu'ils avaient perçue dans leurs visions se présenterait, ils seraient prêts, compétents et capables d'y faire face. Ils voulaient que nous les aidions à organiser et à renforcer leur fédération gouvernementale. Ils nous ont demandé notre soutien et notre partenariat pour établir un bureau dans une ville appelée Puyo, à la lisière de la forêt tropicale, où d'autres fédérations indigènes amazoniennes avaient établi leur siège pour leur permettre d'être en contact avec le monde extérieur. Nous avons accepté de devenir leurs partenaires dans cette entreprise. Bill et moi avons pris la responsabilité de cette relation naissante et, avec les autres participants, nous avons réuni les fonds nécessaires pour couvrir les dépenses liées à l'installation du bureau à Puyo pendant les deux années suivantes. Au cours des sept années suivantes, cette relation a envahi nos vies. Bien que j'aie été profondément immergée dans mon travail pour mettre fin à la faim dans le monde et que je me sois attendue à y rester jusqu'à la fin de ma vie, il s'agissait clairement d'une intervention et d'une interruption dans ce plan qui exigeait d'être respectée. Cela ne faisait pas partie de mon plan, mais cela faisait clairement partie de mon destin.

Bill, à l'époque, était pleinement engagé dans ses affaires et il a lui aussi été stupéfait par cette interruption inattendue dans notre vie, mais il s'y est plié, réalisant qu'elle faisait également partie de son destin. Cette rencontre a marqué le début de l'Alliance Pachamama. *Pachamama* signifie Terre mère ou Univers mère en quichua, la langue des Andes, et est comprise comme telle par de nombreux peuples d'Amazonie. Ce projet s'est maintenant étendu à de nombreux autres groupes indigènes qui bordent et entourent le territoire Achuar, et il est devenu le point central de nos vies.

Les Achuar sont une ancienne culture du rêve. Les rêves sont au cœur de leur perception du monde et de leur source de sagesse et d'information, c'est pourquoi ils prennent leurs rêves très au sérieux. Ils les considèrent comme un élément essentiel de leur façon d'être. Je n'avais jamais prêté beaucoup d'attention à mes rêves et je n'en avais pas beaucoup de souvenirs, mais dans cette expérience particulière, ce premier rêve très vivant avait un pouvoir énorme, et il m'est apparu clairement, au fil des événements, qu'il s'agissait d'une partie importante de mon chemin de vie et que je devais y prêter attention.

Permettre à cette culture de rêve inhabituelle d'imprégner notre façon d'être a créé un alliage de conscience et un partenariat de travail dans toute cette partie de l'Amazonie. En tant que partenaires, nous réalisons des percées dans la recherche de la durabilité. L'avenir dont nous rêvons, et qui est en train de devenir réalité, est un avenir dans lequel ces écosystèmes vierges sont protégés et les populations indigènes qui sont les gardiens naturels de ces forêts sont respectées pour leur intelligence et leur vision. En partenariat avec ces groupes indigènes et d'autres organisations, nous sommes maintenant engagés dans des projets et des programmes qui transforment la menace précédente en opportunités pour leur sagesse ancestrale et leur vision claire afin de nous permettre à tous de voir de nouvelles voies vers la durabilité dans le monde entier.

Notre culture n'enseigne aucun respect particulier pour les rêves. Pourtant, je me souviens du discours "I Have a Dream" de Martin Luther King Jr. et du fait que, même aux États-Unis, le pouvoir d'un rêve partagé peut changer la réalité la plus enracinée. Un rêve *est un* catalyseur de changement, d'abord chez le rêveur, puis, encore et encore, dans le rêve partagé.

John Perkins dirige sa propre organisation, la Dream Change Coalition, et au cours de ses nombreuses années d'interaction avec les peuples indigènes d'Amazonie, ceux-ci lui ont répété à maintes reprises que le travail consistait à "changer le rêve" du monde moderne. Les chamans et les anciens autochtones, avec lesquels John a étudié pendant des années, enseignent que "le monde est tel que vous le rêvez". Le rêve que nous avons fait dans le monde moderne, disent-ils, est un rêve de plus - plus d'usines, plus d'entreprises, plus d'autoroutes, plus de maisons, plus d'argent, plus de bâtiments, plus de voitures, plus de tout. Ces sages, anciens et chamans, soulignent que ce rêve est en train de devenir un cauchemar qui se répercute sur notre grande terre et y fait des ravages.

Dans nos interactions avec le peuple Achuar d'Équateur et les autres peuples indigènes avec lesquels nous avons commencé à travailler, le message est le même : "Changez le rêve". Ils disent que nous ne pouvons pas vraiment changer nos actions quotidiennes parce qu'à la base, il y aura toujours le rêve que nous avons pour notre avenir et que nous agirons toujours en accord avec ce rêve. Cependant, ils affirment que le rêve lui-même peut être changé en l'espace d'une génération et qu'il est temps de faire le travail qui changera le rêve.

J'ai examiné en profondeur ce qu'est notre rêve et d'où il vient. J'ai constaté que nous devons changer de rêve, apprendre à remettre en question le rêve culturel d'un *plus grand nombre* et commencer à créer un rêve et un avenir qui soient cohérents avec notre révérence, notre respect et notre affirmation de la vie. Changer de rêve peut signifier voir le monde complètement différemment, comme le font les peuples indigènes. Ils voient un monde totalement suffisant, animé par l'esprit, intelligent, mystique, réceptif et créatif, qui se génère et se régénère constamment en harmonie avec la grande diversité des ressources qui se soutiennent et collaborent les unes avec les autres à travers le mystère de la vie. Ils considèrent les êtres humains comme faisant partie de ce grand mystère, chaque être humain ayant une capacité infinie de créer, de collaborer et de contribuer.

Historiquement, le monde tel que nous l'avons envisagé semble être un monde où les ressources fixes et limitées diminuent si rapidement que nous devons rivaliser par tous les moyens et à tout prix pour être parmi les personnes qui peuvent survivre et être au sommet. De ce point de vue ou de cette compréhension, de ce rêve, nous dirigeons le monde de manière à ce que de moins en moins de personnes aient une réelle chance de gagner. Nous nous efforçons d'éliminer la concurrence. Nous érodons notre véritable richesse, le pouvoir créatif et l'ingéniosité de tous, la richesse inhérente à toute vie.

Il est devenu évident que la vision mécaniste et matérialiste du monde est inexacte et incomplète. Les scientifiques et les philosophes constatent que la vision objective de la réalité est incomplète et que la réalité subjective est un processus dynamique, imprévisible, créatif, en constante évolution et mystique.

Les peuples indigènes vivent, respirent et participent à ce type de monde et ont un rêve qui découle de cette expérience dynamique de la réalité. En nous invitant à changer notre rêve, ils nous demandent peut-être de nous éveiller au rêve qui guide actuellement nos actions - un rêve qui est en fait une transe dangereuse, un rêve en pilotage automatique : le rêve d'acquérir et d'accumuler toujours plus face à des ressources fixes limitées, le rêve que toute croissance est bonne, quels qu'en soient les coûts pour l'homme et l'environnement. Ils nous demandent peut-être de regarder ce que notre transe ou notre rêve fait à nous et au monde dans lequel nous vivons, aux plantes, aux animaux, au ciel, à l'eau, aux autres.

Ils nous invitent peut-être, nous implorent, de voir que ce dont nous avons besoin est déjà et toujours là. Comme l'a dit Gandhi, "Il y a assez pour nos besoins, mais pas pour notre avidité".

Mon intention n'est pas d'idéaliser les Achuar ou les cultures indigènes. Le peuple Achuar était historiquement, et à l'époque où nous avons été appelés à le rencontrer, connu pour sa réputation de guerriers hautement qualifiés. Dans le contexte de leur culture, ils se battaient pour des questions d'honneur et non de propriété, mais il est indéniable qu'ils tenaient les populations indigènes voisines à distance, en grande partie grâce à leur redoutable réputation.

C'est peut-être une sorte de providence que l'ancienne prophétie qui les a finalement incités à rechercher des partenaires dans une culture moderne pour sauver la forêt tropicale, leur a en fait offert une nouvelle opportunité de se suffire grâce à une relation avec l'argent et à la nouvelle expérience de la collaboration plutôt que de l'isolement. Cette opportunité, fondée sur les principes de la suffisance, les a invités à se créer un nouveau rôle, celui de leaders plutôt que de guerriers, d'acteurs clés dans ce qui est devenu un mouvement mondial. S'ils nous ont fait part de leur prophétie et nous ont exhortés à changer notre rêve, il est également clair que la prophétie qu'ils honorent dans le cadre de cette nouvelle collaboration a effectivement changé leur rêve. Leur préoccupation actuelle est d'aligner leur relation naissante avec l'argent pour servir leurs engagements les plus élevés en tant que gardiens expérimentés et responsables de la forêt tropicale et en tant que leaders dans la création d'une communauté mondiale durable.

Comme l'a dit Buckminster Fuller, "chacun a le don parfait à offrir au monde et si chacun d'entre nous est libéré pour offrir le don qui lui est propre, le monde sera en totale harmonie". Comme le disent les peuples indigènes dans leur prophétie de collaboration mondiale pour la survie, nous devons nous rappeler les uns les autres, nous réunir, être en relation, partager nos dons, et le monde s'équilibrera naturellement. Aucun d'entre nous ne veut que ses enfants ou les enfants de ses enfants vivent dans un monde "toi ou *moi*" où ils doivent se battre pour survivre. Nous voulons que ces enfants soient libres, qu'ils s'expriment, qu'ils vivent en harmonie et en collaboration, qu'ils respectent la vie et les ressources que nous partageons tous. Nous voulons tous un monde "toi *et* moi".

Lorsque nous avons le courage de laisser tomber le rêve que nous avons maintenant - le rêve, la pulsion et la transe d'accumuler davantage - nous avons alors l'espace pour envisager et créer le nouveau rêve, un rêve qui nous voit engagés dans le respect, la préservation et l'honneur de ce que nous avons. Dans cet espace de nourriture, dans cette vision d'une nouvelle relation avec la vie, l'harmonie naturelle et la créativité abondent.

Les chapitres suivants présentent des moyens de voir et de revoir le monde qui vous entoure dans le contexte de la suffisance. Les chapitres suivants présentent des moyens de repenser et de recréer le monde en utilisant l'argent comme monnaie d'échange de l'amour et comme canal d'engagement. Les chapitres suivants présentent des distinctions pour vivre la vie à partir de la suffisance.

CHAPITRE 9

Prendre position

Donnez aux gens un centre et ils s'y accrochent.

-MANUEL ELIZALDE, JR, Pamamin, Philippines

Il y a plus de deux mille ans, le mathématicien Archimède a déclaré : "Donnez-moi un endroit où me tenir, et je ferai bouger la Terre". J'aime à dire que lorsque nous prenons position, nous pouvons faire bouger le *monde - le* monde des idées et des personnes qui les mettent en œuvre. Prendre position est une façon de vivre et d'être qui fait appel à un endroit en soi qui est au cœur même de ce que l'on est. Lorsque vous prenez position, vous gagnez en authenticité, en puissance et en clarté. Vous trouvez votre place dans l'univers et vous avez la capacité de faire bouger le monde.

L'argent est si étroitement lié à tous les autres aspects de notre vie que lorsque nous prenons position pour changer notre vie, cela a un effet organisateur sur notre relation avec l'argent, et lorsque nous prenons position pour changer notre argent, cela a un effet organisateur sur tous les autres aspects de notre vie.

Dans une culture de consommation agressive comme la nôtre, où la valeur financière de chacun et de chaque chose est le thème dominant, il faut un certain courage pour défendre quelque chose de différent. Les vents dominants ne permettent pas de défendre des valeurs autres que financières, de comprendre et d'examiner la distinction entre ce qui est suffisant et ce qui ne l'est pas, de s'éveiller à la suffisance et à la plénitude du monde qui nous entoure et de voir la valeur de ce qui se présente à nous. Ce type de prise de position exige un effort conscient, mais une fois qu'elle est adoptée, elle ouvre la voie à de nouvelles façons de voir et d'être qui conduisent à une liberté et à un pouvoir surprenants avec notre argent et nos vies.

BRISER LE SILENCE : DE DHARMAPURI À HOLLYWOOD

En 1986, en l'espace de quarante-huit heures, je suis passé d'une rencontre surprenante dans un village reculé de l'Inde à un somptueux dîner à Beverly Hills à mon retour. Cette rencontre m'a fait prendre conscience de ce que signifie être impuissant face aux traditions culturelles destructrices liées à l'argent, de ce qu'il faut faire pour briser cette emprise, peu importe qui ou où l'on se trouve, et de la force que représente le fait de prendre position.

Dans l'État du Tamil Nadu, dans le sud de l'Inde, dans le cadre d'une initiative de lutte contre la faim, certains de mes collègues et moi-même avons été invités à rencontrer un groupe de femmes d'un village de Dharmapuri, l'une des régions les plus pauvres de l'Inde. Là, rassemblées dans un bosquet d'arbres subalternes, nous avons appris le terrible secret et le poids du chagrin, de la honte et de la culpabilité que portaient ces femmes. Dans cette région, l'infanticide féminin, c'est-à-dire l'assassinat des filles nouveau-nées, était monnaie courante. Les femmes n'avaient que peu de valeur dans leur société et menaient une dure vie de servitude. Pour ne rien arranger, la naissance d'une fille s'accompagnait d'une dot financière que la famille de la jeune fille devait fournir au moment de son mariage. Cela pouvait conduire les familles pauvres à la faillite, et c'était souvent le cas.

Les mères et les pères qui attendaient un enfant priaient donc pour qu'il soit un garçon. Une femme qui donnait naissance à une fille était souvent battue, et la petite fille tuée, étouffée, par les femmes elles-mêmes, immédiatement après la naissance. Les femmes étaient déshonorées par leurs maris si elles donnaient naissance à des filles, mais elles pensaient aussi que la vie était si horrible pour une fille, et qu'elle deviendrait un tel fardeau financier pour la famille, qu'il était cruel de laisser vivre une fille, et plus aimable de la tuer. La pratique consistant à tuer les bébés filles n'était pas ouvertement évoquée, mais elle était acceptée et approuvée en silence par les hommes et la plupart des femmes du village.

Environ seize femmes se sont réunies pour nous rencontrer, moi et mes quatre collègues. Chacune d'entre elles avait tué au moins une fille et avait aidé d'autres femmes à faire de même. Lors de cette réunion intime et secrète, ces femmes ont parlé pour la première fois de l'expérience horrible qu'elles avaient vécue en tuant leurs filles nouveau-nées, et de leur désir désespéré de guérir de ce traumatisme. Elles voulaient sauver d'autres mères et d'autres bébés de cette horreur. Là, avec nous - des femmes de l'autre côté du monde - elles ont rompu ce qui avait été un silence ininterrompu. Elles ont pu pleurer ouvertement les bébés qu'elles avaient tués. Elles se sont lamentées et ont pleuré. Elles ont sangloté et nous avons sangloté, puis nous nous sommes serrés les uns contre les autres. Témoigner de leur douleur était presque insupportable.

Elles ont ensuite partagé avec larmes le fait qu'elles s'unissaient pour créer un engagement en faveur de la valeur de la vie et de la valeur des filles. Elles se sont engagées à mettre fin elles-mêmes à cette horrible pratique et à trouver le courage d'aider d'autres femmes à y mettre fin. Elles ont compris qu'il était beaucoup plus coûteux d'ôter la vie à une fille que de payer une dot, et que cet acte leur avait coûté la vie de leurs filles *et la* leur.

Les femmes ont commencé par promettre qu'elles tireraient un trait ce jour-là, à ce moment-là, et qu'elles mettraient fin au cycle pour toujours. Elles se pardonneraient à elles-mêmes, demanderaient pardon à Dieu et aux âmes de leurs filles disparues, et n'aideraient plus jamais une autre femme à tuer un bébé. De plus, si elles entendaient parler d'un infanticide planifié, elles feraient tout ce qu'elles pourraient pour dissuader les autres femmes d'aller jusqu'au bout.

J'ai été stupéfaite par leurs confessions, déchirée par leur chagrin et émue par leur courage. Elles seront la génération de femmes qui briseront le silence dans cette région, qui défendront leur propre valeur et celle de leurs filles. Elles seront la génération qui mettra fin à cette terrible tradition de meurtre.

Ils m'ont alors dit quelque chose qui m'a profondément touché, même si je ne l'ai réalisé que plusieurs jours plus tard. Elles ont dit qu'elles n'auraient pas pu faire ce pas courageux sans nos "oreilles et nos yeux extérieurs". Cela faisait un certain temps qu'elles voulaient s'exprimer, mais elles s'étaient senties impuissantes à le faire de l'intérieur d'une culture qui s'attendait à ce que les bébés filles disparaissent et à ce que les femmes restent silencieuses. Aujourd'hui, elles ont senti la force de leur détermination. Le fait que nous ayons été témoins de leur résolution l'a rendue irréversible. Elles ont promis de s'attaquer à l'écrasant système de la dot, une tradition qui fait de la vie des femmes un handicap dès la naissance. Elles ont promis d'entreprendre les démarches qu'elles savaient être les plus difficiles, à savoir parler aux hommes.

Assise avec ces femmes, plongée dans leur histoire, j'ai commencé à comprendre comment ces meurtres avaient été tolérés, voire rendus acceptables. Au fond d'elles-mêmes, elles savaient que c'était mal. Elles voyaient maintenant comment le système de la dot avait déformé leur perception de la valeur de la vie elle-même. En soumettant cette tradition incontestée à un examen conscient et à une réflexion, elles ont entamé le long voyage qui leur permettra de se libérer de son emprise.

Après plusieurs jours et plusieurs heures de conversation intime, ils m'ont demandé s'il y avait des choses dans ma propre culture qui me dépassaient. Partant de notre position commune en faveur du respect et de la valeur de la vie, je leur ai dit que j'étais profondément bouleversée par la violence affichée dans les médias américains à tous les niveaux, et en particulier à la télévision et au cinéma. J'ai dit que nous, aux États-Unis, semblions générer de manière inconsidérée la violence la plus obscène et la plus gratuite que l'on puisse imaginer dans le domaine du divertissement, tout cela dans le but de faire de l'argent. Ces scènes et messages horribles sont maintenant exportés dans le monde entier, à l'initiative d'un très petit nombre de personnes puissantes de l'industrie du divertissement de New York et d'Hollywood. Il est probable que moins d'un millier de personnes soient réellement les créateurs de ces programmes et images violents, mais l'argent qui alimente cette industrie est écrasant, et l'addiction aux profits va de pair avec un appétit croissant pour l'imagerie de la violence et de la destruction dans l'ensemble de notre société.

Ils m'ont dit qu'ils comprenaient et qu'ils soutiendraient mon intention de parler de cela dans mon propre pays et dans ma propre culture. Ils m'ont dit, en me regardant droit dans les yeux, qu'ils seraient là pour moi, qu'ils m'encourageraient à m'exprimer.

Quelques heures après mon retour, mon engagement a été mis à l'épreuve. Je m'étais dépêchée d'assister à un dîner dans une maison cossue de Beverly Hills. J'étais assis à côté d'un homme connu pour être un réalisateur talentueux avec une série d'excellents films à son actif. Il se trouve que, juste avant mon voyage en Inde, j'avais vu en avant-première des scènes de son prochain film, et c'était terrible. Il s'agissait d'un film horriblement violent, qui ne correspondait pas à la qualité des films sur lesquels il avait bâti sa carrière respectée. Nous avons discuté un peu de nos projets respectifs et j'ai fini par lui poser la question qui me taraudait. Ce film violent s'éloignait tellement de son travail précédent et ne correspondait pas à sa stature de réalisateur. Pourquoi l'avait-il fait ?

Ses raisons se résument à l'argent facile, a-t-il déclaré. Il n'était pas fier du film, mais celui-ci lui avait offert une somme d'argent inimaginable pour un investissement très bref de son temps et de ses talents. C'était tout simplement une trop bonne affaire pour la laisser passer. Ce n'est pas comme si ce raisonnement était un crime ou même une surprise, surtout dans la culture hollywoodienne. En fait, dans la culture hollywoodienne, c'était comme d'habitude. La question des contenus irresponsables, avilissants ou dégradants et de leurs effets sur le monde n'est tout simplement pas un sujet de conversation dans l'industrie cinématographique. L'argent y domine tellement le paysage qu'il fournit toutes les raisons nécessaires pour faire n'importe quoi, même quelque chose qui va à l'encontre de sa propre intégrité.

Je pensais encore aux femmes indiennes que j'avais quittées quarante-huit heures auparavant, et à leur commentaire selon lequel notre conversation - mes "oreilles et mes yeux extérieurs" - les avait aidées à se connecter à leur propre conscience et à trouver le courage de commencer à vivre en accord avec leurs valeurs les plus profondes. Maintenant, de retour chez moi, au milieu de cet élégant dîner et de la conversation sur la réalisation de mauvais films pour de grosses sommes d'argent, j'ai été confronté au pouvoir de notre propre culture de l'argent qui nous rend aveugles aux compromis de conscience qu'elle exige.

Il est facile de voir objectivement la folie d'une autre culture. Il n'est pas si facile de voir notre propre culture - notre culture de l'argent - et notre comportement face à l'argent de manière aussi objective. Nous en sommes entourés, piégés, tout comme les femmes indiennes l'étaient dans leur propre culture. Dans leur environnement et leur contexte, elles n'étaient pas considérées comme folles de tuer leurs bébés. Elles étaient totalement cohérentes avec les croyances culturelles qui les entouraient, tout comme cet excellent réalisateur était totalement en phase avec les croyances culturelles qui l'entouraient en tant que sommité du cinéma pouvant gagner des millions de dollars pour quelques semaines de travail sur un film violent et vulgaire.

Au cours de notre conversation, je lui ai raconté l'histoire des femmes indiennes et je l'ai encouragé à voir le parallèle possible. Je lui ai fait part de mon engagement éveillé à remettre en question les hypothèses et les attitudes incontestées de notre culture à l'égard de l'argent, qui peuvent conduire à des actions qui rabaissent et dévalorisent la vie. Je l'ai invité à faire de même. Nous avons eu une conversation réfléchie à ce sujet. C'était un début.

Je ne peux pas savoir ce que cette conversation signifiait pour lui, mais pour moi, ce fut un moment où le silence incontesté autour de notre culture de l'argent toxique est devenu soudainement et douloureusement clair. Je savais que rompre ce silence était la première étape pour briser l'emprise de cette culture dans ma propre vie, et peut-être pour d'autres.

ROMPRE LE SILENCE, PRENDRE POSITION

Le pouvoir silencieux de la culture de l'argent est le même pour chacun d'entre nous. C'est l'un des aspects les plus aveugles et les plus intraitables de notre vie. Nous nous compromettons, nous nous faisons du mal, parfois sans réfléchir, d'autres fois en mettant de côté nos réserves, en rationalisant notre comportement comme étant acceptable, voire sensé. Nous nous plaignons, mais nous ne nous interrogeons pas. Nous gémissons et nous nous lamentons, mais nous ne nous opposons pas et nous ne refusons pas. Nous nous sentons piégés et malheureux, mais nous prenons rarement les mesures qui pourraient nous libérer.

Les femmes indiennes de Dharmapuri ont dû mener une lutte acharnée et difficile pour mettre fin à la pratique de l'infanticide et pour contester et démanteler le système de la dot. Cet engagement leur a certainement valu les moqueries de nombreuses autres femmes et de lourdes conséquences de la part des hommes du village. Elles ont agi avec un courage peu commun. En prenant position pour la vie de leurs petites filles, elles ont pris position pour elles-mêmes. Cette prise de position pour elles-mêmes était une prise de position pour le caractère sacré de toute vie et pour la dignité humaine.

Dans mon expérience de collecteur de fonds et sur le terrain avec ceux qui ont besoin d'argent ou de ressources pour accomplir un travail, j'ai constaté à maintes reprises qu'une prise de position authentique, fondée sur la vérité de la suffisance, est toujours digne de confiance, affirme toujours la vie, résonne toujours et, aussi difficile que cela puisse être à croire, réussit toujours. Lorsque nous prenons une position qui exprime l'engagement de notre âme, elle est renforcée par le courage du cœur. Une personne qui prend position passe du stade "d'avoir un point de vue" à celui de découvrir "la capacité de voir" ou le pouvoir de la vision. Lorsque nous prenons position, nous accédons à une vision profonde.

À Dharmapuri, la prise de position des femmes a créé un nouveau champ de clarté et de vérité dans leur vie, et cet éveil s'est propagé dans leurs familles, leurs villages, leur région et leur pays. Une prise de position authentique génère également de manière fiable les ressources nécessaires à sa réalisation et le fait souvent de manière surprenante, voire mystérieuse. Après avoir pris position et s'être fait entendre, ces femmes ont soudain trouvé des alliés partout.

Un couple - les stars de cinéma les plus célèbres de l'Inde - a entendu parler de la campagne visant à mettre un terme à l'infanticide féminin dans la région et a proposé son aide. Ils ont filmé un message d'intérêt public qui a été diffusé avant chaque film dans les cinémas de Dharmapuri et dans tout l'État du Tamil Nadu, où la population s'élève à 55 millions d'habitants et où les films ont une portée considérable. Ce court métrage racontait habilement l'histoire de la naissance de leur petite fille, ainsi que la joie et la révérence avec lesquelles ils l'ont accueillie dans le monde. Il a montré leur enthousiasme à l'idée d'avoir une petite fille dans leur vie, l'excitation de veiller à ce qu'elle reçoive la meilleure éducation possible, les réussites de leur fille pendant qu'ils l'élevaient et la soutenaient. Il décrit le don que représente une fille en aidant à subvenir aux besoins de ses parents lorsqu'ils commencent à vieillir, ainsi que la valeur absolue des filles et des femmes dans la société indienne. Ce film est passé en boucle dans les salles de cinéma et sous les tentes, offrant un nouveau regard sur la valeur et la contribution des femmes dans la société indienne.

Une chanteuse populaire a alors entendu parler de la campagne et a écrit et enregistré une chanson qui célèbre la valeur des filles - leur importance pour l'avenir et le bien-être du pays, et le fait que les filles sont le cœur et l'âme de chaque famille et de chaque village. Cet enregistrement a connu un grand succès et la chanson est devenue si populaire que tout le monde connaissait les paroles et chantait chaque fois qu'il l'entendait, renforçant ainsi ces nouvelles croyances de sa propre voix.

Les journalistes ont commencé à parler de cette campagne locale et ce nouveau message a commencé à prendre racine dans les médias et dans les conversations de rue. Bientôt, tout le monde dans cette région a compris que les temps changeaient et que les filles et les femmes étaient reconnues comme des membres précieux et importants de la société.

Aujourd'hui, la pratique consistant à devoir constituer une dot pour sa fille lorsqu'elle se marie - pratique monétaire qui était à l'origine de la peur d'avoir une fille - n'est plus assumée. Elle est ouvertement remise en question et contestée, et il existe un mouvement actif et organisé pour l'abolir. Les filles deviennent des salariées importantes, contribuant au revenu familial et générant des industries artisanales vitales pour la famille et la société. Les femmes jouent un rôle dans la gouvernance et accèdent à des postes de direction. La position prise par une poignée de femmes il y a plus de douze ans dans le bosquet de subabil est en train de changer le tissu même de la vie de tous les habitants de la région.

C'est ainsi que les choses se sont révélées être un mensonge. Les dots et les infanticides n'étaient qu'un état de *fait tant que* les gens se résignaient à ce mythe. Les femmes qui ont eu le courage de rompre le silence ont fait quelque chose de courageux et d'important qui est à la portée de chacun d'entre nous dans notre relation avec l'argent. La conversation que j'ai eue avec le célèbre réalisateur a été le début de la rupture de mon propre silence face à la cupidité et aux abus de notre propre culture de l'argent, à Hollywood et ailleurs.

SE FAIRE ENTENDRE PAR LA VOIX DE L'ARGENT

Dans notre pays, dans nos communautés, dans nos familles, dans nos mariages, dans nos amitiés, et même purement dans nos cœurs et nos esprits, nous pouvons nous aussi nous attendre à être confrontés au doute et même à la désapprobation pour avoir cherché une autre façon d'être dans notre relation avec l'argent.

Il existe de nombreuses façons de rompre le silence et d'agir, mais l'action directe avec notre argent en est une qui est immédiatement disponible, personnelle et puissante pour chacun d'entre nous. Certains d'entre nous peuvent s'efforcer d'être plus généreux financièrement avec les organisations qui font le travail qu'ils veulent soutenir. Certains d'entre nous peuvent faire un effort conscient pour utiliser leur argent de manière plus éthique, afin d'arrêter le flux d'argent vers les personnes et les produits qui avilissent la vie. Certains d'entre nous peuvent se consacrer au service public ou, par leur vote, se faire les avocats de dépenses publiques socialement responsables en matière de santé, d'éducation et de sécurité.

Quel que soit notre choix, nous nous exprimons dans la manière dont nous envoyons notre argent dans le monde, et chaque dollar est accompagné de l'énergie, de l'imprimatur, de notre intention. L'état d'esprit de pénurie et le désir de "plus" perdent leur emprise et nous commençons à faire des choix différents. L'argent devient un canal, un moyen d'exprimer nos idéaux les plus élevés. L'argent devient la monnaie de l'amour et de l'engagement, exprimant le meilleur de nous-mêmes, plutôt qu'une monnaie de consommation motivée par le vide et le manque et par l'attrait des messages extérieurs.

L'une des grandes dynamiques de l'argent est qu'il nous enracine, et lorsque nous mettons de l'argent derrière nos engagements, il les enracine également, les rendant réels dans le monde. Nous pouvons souhaiter de meilleures écoles, un environnement propre et la paix dans le monde ; nous pouvons même faire du bénévolat, mais lorsque nous investissons de l'argent dans ces intentions, nous les prenons vraiment au sérieux. L'argent est un excellent traducteur de l'intention à la réalité, de la vision à la réalisation.

Lorsque vous vivez dans un contexte de suffisance et que vous prenez position pour quelque chose, vous ouvrez votre cœur et celui des personnes qui vous entourent. Et lorsque vous faites cela, vous construisez la vision, créez la réalité et la développez de telle sorte que les obstacles finissent par tomber. Mahatma Gandhi, Martin Luther King Jr, Elizabeth Cady Stanton, Mère Teresa - tout au long de l'histoire, il y a eu des personnes qui n'ont pas été élues, nommées ou nées au pouvoir et qui ont modifié le cours des événements humains grâce à la puissance de leur prise de position - non seulement les leaders visibles, mais aussi ces innombrables autres personnes qui expriment leur position avec leur argent par des boycotts, des contributions ou des achats délibérés pour soutenir des causes socialement responsables.

Personne ne pense à Martin Luther King comme à un collecteur de fonds, mais sa prise de position en faveur des droits de tous a permis de récolter des millions de dollars pour le travail en faveur des droits civiques dans ce pays. Mère Teresa a collecté des dizaines de millions de dollars auprès de personnes du monde entier qui ont été touchées par son action et qui se sont senties concernées par leur propre désir de changer les choses, et qui ont fait cette déclaration avec leur argent. Ce pouvoir est à la disposition de chacun d'entre nous : tout le monde, à tout moment, dans tous les secteurs de la société et dans tous les chapitres de l'histoire. Les personnes qui ont peu ou pas d'argent sont tout aussi capables d'orienter les flux d'argent et de ressources de manière significative que celles qui ont beaucoup plus d'argent. Par le simple fait de prendre position, ils créent un espace de liberté et un contexte de conversation qui invitent les autres à se manifester et à se faire entendre.

UTILISER NOS CHOIX POUR ORGANISER LA VIE ET L'ARGENT

Je sais que dans ma propre vie, il m'est arrivé de penser que je n'avais pas assez de quelque chose pour faire ne serait-ce que le premier pas vers une différence dans le grand schéma des choses. Parfois, ce "quelque chose" était de l'argent. Parfois, c'était le temps, et parfois, c'était la volonté de croire que je pouvais moi-même avoir un effet.

Lorsque je me suis engagée pour la première fois dans la lutte contre la faim, je pensais que je ne pourrais pas participer de manière significative à cause de mes trois enfants, de mon mari et de toute une série d'obstacles pratiques. Mais lorsque j'ai vraiment écouté mon âme et que je me suis autorisée à ressentir l'appel du monde et ce que j'avais à apporter, je me suis libérée pour cela, je me suis libérée pour cela et j'ai laissé cela définir ma vie. Tous mes choix en matière d'argent, qu'il s'agisse d'investir, de contribuer, de dépenser ou d'épargner, découlaient de cet engagement. Tout était l'expression de cet engagement déterminant que nous avions pris. Cela ne veut pas dire qu'il n'y a pas eu de moments d'anxiété et de défis, mais alors, comme aujourd'hui, lorsque nous revenions à notre engagement profond et à ce que nous voulions représenter, tout coulait de source et nous ressentions un sentiment de liberté.

Vous souvenez-vous (avant l'apparition des cartes de crédit dans votre vie) de la joie d'économiser votre argent pour acheter quelque chose que vous vouliez vraiment ? Enfant, il s'agissait peut-être d'un jouet de votre choix. Plus tard, ce fut peut-être votre première voiture ou votre première maison. Ou peut-être était-ce un cadeau spécial pour quelqu'un d'autre. Avec cet engagement conscient, chaque fois que vous avez laissé passer l'occasion de dépenser votre argent pour quelque chose d'autre, tout regret a probablement été compensé par l'excitation de votre engagement et la satisfaction de vous être rapproché de votre but.

La plupart d'entre nous pensent que la liberté consiste à garder ses options ouvertes, à rester libre et disponible, et cette stratégie permet souvent de disposer temporairement d'un peu d'espace. Mais à terme, le fait de garder ses options ouvertes à l'infini devient sa propre prison. On ne peut jamais choisir. On ne peut jamais tomber amoureux. Vous ne pouvez jamais vous marier. Vous ne pouvez jamais accepter un emploi. Vous ne pourrez jamais vraiment découvrir votre destin parce que vous avez peur de vous engager pleinement.

Si vous vous remémorez l'expérience de la liberté dans votre vie, il y a fort à parier que ce n'était pas lorsque vous mesuriez les options les unes par rapport aux autres, ou que vous vous assuriez de ne pas être bloqué par une décision. C'était lorsque vous vous exprimiez pleinement, que vous jouiez à fond. C'est lorsque vous avez choisi pleinement et entièrement, lorsque vous avez su que vous étiez à l'endroit où vous deviez être, lorsque vous avez peut-être même ressenti un sentiment de destinée. C'est à ce moment-là que nous sommes libres, que nous nous exprimons, que nous sommes joyeux ou en paix avec les circonstances - lorsque nous les choisissons. Nous apportons cette liberté à notre relation avec l'argent lorsque nous nous centrons sur la suffisance, choisissons d'apprécier les ressources qui sont là, sentons leur flux dans notre vie et les utilisons pour faire la différence.

Cette expérience d'alignement de notre argent et de notre âme nous est accessible chaque jour, même dans les transactions les plus petites ou les plus banales avec l'argent, ou dans d'autres choix que nous faisons dans la vie quotidienne pour réduire l'emprise de l'argent sur nous. C'est le pouvoir impressionnant de cette prise de position vis-à-vis de l'argent et de la vie qui a émergé un jour à Pékin, lors d'une conférence internationale réunissant les personnes qui ont généralement le moins d'argent et peu ou pas de contrôle sur celui-ci dans le monde : les femmes.

LA CONFÉRENCE DES FEMMES DE PEKIN : ARGENT, ÂME ET COURAGE

En 1995, j'ai rejoint plus de cinquante mille femmes du monde entier réunies à Pékin pour la quatrième conférence mondiale des Nations unies sur les femmes. La conférence des femmes de Pékin, comme on l'a appelée, a été un événement déterminant. J'ai été impressionnée par la capacité des femmes de tant d'endroits à rassembler suffisamment de ressources pour se rendre à la conférence et à utiliser ces ressources de manière à ce que leurs voix soient entendues au niveau mondial. On pouvait sentir l'énergie de leur engagement.

À l'aéroport, dans la foule de femmes arrivant à la conférence, j'ai pu constater, à la vue de certains vêtements, du type de tissu et des motifs ethniques, que bon nombre de ces femmes ne faisaient pas partie des classes aisées de leur pays d'origine. Je savais, de par mon expérience dans ces pays, qu'il s'agissait de personnes qui avaient très peu d'argent et qui, pourtant, avaient fait un voyage de plusieurs milliers de dollars pour se rendre à une réunion qui devait avoir une grande importance pour elles. Je savais que ces personnes ne pouvaient pas se le permettre. Il s'agissait de deux années de salaire. Et il s'agissait de femmes venant d'endroits où les femmes sont gravement assujetties et sous-payées, alors comment sont-elles arrivées là ? Comment ont-elles fait financièrement ?

Les réponses sont venues avec l'histoire de chaque femme sur la position qu'elle a prise avec sa vie. L'une des sessions les plus émouvantes a été celle du Tribunal des droits de l'homme. Les femmes sont montées à la barre des témoins, comme elles le feraient dans une salle d'audience, et ont raconté leur histoire. La salle pouvait contenir environ cinq cents personnes, et elle était bondée. J'ai eu de la chance de pouvoir y entrer. Cette foule de femmes pleines de vie et d'énergie s'est tue lorsque les unes après les autres, les femmes sont montées à la barre des témoins, ont prêté serment et ont raconté ce qu'elles avaient vécu.

La première femme à prendre la parole était une fermière indigène maya du Guatemala. Elle était petite, mais pas diminuée, et portait ses beaux vêtements colorés du Guatemala. La salle est restée silencieuse pendant que ses sœurs mayas l'aidaient à monter à la barre des témoins. Elle était blessée d'une manière ou d'une autre et semblait souffrir. Mes yeux se sont remplis de larmes avant même qu'elle ne prenne la parole. Il était clair que quelque chose d'important se préparait.

De sa voix douce, en espagnol traduit en anglais, elle a raconté qu'elle et son mari avaient onze enfants. Un jour, les militaires sont venus dans sa ferme pour trouver son mari et ses deux fils aînés, qui faisaient partie de l'insurrection indienne. Les trois se cachaient, mais elle ne savait pas où, et elle a dit aux soldats qu'elle ne savait pas où ils se trouvaient. Sur ce, les soldats ont commencé une torture lente et méticuleuse, en commençant par tuer ses animaux un par un devant elle. Elle leur a répété, désespérément, qu'elle ne savait pas, qu'elle n'avait pas l'information. Ils ont refusé d'accepter sa réponse. Ils ont tué ses cochons, puis ses chiens, puis ses vaches, ses vaches laitières.

Après avoir abattu tous ses animaux, ils ont menacé de commencer à tuer ses enfants. Elle a crié et pleuré qu'elle ne savait pas où se trouvaient son mari et ses deux fils, qu'ils ne lui avaient pas dit où ils se cachaient précisément parce qu'ils savaient que si elle essayait de mentir, elle et sa famille courraient un risque encore plus grand. Elle a supplié les soldats d'arrêter le massacre. Ils ne l'ont pas fait. Ils ont tué chacun des enfants qui lui restaient sous ses yeux. Elle allaitait et ils lui ont arraché son bébé, lui ont coupé les seins, puis l'ont tué. Ils ont tué tout ce qui vivait dans sa ferme. Ils ont laissé tout et tout le monde mort, sauf elle, et ils l'ont laissée horriblement mutilée.

Dans le public, nous avons écouté dans un silence choqué et avec des halètements le récit de cette attaque sauvage. Elle n'a jamais revu son mari ni ses fils. Ils faisaient toujours partie des disparus. Traumatisée, mutilée et seule, elle avait entamé le processus de guérison de son corps, mais s'était rendu compte que la guérison de son cœur et de son âme exigerait bien plus. Du fond de sa douleur et de son chagrin, une nouvelle pensée a commencé à prendre forme, une pensée qui contenait une graine d'espoir. Cette pensée était que les femmes étaient la clé pour mettre fin à la violence : des femmes comme elle, des femmes une par une et toutes ensemble. Elle est devenue déterminée à faire entendre son histoire aux femmes, en la diffusant là où elle aurait un sens et un pouvoir.

Elle a entendu parler de la conférence des femmes de Pékin, le plus grand rassemblement de femmes de l'histoire, et elle a su qu'elle devait y participer. Elle avait encore sa ferme, alors elle l'a vendue, elle a vendu tous ses biens, toutes ses casseroles, ses vêtements de rechange, tout. Elle a ensuite organisé une collecte et emprunté de l'argent à la famille élargie qui lui restait.

Elle a rassemblé juste assez d'argent pour payer le billet d'avion pour Pékin. Pas assez pour rester à l'hôtel, ni pour manger, ni même pour prendre l'avion du retour ; juste assez pour se rendre sur place et témoigner. Elle nous a raconté tout cela, fait par fait, a pris cette horreur et en a fait une contribution. Elle nous a également dit qu'elle avait tout vendu et qu'elle n'avait pas d'argent, mais qu'elle savait que si elle mourait maintenant, sa vie aurait été utile parce que des femmes engagées et passionnées entendraient son histoire et l'utiliseraient dans leur travail pour la paix, l'utiliseraient comme un outil pour aider à démanteler les forces de la violence et de l'oppression dans le monde entier. Cette salle de cinq cents femmes a écouté et pleuré.

La femme suivante venait de Bosnie. En 1995, la guerre battait son plein et l'un des instruments de guerre systématiques consistait pour les hommes des armées adverses à violer les femmes et à les "féconder avec l'ennemi". Quelques mois auparavant, cette femme avait été violée. Des soldats ennemis l'avaient attachée à des pieux plantés dans le sol, avaient tué son mari et son fils, puis avaient commencé à la violer. Au cours des dix jours suivants, elle avait été violée une quinzaine de fois. Elle a décrit la situation dans tous ses détails effrayants et déshumanisants. Elle a décrit tous ces hommes violents, remplis de haine, qui l'ont agressée sexuellement, l'un après l'autre.

Désormais enceinte, elle avait retiré tout l'argent qu'elle possédait pour se rendre à la conférence et raconter son histoire. Elle voulait être entendue, faire connaître la violence et en témoigner d'une manière ou d'une autre, et voulait utiliser le même forum pour faire un vœu public. Elle a promis aux femmes présentes d'élever ce bébé, qui était le fils ou la fille d'un ennemi vicieux, avec un amour inconditionnel. Elle a promis d'aimer cet enfant qui lui est arrivé dans les circonstances les plus horribles et de lui donner une vie en dehors de la guerre, où tous deux pourraient consacrer leur vie à la paix et à la fin de la guerre qui justifie ce genre de sauvagerie. À la fin de son témoignage, l'auditoire était profondément ému. Nous étions si nombreux à pleurer que certains d'entre nous pensaient ne plus pouvoir en supporter davantage. Mais ce n'était pas tout.

La troisième femme était une Indienne victime de brûlure de la mariée. Elle aussi a eu besoin d'aide pour se rendre à la barre des témoins. Son visage était tellement défiguré que jusqu'à ce qu'elle parle, on ne pouvait pas savoir où se trouvait sa bouche. Elle avait été immolée par le feu à Delhi, plusieurs semaines auparavant. Son mari et sa belle-mère l'avaient aspergée de kérosène et attachée à un poteau, à la suite d'un différend sur le montant de la dot. Elle s'était échappée et avait trouvé refuge auprès de sa famille. Ils l'ont soignée, mais ses brûlures étaient si étendues qu'il était évident qu'elle n'avait plus beaucoup de temps à vivre. Elle a entamé une procédure judiciaire contre ses agresseurs, puis elle a entendu parler de cette conférence en Chine. Elle savait que c'était là qu'elle devait vivre et avait fait ce long voyage en Chine pour mourir à la conférence. Elle nous a dit qu'elle avait amené son corps carbonisé et défiguré à Pékin "parce que je savais que si je mourais ici, ma mort aurait un sens". Et c'est bien là qu'elle est morte.

Ces femmes, avec tant de douleur, tant d'obstacles et si peu d'argent, ont pris tout ce qu'elles avaient, chaque once de courage et de force, et chaque parcelle d'argent qu'elles ont pu rassembler, pour poursuivre leur engagement en faveur de la paix et de la fin de la guerre et de la violence. À l'issue de ces trois témoignages, les personnes présentes dans le public ont collecté des fonds et créé un avenir financier pour ces trois femmes. Pour la femme du Guatemala, nous avons trouvé un endroit où rester, un traitement médical pour ses blessures et de l'argent pour rentrer chez elle. Pour la femme de Bosnie, nous avons créé un fonds d'éducation pour son bébé et un fonds à long terme pour son bien-être et celui de son enfant. La femme originaire d'Inde a été brûlée à un point tel qu'elle ne pouvait plus recevoir d'aide médicale, mais nous lui avons prodigué les meilleurs soins possibles jusqu'à ce qu'elle meure à Pékin deux semaines plus tard.

Ces femmes s'étaient investies totalement et de manière désintéressée, argent et âme, dans cet engagement, et en retour leurs besoins ont été satisfaits et leur mission accomplie. Leurs voix *ont été* entendues. Leurs histoires *ont été* racontées. Leur contribution a eu un effet sur les milliers de personnes présentes à la conférence de Pékin, et sur des milliers d'autres à travers le monde, car nous avons partagé ce que nous avons vu et entendu ce jour-là. Au-delà du pouvoir des histoires elles-mêmes, le courage et l'ingéniosité dont ont fait preuve ces femmes pour réunir les ressources nécessaires pour se faire entendre témoignent du pouvoir que nous avons tous d'honorer nos engagements les plus élevés et de créer des opportunités pour que l'argent afflue vers nous et à travers nous afin de soutenir ce travail. Leur contribution financière, et la nôtre, n'était pas importante en termes de montant, mais elle est devenue puissante au service de notre engagement.

À Pékin, j'ai vu la puissance financière dont vous disposez lorsque vous prenez position. La prise de position rassemble les ressources nécessaires pour se réaliser, et vous devenez un instrument de cette prise de position. En présence de ces femmes extraordinaires à Pékin, qui venaient de lieux de grande pauvreté et de situations d'assujettissement les plus routinières et les plus extrêmes, j'ai vu que les gens comme moi et les gens partout et à tout moment ont le même pouvoir d'agir de manière à honorer leurs engagements les plus élevés et, ce faisant, de créer l'opportunité pour que l'argent afflue vers nous et à travers nous afin de soutenir ce travail.

CHANGER LE RÊVE EN TIRANT PARTI DE LA VISION, DE L'ARGENT ET DE LA VIE

Que vous en soyez conscient ou non, vous avez un impact chaque jour par les choix que vous faites sur votre mode de vie et sur l'affectation de vos ressources. Si "l'argent parle", c'est avec notre voix. Chaque choix financier que vous faites est une déclaration puissante de qui vous êtes et de ce qui vous tient à cœur. Lorsque vous prenez position et que votre argent en est le reflet, votre sentiment d'identité s'en trouve renforcé.

Il n'est pas nécessaire de changer de carrière, de révolutionner son entreprise ou de déménager avec sa famille pour prendre position. Vous exprimez votre position dans la manière dont vous gagnez de l'argent, en choisissant un travail conforme à vos valeurs. Vous exprimez votre position dans la manière dont vous utilisez l'argent pour nourrir, habiller, loger ou éduquer votre famille. Il peut s'agir de l'argent que vous utilisez pour soutenir d'autres personnes dans votre communauté ou au-delà, par le biais de dépôts alimentaires ou de refuges pour les femmes battues, les enfants en difficulté ou les sans-abri. Il peut s'agir de l'argent que vous utilisez pour développer votre propre créativité et votre propre expression, ou pour vous nourrir par le biais de cours, de livres ou de musique. Il peut s'agir de l'argent que vous payez pour les produits que vous achetez, en soutenant les entreprises qui les produisent. Il peut s'agir de l'argent que vous consacrez aux causes locales, nationales et mondiales qui vous inspirent, et de la possibilité que vous offrez aux autres de faire de même. Si vous êtes un employeur, il peut s'agir de l'argent que vous investissez dans les ressources nécessaires pour faire de votre lieu de travail une expression de l'intégrité, où les employés et la direction disposent de ce dont ils ont besoin pour exprimer leur excellence.

Chacun de nous a le pouvoir d'organiser sa vie de manière à ce que la position qu'il adopte vis-à-vis de son argent et de sa vie avec l'argent soit l'expression immédiate, quotidienne et hebdomadaire de ses valeurs fondamentales, et non pas l'expression d'un jour, d'une année prochaine, d'un jour de retraite ou d'un jour où j'en aurai assez. À chaque instant de la journée, nous avons la possibilité de participer à l'expression de notre individualité et de notre créativité, de contribuer à la réalisation de notre vision pour nous-mêmes, notre famille, notre communauté, notre ville ou notre monde. Lorsque nous appliquons cette conscience à nos choix en matière d'argent et que nous utilisons nos ressources - argent, temps ou talents - pour prendre position en faveur de ce en quoi nous croyons, nous prenons vie. Nous sommes envahis par un sentiment d'utilité, même dans la plus petite action, et un sentiment de puissance et d'énergie s'installe dans notre vie.

Quelle que soit la nature de votre propre appel à l'action, je vous invite à prendre position. Séparez-vous de la dérive dominante et profitez de l'occasion que nous avons tous d'approfondir nos valeurs et de devenir plus déterminés à les vivre et à les exprimer. Nous pouvons tous défendre la suffisance comme mode de vie et de relation à l'argent et aux autres. Que vous le fassiez avec un dollar ou un million de dollars, que vous soyez un paysan guatémaltèque ou un agriculteur africain, une personne ayant hérité d'une fortune ou une blanchisseuse, un avocat, un ouvrier d'usine, un médecin, un artiste, un employé de bureau, un boulanger ou un banquier, vous avez le pouvoir, avec votre argent, de rompre le silence qui protège une culture de l'argent destructrice et axée sur la pénurie et de prendre position en faveur de valeurs humaines plus élevées. L'argent est porteur du pouvoir et de l'intention que nous lui donnons. Dotez-le de votre position. Donnez-lui le pouvoir de changer le rêve.

CHAPITRE 10
Le pouvoir de la conversation

Les mots n'étiquettent pas les choses qui existent déjà. Les mots sont comme le couteau d'un sculpteur : Ils libèrent l'idée, la chose, de l'absence de forme générale de l'extérieur. Lorsqu'un homme parle, ce n'est pas seulement sa langue qui naît, mais aussi la chose même dont il parle.

-SAGESSE DE L'INUIT

Un jour de 1987, le marché boursier s'est effondré dans un krach que l'on a appelé le "lundi noir". Comme beaucoup d'autres personnes, Bill et moi avions beaucoup investi en bourse et, en l'espace de quelques heures, ce jour-là, nous avons perdu ce qui était pour nous des sommes effrayantes. Lorsque les équipes de télévision ont commencé à couvrir en continu cette crise financière, la peur était palpable dans l'air. On craignait une nouvelle Grande Dépression comme celle à laquelle nos parents avaient survécu dans les années 1930. À présent, c'était à notre tour d'assister à la perte de notre sécurité financière. C'était terrifiant pour ceux qui avaient perdu leur fortune et effrayant pour ceux qui risquaient de perdre leur emploi si les entreprises faisaient faillite ou avaient recours à des licenciements massifs pour survivre à la crise économique. Comme tant d'autres, Bill et moi sommes restés figés devant la télévision et avons regardé les informations sur toutes les chaînes tout au long de l'après-midi et de la soirée, écoutant les interviews de personnes dont les entreprises avaient fait faillite, de personnes dont les millions s'étaient volatilisés, et de dirigeants économiques et politiques exprimant leurs pires craintes.

Nous étions plongés dans la peur, puis quelque chose de très différent s'est produit. Nous nous sommes détournés de l'écran et avons commencé à parler de l'effet que cela aurait sur notre famille. Au fur et à mesure que nous parlions, nous avons réalisé que "l'histoire de l'argent" faisait partie de la grande conversation sur le marché boursier et qu'elle affectait la quantité d'argent que nous avions dans nos vies. Mais cette conversation n'a eu aucun effet sur notre expérience mutuelle. Nous nous aimions toujours. Notre vie était intacte. Nos enfants n'avaient pas changé, ils étaient tous les trois de beaux jeunes gens attentionnés en passe de devenir de grands êtres humains. Notre santé était intacte et nous nous sentions bien dans notre vie.

Nous avons vu que la conversation publique portait sur la valeur nette qui passait d'un niveau élevé à un niveau bas, et que cette conversation pouvait détruire nos vies si nous la laissions faire ; nous pouvions nous y engager, en être contrariés, nous en inquiéter ou en avoir peur. Nous pourrions entrer dans ce tourbillon, le tourbillon qui était partout où nous regardions ce jour-là, mais nous nous sommes regardés et nous avons fait un vœu, un petit accord, que nous ne ferions pas cela. Nous allions utiliser la situation du marché boursier comme une opportunité de compter nos bénédictions et de nous reconnecter avec les actifs non matériels qui étaient la base et le cœur de notre vraie richesse, de notre vie et de notre joie.

Ce n'est pas que nous n'étions pas préoccupés par notre avenir financier. Nous l'étions. Mais les événements boursiers de ce jour-là nous ont donné un accès exquis à un moment où nous avons pu reconnaître et expérimenter la beauté de notre vie comme nous ne l'avions pas fait depuis longtemps. Je me souviens de l'émotion que nous avons ressentie face à la prospérité réelle de notre cœur, à la suffisance et à la plénitude de notre famille, à l'abondance de notre amour. Nous nous sommes délectés de cette appréciation.

Cependant, la crise s'est poursuivie et tout autour de nous, quels que soient nos interlocuteurs, l'heure ou le lieu, les conversations portaient sur les peurs, la colère, l'argent perdu et les rêves brisés. Nous avons décidé que puisque notre propre changement de conversation et d'attention avait créé un tel moment de soutien pour nous, nous allions le partager avec d'autres autour de nous et générer la conversation qui pourrait permettre à d'autres personnes de faire la même chose. Avec chaque ami qui nous a appelés, nous avons parlé de la colère et de la peur, puis de "l'autre" conversation - la conversation sur la valeur de l'amour et des liens qui existent toujours pour nous dans nos familles et nos amitiés, et sur nos propres ressources intérieures qui n'étaient pas diminuées - et ne pouvaient pas être diminuées - par les fluctuations du marché boursier. Bien sûr, nous sommes restés préoccupés par les conséquences financières déstabilisantes, mais nous avons fait le choix conscient de ne pas paniquer et de ne pas être obsédés par cette question.

Cela m'a rappelé le caractère chinois écrit qui, selon le contexte, définit la "crise" comme un "danger" ou une "opportunité". Nous avons réalisé que, même si le marché boursier faisait ce qu'il faisait, lorsque nous abandonnions la conversation sur la peur et l'anxiété et que nous créions une conversation différente axée sur la générosité de nos vies, alors notre peur s'apaisait.

Lorsque nous avons abordé les circonstances sans le bruit de la peur et de l'anxiété, la "crise" a perdu son emprise sur nous ; l'expérience du "danger" s'est en effet transformée en opportunité.

Au cours des jours et des semaines qui ont suivi, nous avons poursuivi, avec certains de nos amis, cette pratique délibérée de la conversation appréciative, en nous concentrant sur l'appréciation de nos atouts que sont la famille, les amis et le travail, en leur accordant notre attention et en nous efforçant de faire la différence dans notre vie de tous les jours. Nous n'avons jamais retrouvé l'argent perdu ce jour-là, mais nous avons rapidement retrouvé notre bien-être et notre confiance en l'avenir. Nous avons pu penser clairement et calmement alors que nous traversions une période difficile sur le plan financier. Plus tard, avec le recul, nous nous sommes rendu compte que notre rétablissement a commencé dès l'instant où nous avons détourné notre conversation, puis notre attention de nos pertes pour nous concentrer sur nos actifs restants, financiers et autres. Pour nous, l'expérience de la crise associée au lundi noir n'a duré que quelques heures d'une journée. Pour ceux qui sont restés bloqués dans la conversation sur la crise - et certains ne l'ont jamais quittée - l'expérience de la perte et de la peur s'est poursuivie et, au fil du temps, a épuisé non seulement leurs réserves financières, mais aussi leur détermination émotionnelle et, pour certains, même leur détermination spirituelle.

LA CONVERSATION CRÉE LE CONTEXTE DE LA VIE

Nous pensons que nous vivons dans le monde. Nous pensons vivre dans un ensemble de circonstances, mais ce n'est pas le cas. Nous vivons dans notre conversation sur le monde et dans notre conversation sur les circonstances. Lorsque nous parlons de peur et de terreur, de vengeance, de colère et de châtiment, de jalousie, d'envie et de comparaison, c'est le monde que nous habitons. Si nous avons une conversation sur les possibilités, sur la gratitude et l'appréciation des choses qui se trouvent devant nous, alors c'est le monde que nous habitons. J'avais l'habitude de penser que les mots que nous prononçons représentent simplement nos pensées intérieures exprimées. L'expérience m'a appris qu'il est également vrai que les mots que nous prononçons créent nos pensées et notre expérience, et même notre monde. La conversation que nous avons avec nous-mêmes et avec les autres - les pensées qui retiennent notre attention - a un pouvoir énorme sur ce que nous ressentons, sur ce que nous vivons et sur la façon dont nous voyons le monde à ce moment-là.

La pénurie parle en termes de *jamais assez, de vide, de peur, de méfiance, d'envie, d'avidité, de thésaurisation, de compétition, de fragmentation, de séparation, de jugement, de lutte, de droit, de contrôle, d'occupation, de survie, de richesses extérieures.* Dans la conversation sur la pénurie, nous jugeons, comparons et critiquons ; nous désignons les gagnants et les perdants. Nous célébrons la quantité croissante et l'excès. Nous nous concentrons sur le désir, l'attente et l'insatisfaction. Nous nous définissons comme meilleurs ou pires que les autres. Nous laissons l'argent nous définir, au lieu de nous définir de manière plus profonde et d'exprimer cette qualité à travers notre argent.

La suffisance s'exprime en termes de *gratitude, d'épanouissement, d'amour, de confiance, de respect, de contribution, de foi, de compassion, d'intégration, de plénitude, d'engagement, d'acceptation, de partenariat, de responsabilité, de résilience et de richesse intérieure.* Dans la conversation sur la suffisance, nous reconnaissons ce qui est, nous en apprécions la valeur et nous envisageons comment faire la différence avec cela. Nous reconnaissons, affirmons et embrassons. Nous célébrons la qualité plutôt que la quantité. Nous nous concentrons sur l'intégrité, les possibilités et l'ingéniosité. Nous définissons notre argent en fonction de notre énergie et de notre intention.

La différence entre ces deux vocabulaires et la puissance de leur impact se sont révélées être un aspect à la fois inspirant et inquiétant de la réponse nationale aux attaques terroristes du 11 septembre 2001. Immédiatement après les attaques contre le World Trade Center, le Pentagone et le quatrième avion qui s'est écrasé en Pennsylvanie, au milieu du choc et du chagrin, la générosité et la compassion extraordinaires des réactions des gens ont rempli les médias et les conversations tout autour de nous.

Jour après jour, nous avons entendu les histoires, non seulement de ceux qui étaient morts dans les attaques ou dans les efforts héroïques de sauvetage ce jour-là, mais aussi des centaines, puis des milliers de personnes qui ont continué à se manifester de toutes les manières possibles pour exprimer leur compassion sous la forme de lettres, de prières, de nourriture, de vêtements et d'argent pour les familles des victimes et pour les secouristes. Je me souviens d'être allé à la banque de sang locale près de chez moi à San Francisco et d'avoir trouvé une file d'attente autour du pâté de maisons, où les gens attendaient pour donner leur sang. Pendant que nous faisions la queue, tout le monde se parlait, partageant le choc et le désir de réagir d'une manière significative. Chaque conversation portait sur la manière dont nous pouvions tous aider.

Au cours de ces premières semaines, c'était comme si nous étions tous descendus à notre propre Ground Zero, le Ground Zero de nos cœurs et de nos âmes. La conversation publique a exprimé les plus belles valeurs et les plus beaux comportements dans les exemples inspirants des secouristes, le soutien et l'amour du monde pour le peuple américain, et le désir de chaque Américain d'aider, de donner du sang ou d'envoyer de l'argent. Les gens ont ouvert leur cœur de bien des façons. Ils ont ouvertement exprimé leur reconnaissance pour leurs familles intactes, tout en pleurant pour ceux qui avaient perdu des êtres chers. Ils ont mis de côté leurs différences religieuses et ont prié ensemble lors de rassemblements interconfessionnels. Ils ont fait preuve d'une compassion et d'une sollicitude soudaines à l'égard de ceux qui, en Afghanistan, avaient souffert de l'oppression des extrémistes religieux, en particulier les femmes et les enfants dont la vie avait été si gravement restreinte. Il y a eu des cérémonies aux chandelles et des veillées, et nous avons tous senti et su que nous étions liés par la générosité et la compassion.

Quelques semaines plus tard, lorsque l'état de choc et de deuil collectif a commencé à se traduire par un ralentissement économique, et plus précisément par une baisse importante des ventes au détail, le président George W. Bush a appelé les Américains, dans une allocution télévisée, à soutenir l'économie en se remettant au travail, c'est-à-dire en dépensant de l'argent. Le shopping a été présenté comme une expression de patriotisme, un moyen de montrer aux terroristes qu'ils ne pouvaient pas détruire notre économie, notre consommation, l'esprit américain ou le mode de vie américain.

Je me souviens que dans les jours qui ont suivi le discours du président, la conversation publique sur le chagrin, la générosité et la compassion s'est d'abord arrêtée, maladroitement, presque à contrecœur, puis elle s'est orientée, avec une légère pause et une pointe de dégoût, vers le nouvel ordre du jour. Puis la conversation a commencé à s'orienter, avec seulement une légère pause et une trace de pudeur, vers le nouvel ordre du jour. En l'espace de quelques jours, les journaux et les équipes de télévision se sont rendus dans les centres commerciaux pour interviewer les acheteurs, comme s'ils étaient des fantassins sur les lignes de front de ce nouveau patriotisme consumériste. Les chiffres des ventes au détail ont fait l'objet d'une plus grande attention, avec des titres qui suggéraient que l'achat de biens de consommation était une mesure du rétablissement émotionnel de la nation après l'attaque terroriste. Les articles sur les personnes et les événements communautaires qui suggéraient une réaction réfléchie ou spirituelle ont été remplacés par des articles sur l'économie et les films qui ont fait le plus de recettes ce week-end.

Encore et encore, des personnes interviewées dans des centres commerciaux sont devenues les porte-parole désignés par les médias, décrivant leur détermination à acheter et à dépenser pour "ne pas vivre dans la peur".

Peu d'attention, voire aucune, a été accordée à ceux dont les réflexions portaient sur des questions plus profondes concernant le comportement de notre pays sur la scène internationale et la manière d'utiliser notre argent et notre puissance pour promouvoir le partenariat et la paix avec d'autres pays. Cette conversation, qui commençait à peine à s'exprimer avant l'intervention du président, a soudain été retirée du micro. Comme à l'improviste, l'attention du public est passée de la tragédie, du partage et de l'introspection aux dépenses de consommation et aux acquisitions. Une nouvelle conversation défensive et provocatrice avait commencé. Et l'argent était au centre de cette conversation.

Le drapeau américain apparaît désormais sous toutes les formes commercialisables imaginables, des téléphones portables aux sous-vêtements, en passant par les autocollants de pare-chocs et les emballages alimentaires. Alors que je me trouvais au Canada pour donner une conférence et que je rentrais aux États-Unis, je me souviens avoir vu, en traversant la frontière, un immense panneau d'affichage représentant un drapeau, ce qui me donne habituellement un sentiment de fierté, mais sur cette photo, le drapeau était muni de petites poignées, comme s'il s'agissait d'un sac à provisions géant, et des mots "America Open for Business" (l'Amérique ouverte aux affaires).

C'était devenu la nouvelle conversation, une conversation dans laquelle les valeurs américaines passaient des qualités du citoyen et du caractère personnel aux dépenses de consommation et à l'économie ; des valeurs humaines aux valeurs de consommation. Le moment choisi pour promouvoir le consumérisme en tant que patriotisme était particulièrement inconvenant, car il interrompait brusquement une nation en deuil. Les sites du crash étaient des décombres fumants, près de quatre mille personnes étaient considérées comme mortes, leurs corps n'avaient pas encore été retrouvés, et notre conversation nationale s'était tournée vers la dépense d'argent comme moyen de sauver la face, de sauver l'économie et de sauver la nation. Cela confirmait en fait certains des stéréotypes de l'"Américain moche", des surconsommateurs superficiels et matérialistes que les terroristes avaient utilisés pour justifier leur haine.

Je ne suis pas opposé à l'idée d'acheter des choses. Je ne suis pas opposé aux personnes qui dirigent des entreprises ou qui travaillent dans le commerce de détail. C'est une partie très importante de notre vie, mais ce n'est pas ce *que nous sommes*. Ce n'est pas ce qui fait la grandeur d'une personne ou d'une nation. Cela ne guérira pas la nation d'une attaque vicieuse ou de la tragédie des milliers de vies perdues. Cela ne sauvera même pas une économie autodestructrice qui repose sur une croissance insatiable et insoutenable. Et elle ne suscitera pas le respect des personnes et des nations moins consommatrices dans le monde entier.

Si nous devions considérer cette conversation nationale comme un miroir de notre relation avec l'argent, nous verrions qu'au moment de la crise, notre réponse naturelle a été l'expression de la suffisance. Soudain, nous étions tous liés. Nous avions tous plus qu'assez à partager, de l'argent à contribuer, du sang à donner. Nos cœurs étaient ouverts. Des gens sont venus de partout pour travailler ensemble en collaboration. Le pays et le monde ont fait un pas en avant pour aider et guérir. La conversation a généré un monde "toi *et* moi", qui a soutenu et exprimé ce type de relation généreuse et générative avec l'argent.

Puis la conversation nationale s'est orientée vers les craintes économiques, les dépenses et les acquisitions, et nous avons été instantanément saisis par la mentalité de pénurie. L'idée qu'il n'*y a pas assez, que plus c'est mieux,* et que c'est comme *ça, a* infusé dans la conversation publique. Le monde du "vous *et* moi" a disparu, remplacé par le monde du "vous *ou* moi".

La peur de la pénurie - pas assez d'activité économique, pas assez de respect en tant que superpuissance mondiale, pas assez de sécurité intérieure - est devenue la justification de l'utilisation défensive, craintive, voire irrationnelle de notre argent, comme une démonstration ostentatoire de notre puissance économique et militaire et de notre unité politique nationale. C'est cette conversation qui a alimenté le soutien à une réponse militaire agressive et qui a fait taire ceux qui cherchaient à agir de manière plus significative par le biais de partenariats diplomatiques et humanitaires. C'est cette conversation qui a défini nos voisins du monde comme étant "pour nous ou contre nous", ne laissant aucune place à une dissidence raisonnable, et qui a renforcé la peur et les demandes de vengeance à l'encontre d'un "axe du mal" mal défini. C'est cette conversation qui a été conçue pour servir de prélude à la guerre.

En traversant la frontière canadienne, je me souviens avoir vu ce drapeau de sac à provisions et avoir été tellement bouleversée que j'ai décidé d'écrire un commentaire à ce sujet pour le publier à mon retour. Dans les jours qui ont suivi, alors que la manie du shopping prenait le dessus et que le consumérisme remplaçait rapidement la conversation plus profonde mais plus silencieuse sur les valeurs humanitaires, j'ai eu tellement mal au cœur en écrivant l'article que je ne l'ai jamais terminé. La puissance de cette conversation axée sur la pénurie m'a arrêtée dans mon élan. Le mythe du "c'est *comme ça"* a été le véritable déclic pour moi. Je me souviens d'avoir désespéré d'être entendue. Et j'ai abandonné.

À peu près à la même époque, je devais participer à une réunion avec douze collègues d'un groupe appelé Turning Tide Coalition, un groupe de dialogue composé d'activistes respectés qui ont dirigé ou dirigent des organisations et des mouvements engagés dans la création d'un mode de vie juste, prospère et durable. Nous avions prévu de nous rencontrer pendant deux jours et lorsque nous l'avons fait, cela a été comme un tonique pour moi et pour nous tous.

Nous avons pris acte de l'évolution décourageante de la conversation nationale, qui est passée de la générosité et de la compassion à la peur, à l'incertitude, à la colère, à la vengeance et à la guerre, et nous avons décidé de faire ce que nous pouvions pour aider à ramener la conversation vers un centre plus profond. Nous avons décidé de faire ce que nous pouvions pour aider à ramener la conversation vers un centre plus profond. Parmi nos réponses, il y a eu celle-ci : Nous avons entamé une série de communications par courrier électronique invitant les gens à se reconnecter à ces qualités plus fines en eux-mêmes et chez les autres, plutôt que de se sentir perdus dans la peur et le consumérisme mal orienté. Certaines lettres se référaient directement aux graves problèmes auxquels la nation est confrontée et à des considérations qui susciteraient des réponses plus efficaces qu'un appel réflexe aux armes. À l'approche des fêtes de fin d'année, nous avons également constaté que les personnes que nous connaissions participaient à ce que l'on pourrait appeler un grand "changement de cadeau". Ils passaient de l'achat de cadeaux au don d'argent ou de temps, de l'argent dépensé en cadeaux au temps passé avec les gens, de gestes banals à l'expression de liens plus profonds.

Nous avons envoyé les courriels et les lettres à nos listes personnelles et organisationnelles d'amis, de collègues et d'autres personnes, et nous les avons invités à transmettre les lettres et à y ajouter les leurs, afin que ces sentiments plus calmes, non commerciaux et plus réfléchis soient plus présents dans la conversation publique. Nous avons créé un site web où les gens pouvaient partager leurs histoires et leurs idées de changement de cadeau.

Dans l'élaboration même des messages, nous nous sommes sentis renouvelés. Alors que les courriels commençaient à atteindre d'autres personnes et que nous entrions en contact avec des centaines, puis des milliers de personnes, il était clair que beaucoup, beaucoup de personnes étaient désireuses de se joindre à une conversation sur la suffisance, la connexion et le partage qui s'élargissait et s'approfondissait à chaque fois qu'une voix s'élevait.

Chaque message était la preuve que, quelles que soient les circonstances ou les conversations, il existe toujours une aspiration sous-jacente à la connexion et à la suffisance. La rapidité et la portée étonnantes de la campagne de lettres sur Internet ont rappelé la présence de ce que l'on a appelé le "courant principal caché" de personnes qui pensent, voient et parlent dans un contexte de suffisance. Ils veulent que leurs impôts, leurs dépenses et leur aide humanitaire soient investis de manière à promouvoir un mode de vie durable, la paix mondiale et l'équité, et non dans l'épuisement, la vengeance et le renforcement des forces armées. Cela m'a rappelé à quel point il est vital que ceux d'entre nous qui font partie de ce courant caché fassent surface et s'expriment, afin de générer une conversation sur la suffisance et d'inviter d'autres personnes à le faire.

Cet événement crucial de l'histoire et la guerre qui s'en est suivie ont mis en lumière de nombreux aspects, notamment notre relation avec l'argent, en tant que nation et en tant qu'individus. La crainte de ne pas avoir assez de pétrole guide une grande partie de notre politique nationale et de notre stratégie militaire au Moyen-Orient. En tant que nation, nous semblons plus disposés à faire la guerre pour des intérêts pétroliers, même au point de sacrifier des vies innocentes, qu'à agir délibérément pour réduire notre utilisation des combustibles fossiles et notre dépendance à l'égard du pétrole étranger. Cet appétit insatiable pour plus a déshumanisé une grande partie du monde pour l'Amérique, et les conséquences de cette attitude sont graves. L'époque actuelle appelle à une conversation honnête et à un examen de conscience, car nous constatons le coût réel de notre appétit national de consommation et de notre réputation de consommateurs arrogants et gloutons auprès d'une grande partie de la communauté mondiale. Nous pouvons prendre position, changer le rêve et faire en sorte que la conversation soit *suffisante*.

POSSÉDER NOTRE VIE AVEC DE L'ARGENT : ÉCOUTER POUR LA GRANDEUR, DIRE LA VÉRITÉ

Je passe la plupart de mes heures de veille à discuter d'argent. Bien que les projets et les budgets soient souvent à l'échelle mondiale, la plupart de ces conversations reflètent le type de discussions que nous avons tous les jours à propos de l'argent - la logistique - pour déterminer combien d'argent est nécessaire pour accomplir un travail, d'où il viendra, qui le gérera et comment il sera utilisé pour accomplir la tâche. Aussi banales qu'elles puissent paraître, ces questions et ces conversations peuvent nous conduire aux vérités les plus profondes, aux fictions et aux délicates tromperies que nous racontons à propos de l'argent et de notre relation avec lui.

Au cours de la crise boursière de 2003, certaines des fondations les plus riches d'Amérique ont commencé à réduire les subventions accordées à de nombreuses agences et organisations qui réalisent un travail vital dans le cadre de programmes de soutien aux enfants et aux familles, à l'environnement, à la santé publique, à l'éducation et à la sécurité. Une semaine en particulier, mon salon ressemblait à une porte tournante, car le personnel chargé de la collecte de fonds et du développement d'une agence après l'autre - des organisations respectées et bien gérées - venait s'entretenir de leurs crises de financement soudaines et désespérées.

Dans la communauté philanthropique, les fondations étaient à juste titre préoccupées par l'économie et la baisse du rendement de leurs portefeuilles d'investissement. Cependant, dans de nombreux cas, les fondations étaient financièrement solides, avec des millions, voire des centaines de millions de dollars ou plus, qui continuaient à fournir une base solide pour les opérations et les subventions. Elles réduisaient leurs subventions par mesure de précaution. Ces réductions avaient un impact dévastateur sur les agences à but non lucratif et sur leur capacité à poursuivre leur travail important ici et dans le monde.

Dans les mois qui ont suivi, les agences en difficulté ont modifié leur discours pour se concentrer sur les moyens de faire plus avec moins. Dans le même temps, certaines fondations ont commencé à examiner de plus près les priorités servies par les coupes budgétaires. Leur engagement le plus important était-il de se fixer des objectifs financiers ambitieux, même si ces objectifs nécessitaient de réduire les subventions accordées à des activités importantes ? Ou bien, à un moment comme celui-ci, était-il plus approprié de soutenir le travail qui représentait les missions philanthropiques déclarées des fondations, en alignant leurs décisions et attentes internes en matière de gestion financière de manière responsable afin d'honorer cet engagement ? Ces conversations en ont amené d'autres sur la nature de leurs investissements et sur la question de savoir si leur portefeuille représentait bien les valeurs de leur fondation. Était-il approprié d'investir dans l'industrie du tabac et d'en tirer profit, par exemple, alors que la mission de la fondation portait sur la santé publique et communautaire ?

Le processus de discussion sur ces questions a été, pour les personnes des deux côtés de la question, une occasion d'auto-examen, une invitation à être honnête et clair sur les motifs, les intentions, les priorités et les engagements. Il s'agissait d'un appel à faire abstraction du discours sur la pénurie, des peurs et des réflexes protectionnistes qu'il suscite, pour se tourner vers un discours sur la suffisance, sur la certitude qu'il y *a assez* et que nous sommes assez nombreux pour relever le défi.

La conversation sur la suffisance a ouvert le débat sur l'argent de telle sorte qu'il a été possible de mettre en jeu les qualités de l'âme. C'est dans nos efforts délibérés pour écouter non seulement les autres, mais aussi *la* grandeur de chacun, que la grandeur de l'argent s'est manifestée. Nous pouvons nous observer et écouter la manière dont nous encadrons nos conversations et nos décisions concernant l'argent. Nous pouvons nous demander qui nous voulons être dans l'instant et avec notre argent ; qui nous *devons* être pour faire le plus de bien au plus grand nombre.

Le débat sur la suffisance a été au cœur de toutes les réussites dont j'ai été témoin, que ce soit dans un village en difficulté au Sénégal ou dans la lutte ou les choix de personnes beaucoup plus proches de chez nous. Lorsque les Sept Magnifiques ont fait passer la conversation dans leur village de la défaite et du départ à des idées créatives pour cultiver la terre, la première chose qui a fleuri a été un sentiment de possibilité et de capacité. De là sont nées des stratégies, des actions déterminées et, en fin de compte, le succès. Les survivants d'un divorce ou d'autres désastres personnels et financiers qui ont ensuite bâti une vie prospère me disent souvent que le tournant s'est produit lorsqu'ils ont été capables de détourner leur attention et leurs conversations de la douleur et de la perte du moment, et de commencer à se concentrer sur leurs ressources intérieures et à parler sérieusement des possibilités qui s'offraient à eux.

Sa Sainteté le Dalaï Lama, dans son livre *Ethics for the New Millennium*, partage la sagesse de l'érudit indien Shantideva qui a observé un jour que si "nous n'avons aucun espoir de trouver c'était aussi une véritable déclaration de ma part sur mon engagement, et je devais juste réorganiser mon ménage et d'autres engagements financiers pour y parvenir. J'ai donc ressenti un surprenant sentiment d'exaltation et de puissance lorsque j'ai signé la carte avec un engagement de 2 000 dollars et que je l'ai transmise. C'est à ce moment-là que j'ai commencé à prendre position vis-à-vis de l'argent de la manière la plus personnelle qui soit. Je savais que nous pouvions trouver un moyen de tenir cette promesse.

J'ai pris ma voiture pour rentrer chez moi et à peine m'étais-je engagée dans la circulation que j'ai été prise d'une panique totale. Qu'est-ce que j'avais fait ? Je n'avais aucune idée de la façon dont j'allais trouver cet argent. Et comment l'annoncer à mon mari ? J'avais l'impression d'avoir dépassé les bornes. Comment pourrais-je défendre mon choix d'engager notre argent de cette manière sans lui en parler d'abord ? J'ai pris conscience de mon sentiment d'impuissance - une sorte de déférence enfantine envers l'homme de la maison -, de mon malaise et de mon inquiétude face à la question de l'argent, de la façon dont je m'expliquerais avec mon mari et de la manière dont il réagirait. En fin de compte, Bill en est venu à soutenir mon travail de collecte de fonds et un engagement plus important de nos ressources familiales. Mais avant même que je m'en rende compte, mon inquiétude était bien réelle.

Ce petit incident semble tellement banal, mais notre conversation sur l'argent à l'époque était chargée de condamnations à perpétuité pour nous deux, la mienne exprimant une tradition de désengagement et de dépendance, la sienne exprimant un postulat traditionnel de gestion et de contrôle. La même dynamique de pouvoir entre les sexes autour de l'argent joue encore entre les femmes et les hommes partout, dans le monde entier, une hypothèse non remise en question, quelque chose que nous sommes réticents à remuer ou à contester parce que nous en craignons les répercussions.

Partout dans le monde, les femmes accomplissent un travail énorme : elles s'occupent des enfants, cuisinent, nourrissent les familles et gèrent les foyers, tout en menant souvent des carrières exigeantes et accaparantes. En particulier dans les pays les moins développés, la contribution des femmes est incommensurable, un travail intense qui n'est jamais reconnu comme valable, jamais récompensé par de l'argent et jamais considéré comme faisant partie de l'économie. Rien qu'en Afrique subsaharienne, 85 % des agriculteurs sont des femmes, mais leur travail n'est pas reconnu. Aucune valeur monétaire ne leur est attribuée.

Dans les pays les plus développés, les inégalités entre les hommes et les femmes sur le lieu de travail se manifestent de manière flagrante et choquante dans le domaine de l'argent. Il en va de même pour les divorces et les attitudes à l'égard du travail traditionnel des femmes, comme les soins infirmiers et l'enseignement, qui sont mal récompensés malgré le rôle essentiel qu'ils jouent dans notre culture. Cela se traduit à grande échelle par le sous-financement des organisations qui s'occupent des personnes, alors que les activités industrielles et militaires sont surfinancées.

La distorsion entre les sexes et l'argent existe dans des proportions dramatiques dans le monde entier, mais elle commence dans nos propres maisons, dans nos propres familles, dans nos propres cœurs, où l'impuissance ou le droit à l'argent déterminent nos sentiments à l'égard de l'argent. Tant que ces questions plus profondes autour de l'argent ne seront pas réconciliées - entre une femme et un homme et entre toutes les femmes et tous les hommes - l'argent continuera d'être tantôt un angle mort, tantôt un point d'ignition dans notre relation avec l'argent et avec les autres, depuis nos relations les plus intimes jusqu'aux arènes les plus publiques de la vie, du travail et de la politique publique.

Nous avons tous des condamnations à perpétuité ancrées dans nos croyances et notre vision du monde. Il est possible de les réécrire et de réécrire consciemment nos réponses pour y inclure l'inspiration dont nous avons besoin pour nous ancrer dans le monde de l'argent :

L'argent est comme l'eau. Il peut être un vecteur d'engagement, une monnaie d'échange de l'amour.

L'argent qui va dans le sens de nos engagements les plus élevés nourrit notre monde et nous-mêmes.

Ce que vous appréciez apprécie.

Lorsque l'on fait la différence avec ce que l'on a, cela prend de l'ampleur.

La collaboration est source de prospérité.

La véritable abondance découle d'une quantité suffisante, jamais d'une quantité supérieure.

L'argent porte notre intention. Si nous l'utilisons avec intégrité, il porte l'intégrité vers l'avant.

Connaître les flux - assumez la responsabilité de la façon dont votre argent circule dans le monde.

Laissez votre âme informer votre argent et votre argent exprimer votre âme.

Accédez à vos actifs - non seulement à l'argent, mais aussi à votre personnalité et à vos capacités, à vos relations et à d'autres ressources non monétaires.

Nous avons tous le pouvoir de modifier, de changer et de créer la conversation qui façonne nos circonstances. Les leviers et les cadrans de la conversation sont à notre disposition. Lorsque nous écoutons, parlons et répondons dans un contexte de suffisance, nous accédons à une nouvelle liberté et à un nouveau pouvoir dans notre relation avec l'argent et la vie.

CHAPITRE 11

Créer un héritage de suffisance

La vie que vous vivez est l'héritage que vous laissez.

Ma mère était mourante. Elle avait quatre-vingt-sept ans et on lui avait diagnostiqué un cancer en phase terminale en mai. Les médecins lui avaient dit qu'il ne lui restait que quelques mois à vivre, et elle savait que c'était vrai. Elle a décidé de passer le temps qui lui restait à vivre l'instant présent, à apprécier sa maison, son jardin, sa famille, ainsi que les personnes et les lieux familiers et aimés de sa vie.

Ses enfants adultes, tous les quatre, vivaient à des distances variables de sa maison de Palm Springs et lui rendaient fréquemment visite. Nous nous relayions tous pour rester auprès d'elle, mais au fil du temps, j'ai finalement décidé de venir et de rester avec elle pendant une longue période, pour l'aider à achever sa vie. Je voyais l'approche de sa mort comme une occasion unique pour moi et ma mère, ainsi que pour notre famille, d'accéder à une relation plus profonde avec l'autre que nous ne l'avions jamais connue. Bien des années auparavant, la veille de mon treizième anniversaire, mon père était mort subitement dans son sommeil d'une crise cardiaque. Il n'avait pas été malade, et il était jeune, à cinquante et un ans. Mais un soir, nous sommes tous allés nous coucher, et le matin, nous nous sommes tous réveillés et il n'était plus là. Ce fut un choc terrible et une perte traumatisante pour nous tous.

Ainsi, le fait de savoir ouvertement que je pouvais partager les dernières semaines et les derniers mois de la vie de ma mère a été une telle bénédiction. Pour moi, c'était l'occasion d'approfondir ma propre expérience du sens de la vie elle-même, et de la mort non seulement comme une perte soudaine, mais aussi comme un point final proche qui rehausse et aiguise notre expérience de la vie.

Dans les jours et les semaines qui ont précédé sa mort, nous avons parlé pendant des heures de la vie, et de sa vie. Nous avons réfléchi à la richesse de sa vie et à l'importance, en fin de vie, de faire le point sur les bénédictions et les cadeaux, mais aussi sur la douleur, la souffrance, les déceptions, les regrets et les erreurs. Ces souvenirs douloureux et ces blessures restent toujours accessibles, semble-t-il, quel que soit le nombre d'années qui s'écoulent, et il est facile de se les remémorer sans trop d'effort. En revanche, les bénédictions, les réalisations, les succès, les moments de grâce, voilà ce à quoi elle voulait vraiment consacrer du temps. Elle voulait achever sa vie en puisant dans sa mémoire et en mettant en lumière une grande partie de son expérience qui avait été reléguée au rang d'histoire dans l'activité intense de sa vie.

Un jour, nous nous sommes intéressés à sa vie avec de l'argent. À ce moment-là, elle pouvait encore s'asseoir sur une chaise et marcher avec un déambulateur. Nous nous sommes assis à l'extérieur, sur sa terrasse, par une journée agréable et ensoleillée, profitant d'un soupçon de brise et des odeurs fraîches de son jardin et des fleurs qui y fleurissaient. À un moment donné, elle a commencé à parler du fait qu'elle avait réussi à collecter des fonds de son vivant et qu'elle était fière que j'aie suivi ses traces. Elle a dit que sa collecte de fonds avait été différente de la mienne parce que c'était une autre époque, une époque d'auxiliaires féminines où les femmes ayant des moyens importants s'impliquaient dans des œuvres caritatives presque par obligation. Pour certaines personnes, a-t-elle dit, c'était une question de statut et de positionnement social qui les poussait à faire ce "travail de charité". Elle a reconnu que ces motivations avaient également été les siennes, mais qu'avec le recul, ces occasions de donner de son temps et de sa personne pour organiser et collecter des fonds ont été parmi les expériences les plus belles et les plus importantes de sa vie.

Elle se souvient encore de son premier projet de collecte de fonds. Elle était une jeune épouse et mère, âgée d'une trentaine d'années, vivant à Evanston, dans l'Illinois, lorsqu'elle a entrepris de collecter des fonds pour une organisation caritative locale. L'organisation était une agence communautaire qui s'occupait des adoptions de nourrissons et fournissait une pouponnière pour les bébés orphelins ou abandonnés ainsi qu'un endroit où les parents potentiels pouvaient leur rendre visite.

Aujourd'hui, quelque cinquante ans plus tard, elle se souvient comme si c'était hier de ce qu'elle a ressenti lorsqu'elle s'est engagée à réunir les 25 000 dollars nécessaires à l'agrandissement du bâtiment qui abritait l'orphelinat et le bureau administratif. C'était un objectif énorme, presque insurmontable pour l'organisation à l'époque. Ma mère était très jeune et très novice et n'avait aucune idée de la manière dont cela pourrait se faire, mais il fallait que quelqu'un prenne les choses en main, et c'est ce qu'elle a fait.

Ma mère et son équipe ont mis en œuvre tous les projets possibles pour collecter cet argent. Ils ont organisé des ventes de pâtisseries, des collectes de vêtements d'occasion et des visites de jardins. Ils ont organisé une série de petits événements de collecte de fonds qui se sont succédé à un rythme effréné.

À l'époque, les gens ne demandaient pas souvent de l'argent aux particuliers aussi directement qu'aujourd'hui, mais les fonds collectés lors de ces événements s'accumulaient. À l'approche de la date limite de la campagne, ils étaient proches de leur objectif, mais il leur manquait encore 5 000 dollars pour l'atteindre. Ma mère a déclaré qu'elle estimait qu'il était de sa responsabilité personnelle de trouver ces derniers 5 000 dollars. C'est à ce moment-là qu'elle s'est véritablement initiée à la collecte de fonds à partir du cœur, car elle s'est rendu compte qu'il y avait partout des gens qui avaient adopté auprès de cette agence et qui, s'ils savaient que leur argent permettrait à d'autres couples d'adopter, seraient ravis de le donner. Forte de cette idée, elle a récupéré la liste des parents, les a appelés et a demandé à les rencontrer. Un à un, il leur a demandé de donner de l'argent. Et l'un après l'autre, ils l'ont fait - 500 dollars par-ci, 250 dollars par-là - jusqu'à ce que tout soit terminé. Elle a recueilli elle-même les derniers 5 000 dollars de cette manière et, au final, elle a dépassé l'objectif fixé et récolté 26 133 dollars en tout.

Elle a déclaré que cette campagne lui avait appris que tout le monde, où qu'il se trouve, veut faire la différence. Tout le monde veut une vie saine et productive pour soi et pour les autres, et donner de l'argent ou participer financièrement est l'un des moyens les plus extraordinaires et les plus puissants de faire ce genre de différence. Elle a déclaré que ces rencontres avec ces familles étaient toutes des interactions inoubliables et intimes et qu'elle savait que la demande qu'elle leur avait faite avait été un cadeau.

En discutant et en pensant aux familles touchées par cette campagne de collecte de fonds, tant celles qui ont donné de l'argent que celles qui sont venues plus tard dans le nouveau bâtiment pour adopter l'enfant de leurs rêves, nous avons été servis pour toute une vie. Nous avons ensuite réalisé que les bébés qui avaient été adoptés à cet endroit à l'époque - ces mêmes bébés - avaient aujourd'hui une cinquantaine d'années. Ils avaient été adoptés et élevés par des familles qui les aimaient et les voulaient. Ces mêmes bébés étaient très probablement des parents, et beaucoup d'entre eux des grands-parents, et toute une série de familles et d'amour découlaient de ces bébés devenus adultes. Nous nous sommes émerveillés de voir que les 26 133 dollars qu'elle a récoltés étaient toujours à l'œuvre dans la vie de ces personnes, de leurs enfants et de leurs petits-enfants. Lorsque vous récoltez de l'argent pour vos engagements les plus importants - dans ce cas, l'engagement de ma mère à faire aimer et soigner les enfants orphelins -

ces ressources financières continuent à récolter une moisson ininterrompue en accord avec l'intention de cet argent. Nous avons pensé à tous les bébés qui ont été adoptés, après la collecte de fonds, dans le nouveau centre. Elle considérait que chaque bébé adopté par la suite faisait partie de l'héritage qu'elle avait pu aider cette agence à laisser. Nous avons été émus par cette pensée et par le pouvoir de l'argent collecté et donné pour faire la différence.

Au cours d'une autre conversation, elle a évoqué toutes les grandes campagnes de collecte de fonds qu'elle avait menées au cours de sa vie : campagnes pour le musée, une agence mondiale d'adoption, la symphonie communautaire, le club des garçons, le club des filles, un programme de bien-être pour les Amérindiens dans l'Ouest où elle vivait maintenant, un institut Braille, des refuges pour animaux, une clinique d'alphabétisation, le centre de soins palliatifs voisin d'où les professionnels des soins palliatifs venaient maintenant s'occuper d'elle, un camp d'études écologiques, un projet de retour à l'habitat naturel de certaines parties du désert, un camp qui construisait des sentiers sauvages à travers les montagnes ; En énumérant projet après projet, organisation après organisation, elle s'est rendu compte qu'elle avait probablement collecté des millions de dollars qui ont galvanisé des millions d'autres personnes et servi des millions d'autres encore.

Cet argent, bien que dépensé depuis longtemps, était à bien des égards encore à l'œuvre et même à son service. Les sentiers sont parcourus par ses arrière-petits-enfants, le personnel de l'hospice est maintenant à son service et à celui de sa propre famille, la générosité et la richesse qu'elle a générées pour sa communauté sont des investissements qui lui reviennent maintenant. Cet argent serait à l'œuvre pour toujours, non pas consommé et utilisé, mais en train de rapporter de la valeur à tout le monde. Ce fut une prise de conscience puissante et un moment poignant pour nous deux.

Quelques jours plus tard, elle m'a dit qu'elle voulait reconnaître les personnes qui étaient importantes pour elle dans sa vie quotidienne dans le quartier, en particulier les personnes qui avaient été vraiment bonnes, vraiment gentilles, avec elle. Elle considérait ces relations comme son abondante richesse et voulait faire savoir à quel point elle les chérissait. Elle a sorti l'annuaire téléphonique et s'est tournée vers les pages jaunes. Elle m'a demandé d'appeler l'atelier de nettoyage à sec. J'ai appelé, puis elle a pris le téléphone et a demandé à parler au directeur. Il y a eu une pause, le temps que l'employé aille chercher le directeur. Puis ma mère a dit :

"Ken, c'est Mme Tenney. Je suis mourante et je serai probablement partie en septembre. Je parle à ma fille de toutes les personnes qui ont rendu cette dernière partie de ma vie si spéciale. Vous nettoyez mes vêtements depuis vingt ans et je me sens servie et soignée par vous et vos employés derrière le comptoir. Je vous apprécie et je veux que vous sachiez que lorsqu'une personne vieillit et ne peut plus faire grand-chose pour elle-même, les personnes du quartier qui fournissent ces services nécessaires deviennent les personnes qui habitent votre vie, les personnes qui font votre journée. J'aimerais que vous veniez à mon enterrement et que vous vous asseyiez juste derrière ma famille. Je veux que vous donniez votre adresse et votre numéro de téléphone à ma fille pour qu'elle puisse vous inviter à l'enterrement le moment venu".

Elle a parlé à Marcy et Susan, qui travaillaient derrière le comptoir, et leur a dit la même chose, en expliquant en détail à quel point elle les appréciait. Elle a ensuite appelé l'atelier de réparation automobile et a parlé à l'homme qui s'occupait de sa voiture. Nous avons appelé la pharmacie, le livreur, la femme derrière le comptoir des cosmétiques de son magasin préféré. Nous avons appelé son restaurant préféré, un petit restaurant français, et elle a parlé aux propriétaires et à sa serveuse préférée, Martine. Elle leur a dit à quel point elle avait été heureuse de les connaître et à quel point elle s'était sentie bien traitée. Nous avons appelé le coiffeur, le massothérapeute et la manucure. Nous avons appelé les personnes qui lui livraient ses courses.

Chaque conversation était très émouvante. Les gens étaient surpris. Ils n'étaient pas habitués à entendre une telle appréciation de leur travail, surtout de la part d'une personne proche de la mort. J'ai obtenu les noms et adresses de chacun pour les inviter à ses funérailles le moment venu.

Nous avons ensuite abordé la question de la distribution d'une partie de l'argent qui restait à ses onze petits-enfants et à ses trois arrière-petits-enfants. Même si les montants étaient modestes, elle voulait leur donner l'argent suffisamment tôt pour qu'ils puissent lui dire comment ils voulaient l'utiliser et qu'elle puisse partager leur joie.

Nous avons allumé des bougies et commencé. Nous avons rassemblé des photos dans toute la maison et, l'une après l'autre, nous nous sommes assises avec la photo d'un petit-enfant particulier devant elle, tandis qu'elle parlait de ses qualités particulières et de son parcours de vie. Ses yeux se remplissaient de larmes en regardant les photos de ses petits-enfants et en disant combien elle aimait chacun d'eux, combien ils étaient uniques et combien elle les chérissait, se souvenant du cadeau qu'ils représentaient dans sa vie. Ensuite, elle écrivait un mot, rédigeait le chèque et nous assemblions les pièces dans une enveloppe que nous préparions pour l'envoi. Chacun prenait environ une demi-heure ; avec onze petits-enfants et trois arrière-petits-enfants, cela nous prenait environ trois jours. C'étaient les journées les plus riches qui soient. Son attention était si consciente, délibérée et si chaleureuse qu'elle en était presque submergée et qu'elle devait se reposer avant de reprendre le processus le lendemain.

Après avoir évoqué et reconnu chaque membre de la famille, elle s'est tournée vers d'autres souvenirs, dont certains reflétaient la qualité d'âme qu'elle avait apportée à sa vie pécuniaire pendant toutes ces années. Elle s'est souvenue des nombreuses œuvres caritatives et agences de services communautaires auxquelles elle avait contribué, des fois où elle avait prêté des sommes importantes à des gens, même si elle savait qu'ils ne la rembourseraient jamais. Elle avait le sentiment que l'argent avait été utilisé à bon escient et elle ne regrettait rien. Elle se sentait comblée et bénie d'avoir pu le faire, et satisfaite de sa vie. Elle avait le sentiment d'avoir bien vécu sa vie.

La semaine suivante, nous nous sommes assurés que toutes les factures et tous les coûts liés aux prochains mois de soins et aux funérailles elles-mêmes étaient réglés et pris en charge sans sacrifice de la part de quiconque.

Elle n'avait plus beaucoup d'argent à la fin de sa vie. D'une certaine manière, elle était fière de ne pas en avoir. George Bernard Shaw a dit un jour : "Je veux être complètement épuisé quand je mourrai." Ma mère était l'exemple même de cette pensée. Elle a fait remarquer qu'elle s'était rendu compte qu'elle avait épuisé son corps et les ressources financières qu'elle avait eu la chance d'avoir. Elle était complètement et totalement vidée, dans le meilleur sens du terme. Sa force vitale et sa richesse matérielle avaient été dépensées et, à la fin, elle avait tout utilisé pour célébrer, honorer et exprimer son amour pour les gens.

Bien sûr, ma mère a aussi eu des jours horribles, des jours douloureux et des jours où elle était fâchée avec tout le monde et exprimait sa colère. À la fin, lorsqu'elle est morte, elle avait vraiment terminé. Sa vie était terminée et je me souviens avoir pensé, mon Dieu, quelle fin, quelle vie ! Et au cours de ces dernières semaines, elle m'a fait comprendre le pouvoir éternel de l'argent béni, de l'argent dirigé avec intégrité et intention, et le pouvoir éternel de l'amour. Cela fait partie du grand héritage qu'elle a laissé.

Je me souviens que dans les minutes qui ont suivi sa mort, je suis entré dans la pièce où se trouvait son corps. Je pouvais sentir que son esprit était parti ; sa force vitale n'était plus dans ce corps. Elle n'était plus à l'intérieur, mais il y avait un sentiment palpable d'elle dans la pièce, son endurance, sa force, sa générosité et son amour. C'était toujours présent. Je me souviens d'avoir ressenti si clairement à ce moment-là que c'est là notre héritage : les intentions que nous concrétisons dans le monde par nos actions, nos communications, les conversations que nous suscitons, les relations que nous avons la chance d'avoir et les nombreuses façons dont nous exprimons notre amour. Grâce à ce merveilleux outil qu'est l'argent, nous pouvons dire qui nous sommes et toucher le monde.

Lorsque nous nous sommes réunis pour les funérailles, en plus de notre famille et de nos amis proches, tous les gens à qui nous avions téléphoné sont venus - le teinturier, le mécanicien, le chef cuisinier et la serveuse, le livreur, tout le monde est venu. Ces personnes étaient des vendeurs dont elle payait les services, mais elles se sentaient elles aussi intimement impliquées dans sa vie parce qu'elle les laissait entrer.

Elle les avait tous comblés de son appréciation et de sa reconnaissance, et je sais que cela perdure encore aujourd'hui dans leur vie. Leur vie a été touchée parce que ma mère avait les moyens et la grâce de passer ces simples coups de téléphone. Ses petits-enfants ont été bénis par les petits cadeaux financiers qu'elle leur a faits de son vivant, et elle se délectait des histoires qu'ils lui racontaient sur la façon dont ils comptaient les utiliser. Cela fait maintenant des années qu'elle est décédée, et pourtant son argent et son amour sont toujours à l'œuvre et le seront encore dans les années à venir.

L'héritage de ma mère était, en partie, une célébration de sa façon d'être avec l'argent et la reconnaissance claire de la suffisance de la vie. Qu'il s'agisse de la collecte de fonds et du financement de ceux dont elle estimait le travail important, des legs qu'elle faisait aux membres de sa famille ou de son appréciation des personnes de sa vie qui la connaissaient simplement comme une cliente régulière du quartier, elle m'a fait comprendre l'énorme différence qu'une personne peut faire dans la vie d'autres personnes. Elle m'a rappelé les moments de connexion par le biais de notre argent, qui sont peut-être plus profonds que nous ne l'imaginons ; et que lorsque, dans ces moments, nous agissons avec le cœur, notre argent exprime ce cœur, ce qui est notre véritable richesse. Elle n'était pas une riche matriarche ; elle était une participante passionnée et généreuse à la vie et au travail des autres qu'elle a nourris de son temps, de son énergie et de son argent, depuis sa jeunesse jusqu'à sa mort.

L'HÉRITAGE DE LA CONSCIENCE DE L'ARGENT

Chacun d'entre nous souhaite laisser en héritage une famille en bonne santé, des enfants épanouis et une terre vivante et propice à la vie. Ce n'est pas dans ce que nous laissons derrière nous que nous créons notre héritage le plus durable, mais dans la façon dont nous vivons, et en particulier dans la façon dont nous gérons notre argent.

Quel type d'héritage voulez-vous laisser ? Que vous soyez "dollar-aire" ou milliardaire, vous faites la différence. Vous laissez un héritage. Faire la différence avec votre argent ne signifie pas que vous devez en avoir beaucoup, ou être une personnalité publique, ou un législateur, ou apparaître dans l'émission d'*Oprah*, ou laisser une dotation à votre établissement d'enseignement supérieur préféré. Chacun d'entre nous crée un héritage dans sa façon de vivre aujourd'hui. Nous créons un héritage de suffisance - ou de pénurie - à bien des égards, mais surtout dans notre relation avec l'argent. Nous pouvons épuiser et prendre, accumuler et conserver, ou nous pouvons nourrir, partager, allouer et dépenser consciemment et contribuer.

J'ai toujours pensé, en grandissant, que le fait d'avoir hérité de l'argent serait un destin fabuleux pour quelqu'un - ne jamais avoir à se soucier de l'argent, ni à s'en préoccuper, ni même à *y penser, si ce* n'est pour savoir qu'on en a des tonnes. Le mythe *"plus c'est mieux"* est si fort qu'il est difficile de croire que plus puisse être problématique. Mais la vérité raconte une autre histoire, et je l'ai entendue et vue à maintes reprises dans mon travail avec ceux qui vivent cette histoire.

Lors d'une récente conférence, une jeune femme blonde de vingt-six ans au visage frais a raconté à un petit groupe d'autres héritiers, et à moi-même, qu'elle avait supplié son père de ne pas lui donner un tas d'argent, mais qu'il lui avait transféré 30 millions de dollars en fiducie la même semaine. Elle s'est sentie écrasée par l'argent, terrifiée par la responsabilité, confuse et accablée, et effrayée à l'idée que les gens le découvrent et la détestent ou l'utilisent pour cela. Le travail qu'il avait accompli pour gagner cet argent avait détruit sa famille, divisant ses frères et sœurs, provoquant le divorce de ses parents et créant des jalousies et des envies dont elle ne voulait pas faire partie. Elle avait l'impression que tout ce bagage, cette culpabilité et ces mauvais sentiments lui avaient été transmis avec l'argent et elle avait du mal à le supporter.

La plupart d'entre nous seraient choqués de voir la misère et la tristesse qui accompagnent le plus souvent cet héritage de richesse excessive. Bien sûr, il y a des exceptions et ces exceptions sont les personnes qui travaillent avec diligence pour contrer les effets de l'excès et du droit, mais contrairement à ce que nous imaginons, une grande richesse héritée n'est pas nécessairement le bel héritage qu'elle semble être.

Dans les pays et les communautés où l'argent est rare, mais aussi dans les vies où l'argent est surévalué, l'aspect le plus destructeur de cette relation avec l'argent est l'héritage d'un esprit appauvri qui conduit les gens à croire que l'argent définit ce qu'ils sont et ce qu'ils peuvent choisir d'être dans la vie. Dans les circonstances les plus pauvres et les plus riches en ressources, nous savons que ceux qui survivent et s'épanouissent sont ceux qui puisent dans d'autres ressources plus profondes pour cultiver une vie pleine de sens.

CRÉER UN HÉRITAGE : MODELER UNE VIE SUFFISANTE

Lorsque Bill et moi nous sommes laissés prendre par ce que j'ai appelé le chant des sirènes du succès - lorsque nos enfants étaient petits - nous avons non seulement manqué une grande partie de la joie et de la nourriture que nous pouvions trouver en étant présents au sens de l'émerveillement et de l'admiration de nos enfants dans les choses les plus petites et les plus simples, mais nous leur avons également donné un modèle inquiétant. Nous nous efforcions de gagner de l'argent, d'impressionner les autres, d'acquérir des symboles de soi-disant succès et de placer notre attention et même notre confiance dans le pouvoir incontesté de l'argent, leur envoyant involontairement des messages sur ce qui est important lorsque l'on est un "adulte".

Sans Buckminster Fuller et, plus tard, le Projet Faim, nos vies auraient pu continuer dans cette direction malsaine, mais nous avons eu de la chance. Nous avons pu nous recentrer dans un tout autre contexte et avons commencé à apprécier le fait de faire la différence plutôt que de faire fortune.

Pendant cette période charnière, Bucky était au cœur de ma vie et de mon travail, et un soir, nous avons eu l'honneur de le recevoir à dîner chez nous. Nos enfants avaient six, huit et dix ans, et Bill et moi, Bucky et nos enfants étions assis à la table de notre cuisine. Bucky était souvent appelé le "grand-père du futur" et c'était si excitant - un tel cadeau - de le voir là avec nos enfants, partageant un repas simple, préparé à la maison. À un moment donné, ma fille Summer, âgée de huit ans, a dit quelque chose de profond, à la manière des enfants qui expriment une vérité profonde avec leur perspicacité innocente. Sa remarque a été une sorte de coup de théâtre pour les trois adultes présents à la table - Bill, Bucky et moi - et nous nous sommes regardés les uns les autres, touchés par la sagesse de cette enfant.

Bucky a alors dit quelque chose qui a changé ma vie et ma relation avec mes enfants pour toujours. Il nous a dit, à Bill et à moi : "Souvenez-vous que vos enfants sont vos aînés dans le temps de l'univers. Ils sont entrés dans un univers plus complet, plus évolué que vous et moi ne pouvons le connaître. Nous ne pouvons voir cet univers qu'à travers leurs yeux".

Voir mes enfants comme mes "aînés dans le temps de l'univers" était une pensée surprenante et inspirante. Tous les événements marquants et les avancées technologiques de l'époque qui captent notre attention aujourd'hui seraient de l'histoire ancienne pour nos enfants, le sol sous leurs pieds, à partir duquel leurs propres rêves et leurs plus grandes entreprises se développeraient d'une manière que nous ne pourrions même pas imaginer. Mais nos enfants le pouvaient et le faisaient. Qu'est-ce que cela signifie d'hériter d'un monde où les ordinateurs à grande vitesse, les voyages et la technologie ont fait de la communauté mondiale non pas une notion abstraite ou une nouvelle frontière, mais une réalité concrète ? Qu'est-ce que cela pourrait signifier de grandir dans un monde où la suffisance était supposée, où la générosité et la collaboration étaient les conditions humaines dominantes ?

J'ai vu qu'ils nous géraient autant que nous les gérions, quoique différemment bien sûr, et bien que j'aie toujours vu que nous apprenions beaucoup de nos enfants, je n'avais jamais vu cette vérité profonde sur notre relation. Cela a changé ma perception de tout, et j'ai commencé à m'appuyer sur eux - mes aînés universels - pour avoir une vision du monde futuriste unique, mais précise et évoluée.

Les écouter nouvellement, c'était affirmer leurs instincts naturels et honorer leurs connaissances naturelles, en les appréciant de manière à ce qu'elles puissent se développer et apporter leur contribution. Il m'est apparu clairement qu'en se nourrissant de notre appréciation pour eux, ils approfondiraient leur sagesse naturelle et seraient moins vulnérables aux mythes de la pénurie et à la faim commerciale et culturelle pour plus de choses et plus d'argent. L'héritage qu'ils attendaient de nous n'était pas l'argent lui-même, mais une façon d'être qui leur permettrait d'être créatifs, résilients et de s'exprimer pleinement dans le monde, quel que soit l'argent ou les autres ressources qui circulaient dans leur vie.

Au cours de ces premières années de travail dans le cadre du projet Faim, notre maison est devenue un havre de paix pour de nombreuses personnes. C'était un lieu de séjour pour les amis en visite à San Francisco, certes, mais aussi un lieu de vie et d'épanouissement après un divorce difficile, pour une amie ; un lieu de guérison après un cancer, pour une autre. Lors de la formation du personnel du Projet Faim d'autres pays tels que l'Éthiopie et l'Inde, des collègues vivaient avec nous pendant plusieurs semaines. Je me souviens que notre directrice indienne, Lalita, logeait dans le salon, ses collègues, Naji et Shalini, dans la chambre d'amis, tandis que Hiroshi et Janet, du Japon, logeaient dans la salle de jeux du sous-sol et que Tunde Fafunwa, du Nigeria, dormait dans un sac de couchage sous le piano. Mes enfants ont grandi avec des personnes d'autres cultures qui allaient et venaient, partageaient du temps, des repas et des moments de joie avec notre famille, sachant et exprimant que nous avions toujours assez à partager avec ceux qui étaient là ou qui venaient ensuite.

Cet appel au partage a parfois mis à rude épreuve leur générosité, mais leur a aussi permis de faire l'expérience de la véritable richesse que constituent les ressources suffisantes pour tous ceux qui avaient besoin d'être avec nous. Cela a considérablement enrichi nos vies à tous. Ce que vous partagez, vous le renforcez et ce que vous partagez reste à jamais votre véritable héritage.

C'est l'héritage que nous risquons de perdre - que nos enfants risquent de perdre - dans le climat commercial qui les entoure dès leur naissance. Dans l'industrie de la publicité et du marketing, on appelle cela le marketing "du berceau à la tombe", une stratégie calculée pour faire des enfants des consommateurs dès les premiers instants de leur vie, pour planter les graines du mensonge de la rareté et cultiver le mythe du *"plus, c'est mieux"*.

Le Center for a New American Dream, une organisation respectée d'action sociale et d'éducation des consommateurs, écrit que de plus en plus "les enfants d'aujourd'hui sont exposés aux publicités télévisées, aux bannières publicitaires, aux panneaux d'affichage, aux logos et aux placements de produits... les annonceurs courtisent ouvertement les enfants à une échelle sans précédent, s'empressant de créer une fidélité à la marque dès qu'un enfant est en âge de distinguer les logos de l'entreprise ou de réciter les jingles des produits. Les annonceurs ciblent les enfants aujourd'hui parce que c'est là que sont plantées les graines du super-consumérisme".

Il est difficile d'élever des enfants dans cette culture commerciale et de consommation bruyante, 24 heures sur 24, 7 jours sur 7, et de reconnaître la distinction peu reconnue du *"assez"*, alors que c'est précisément ce qui leur donnera les clés d'une vie épanouie et heureuse. Les enfants sont naturellement pleins d'émerveillement et d'admiration ; le monde est pour eux un lieu de joie et de possibilités. Ils s'épanouissent dans l'amour et l'acceptation et nous font cadeau de leur joie, de leur espièglerie et de leur sens naturel des possibilités.

Comment guider nos enfants pour qu'ils aient une relation authentique avec l'argent, alors que la culture de la consommation les pousse à vouloir et à acheter des choses dont ils n'ont pas besoin ? Comment leur donner les moyens de vivre avec intégrité face à cette séduction ? Nous pouvons les éduquer sur la condition inexacte de la pénurie et ses mythes, et leur montrer un contexte de suffisance. Le Center for New American Dream propose ces suggestions pratiques :

Aidez votre enfant à comprendre que chaque produit est fabriqué à partir de matériaux extraits de la Terre et que les biens matériels ne disparaissent pas simplement lorsque les ordures sont ramassées.

Apprenez à vos enfants ce qu'il advient de toutes ces choses. Lorsque nous consommons beaucoup de plastique, de produits lourdement emballés et de produits qui se cassent facilement, nous laissons un lourd fardeau aux générations futures.

Recherchez des produits respectueux de l'environnement, durables et fabriqués à partir de matériaux biodégradables ou recyclés.

Donnez l'exemple. Évitez les achats impulsifs. Limitez votre consommation de produits qui épuisent la Terre.

Présentez à votre enfant des livres et d'autres supports qui renforcent ces messages.

(Voir la liste complète des ressources d'information dans l'annexe des ressources).

Faites-leur comprendre que ce chant des sirènes de la dépense, de l'endettement, de l'accumulation et de l'acquisition est un aspect malsain de notre culture et qu'ils n'ont pas besoin d'en devenir la proie. Faites-leur savoir qu'il y aura des moments où l'appel sera tentant, mais qu'ils peuvent être plus forts que cette attraction.

Examinez ouvertement la façon dont vous vivez avec l'argent qui circule dans votre vie pour voir si vos actions soutiennent un mode de vie prospère, durable et juste pour tous les peuples. Partagez le processus de réflexion, de délibération et de prise de décision concernant les questions d'argent et invitez vos enfants à apporter leurs idées.

Plus précieux et plus utile que n'importe quelle somme d'argent, il faut laisser à nos enfants une relation saine avec l'argent. Il faut leur faire comprendre que l'argent entre et sort, que c'est normal, et que c'est un privilège de pouvoir orienter le flux vers les engagements les plus importants. Laissez-leur la compréhension, évidente dans votre vie, que si vous tournez votre appréciation vers vos ressources intérieures, vous ne manquerez pas de ce dont vous avez besoin pour relever le défi ou saisir l'opportunité présentée par les circonstances extérieures. Laissez-leur l'expérience de la vraie richesse, la beauté et la sécurité d'une vie qui valorise et honore notre relation à l'autre, l'inspiration, le partage et la gestion responsable plutôt que l'accumulation d'argent ou de biens.

Un poème soufi favori, attribué à Hazrat Inayat Khan, offre une perspective utile :

J'ai demandé de la force

et Dieu m'a donné des difficultés pour me rendre fort.

J'ai demandé la sagesse

et Dieu m'a donné des problèmes à résoudre.

J'ai demandé la prospérité

et Dieu m'a donné un cerveau et des muscles pour travailler.

J'ai demandé du courage

et Dieu m'a donné des dangers à surmonter.

J'ai demandé de l'amour

et Dieu m'a donné des gens pour m'aider.

J'ai demandé des faveurs

et Dieu m'a donné des opportunités.

Je n'ai rien reçu de ce que je voulais.

J'ai reçu tout ce dont j'avais besoin.

L'héritage que nous créons commence à la maison et dans la famille, que nous ayons des enfants ou non, mais il s'étend également au lieu de travail et à l'environnement professionnel. C'est là que nous avons l'occasion de remplacer les systèmes de pénurie qui alimentent la mentalité du profit à tout prix, par des philosophies d'entreprise, de gestion et d'économie fondées sur les principes et les pratiques de la durabilité.

Chez Fetzer Vineyards, Paul et ses collègues ont mis en place des pratiques respectueuses de l'environnement et de la terre qui produisent également d'excellents vins. Ses vins sont primés et son entreprise est rentable et prospère, tout en créant un nouveau modèle de vinification commerciale dans le monde entier. Sa vision personnelle et son action en tant que chef d'entreprise créent un héritage de suffisance et de prospérité pour son propre secteur et pour tous ceux qui le suivent.

Beaucoup d'autres personnes, dans le monde des affaires et dans leur approche individuelle du travail, vivent ces principes. La durabilité est en fin de compte une déclaration visant à garantir la suffisance pour tous, partout, et pour toutes les générations futures. Les mythes de la pénurie ont été hérités d'aussi loin que l'on puisse se souvenir. Les exemples de choix durables font partie d'un héritage suffisant dans les affaires, dans la parentalité, dans le leadership, et cet héritage change activement notre monde aujourd'hui.

Ce que nous achetons, ce dans quoi nous investissons, ce que nous achetons pour les autres, ce que nous choisissons de financer et à quoi nous contribuons peut faire notre monde. Les principes de suffisance nous relient à des vérités profondes et à des valeurs profondes que nous pouvons utiliser pour créer un avenir de satisfaction, de liberté et de confiance en soi face à une mythologie de pénurie et de manque.

Le grand futurologue et scientifique Willis Harman a dit : "La société donne la légitimité et la société peut l'enlever".

Nous pouvons retirer sa légitimité au mythe de la pénurie.

Quelle que soit la quantité d'argent qui circule dans notre vie, nous pouvons utiliser notre argent d'une manière qui affirme la vie, au lieu de chercher à en obtenir davantage et d'être obsédés par le mouvement de l'argent vers le haut ou vers le bas dans notre vie.

Nous pouvons passer de la pénurie à la suffisance, de la plainte à l'engagement, de l'envie à la gratitude.

Nous pouvons, par notre prise de position, par le pouvoir de la conversation et par l'attention consciente que nous portons à notre héritage, changer le rêve.

CHAPITRE 12

La marée montante

Au loin, un bourdonnement, le doux son des gens qui s'éveillent : s'éveiller à ce qui est possible pour la terre en cette période délicate ; s'éveiller à l'appel de nos ancêtres et des générations futures, un appel à l'éveil.

-LA COALITION "THE TURNING TIDE" (LA MARÉE MONTANTE)

Le taxi en provenance de Vérone s'est faufilé dans la circulation urbaine, a passé les vieux murs de pierre et a franchi les portes de la ville. En quelques minutes, nous sommes passés de l'agitation épicée de la vie de la rue italienne au soupir terreux de la campagne, nous enfilant sur des routes escarpées, étroites et sinueuses reliant d'exquis villages de colline italiens, en route vers un centre de retraite dans la minuscule ville de Cadine, nichée dans les montagnes, à deux heures de route. Le ciel était d'un bleu cobalt. Les montagnes se découpaient sur le ciel comme du cristal. J'ai ressenti un sentiment d'anticipation et d'excitation à l'idée que quelque chose de monumental se préparait alors que j'arrivais et que je commençais à rencontrer mes nouveaux collègues. Nous étions là pour nous asseoir et parler avec Sa Sainteté le Dalaï Lama.

C'était au début de l'été 2001, et j'avais été invité à ce que l'on appelait les "Dialogues de synthèse", un rassemblement de trente personnes, tous activistes mondiaux, chefs religieux ou enseignants spirituels. L'objectif de ce rassemblement était d'échanger entre nous et avec Sa Sainteté sur l'état du monde.

Les trente participants étaient des leaders mondiaux et locaux de toutes les parties du monde, chacun ayant un engagement commun envers le potentiel humain et la spiritualité. Chacun travaillait sur un aspect de l'injustice, de la douleur et de la souffrance qui frappent la famille humaine. Il s'agissait de personnes travaillant dans les tranchées, confrontées à la guerre, à la pauvreté, à la faim, à la violence et à l'oppression qui, dans certains cas, était massive. Certains participants avaient enduré l'emprisonnement et la torture et étaient pourtant retournés au travail, encore plus déterminés à catalyser le changement et la transformation. Le simple fait d'être parmi eux m'a rendu humble.

Nous nous sommes rencontrés pendant plusieurs jours avant l'arrivée de Sa Sainteté. Nous avons partagé nos histoires de vie et médité ensemble. Nous nous sommes promenés dans les montagnes et nous avons chanté ensemble. Nous nous sommes profondément rapprochés, nous avons gagné le respect de l'autre, nous avons appris à nous aimer et nous étions effectivement au travail et en dialogue lorsque Sa Sainteté le Dalaï Lama nous a rejoints, accompagné des moines tibétains et des érudits qui voyagent avec lui.

La réunion avait déjà été puissante et productive pour nous tous avant même qu'il ne vienne. Mais lorsqu'il s'est joint à nous, lorsqu'il a apporté sa présence, sa "sainteté", tout est passé à un autre niveau. D'une manière ou d'une autre, nous avons tous été capables de nous détacher de notre propre "histoire" ou de notre propre "drame de la vie" et de témoigner de notre monde plutôt que de nous débattre avec ses problèmes. Dans notre conversation, nous n'avons pas contourné les problèmes du monde, mais nous les avons vus clairement. Sa Sainteté a parlé de l'oppression tragique et cruelle de son peuple par le gouvernement chinois, ainsi que des tortures et des atrocités insupportables perpétrées sur les derniers Tibétains à l'intérieur du Tibet chinois. L'histoire de l'homme qui a échappé de justesse à l'assassinat par les Chinois alors qu'il était adolescent et qui vit maintenant en exil depuis des décennies était déjà bien connue dans notre cercle. Cet homme n'est pas étranger aux épreuves, à l'oppression, à l'injustice et à la souffrance.

Pourtant, ce qui est ressorti de nos dialogues, c'est bien une synthèse et un consensus sur le fait que le monde s'éveille, que le vent tourne. Nous avons vu et ressenti que, même face à des statistiques stupéfiantes sur la dégradation de l'environnement, l'escalade de la violence et de la guerre, les violations rampantes des droits de l'homme, l'épidémie de sida et d'autres maladies, et la douleur de la pauvreté généralisée, quelque chose de fondamental est en train de changer au plus profond de nous-mêmes. De vieilles hypothèses inexactes tombent et une émergence, une puissance spirituelle, un élan et une transformation de l'âme surgissent partout et sont plus puissants, plus constants, plus inébranlables que les défis auxquels nous sommes confrontés.

Nous avions tous des étiquettes différentes, mais nous savions que nous parlions de la même chose. Pour moi, c'était le début de la désintégration de la pénurie et du monde "toi *ou moi"* qu'elle crée, particulièrement destructeur dans notre relation avec l'argent, et de son inapplicabilité ultime, de son interprétation erronée de la vérité réelle et de l'intégrité de la vie, et de sa prémisse insoutenable. Nous avons convenu que la vision qui émergeait à sa place était, et est encore plus aujourd'hui, le monde "*toi* et moi" que Buckminster Fuller avait prédit des années auparavant, un monde où nous vivons dans le contexte et la vérité de la suffisance et du respect de ce qui est suffisant, exactement suffisant pour tout le monde, partout ; un monde qui fonctionne pour tout le monde, sans que personne ni rien ne soit laissé de côté ; un monde où la solidarité remplace la charité et où le rêve n'est pas un rêve pour certains aux dépens des autres, mais un rêve pour tous ; un monde où la "force" intelligente et bienveillante de la nature est la force que nous respectons et avec laquelle nous nous alignons ; un monde où l'amour de l'argent est remplacé par l'utilisation de l'argent en tant qu'expression de l'amour.

Assis en cercle, Sa Sainteté a écouté chacun d'entre nous et a parlé avec nous, réfléchissant à la nature de nos engagements respectifs dans le contexte de l'ensemble. Il a décrit le désir universel des gens d'être heureux et d'éviter la souffrance, ainsi que la manière dont une vie éthique devient une vie épanouie. Dans notre relation avec l'argent, a-t-il dit, lorsque nous apportons la présence divine dans ce temple de l'abondance, nous créons une relation authentique et éthique avec l'argent qui élargit, agrandit et magnifie sa valeur.

Dans le dialogue avec mes collègues, en présence de Sa Sainteté, j'ai vu cela comme je ne l'avais jamais vu auparavant. Je l'ai ressenti. C'était viscéral, physique et profondément émouvant. Je me suis souvenu d'une citation que j'avais entendue il y a des années de Teilhard de Chardin : "Nous ne sommes pas des êtres humains vivant une expérience spirituelle, mais des êtres spirituels vivant une expérience humaine".

Assis devant le Dalaï Lama, j'ai eu l'impression d'être un être spirituel qui s'occupe du domaine de l'expérience humaine. La réunion de retraite et le Dalaï Lama lui-même ont créé l'espace physique, intellectuel et spirituel nécessaire à la clarté et à la réflexion. De cette synthèse a émergé une expérience encore plus profonde et exquise de la vérité et un renouvellement de l'engagement. L'expérience profonde de ces courts jours revient de temps en temps, et elle est claire pour moi maintenant que je pense à la nature de notre expérience humaine, et au fait que l'un des aspects les plus déterminants et les plus exigeants de l'engagement dans l'expérience humaine est notre lutte, notre défi, et nos interactions avec l'argent. J'ai revu ce que j'avais déjà vu à maintes reprises, mais cette fois-ci de manière encore plus claire, à savoir que l'argent - un domaine de la vie qui nous accroche et nous séduit tellement - peut être notre plus grand allié dans notre propre transformation et dans la transformation du monde dans lequel nous vivons.

L'argent voyage partout, traverse toutes les frontières, les langues et les cultures. L'argent, comme l'eau, ondule à un certain niveau à travers chaque vie et chaque lieu. Il peut transporter notre amour ou notre peur. Il peut inonder certains d'entre nous au point de les noyer dans un sentiment toxique de pouvoir sur les autres. Il peut nourrir et abreuver les principes de liberté, de communauté et de partage. L'argent peut affirmer la vie ou être utilisé pour la rabaisser, la diminuer ou la détruire. Il n'est ni mauvais ni bon ; c'est un instrument. Nous l'avons inventé et il fait partie intégrante de l'expérience humaine, mais il peut être utilisé par les désirs et les passions de notre âme et s'y fondre.

LE MONDE "TOI *ET* MOI" EXISTE DÉJÀ

C'est à la fin des années 1970 que j'ai entendu Buckminster Fuller décrire sa vision d'un monde "toi et *moi*", un monde où nous savons tous et vivons la vérité qu'il y a assez pour tout le monde, sans que personne ne soit exclu. À l'époque, il s'agissait déjà d'une attente réaliste car, comme il l'a souligné, il y avait vraiment assez de nourriture dans le monde, assez de ressources, pour prendre soin de tout le monde. Le défi, a-t-il dit, était que toutes nos structures et tous nos systèmes - la politique, le gouvernement, les soins de santé, l'éducation, l'économie et surtout notre système monétaire - avaient été conçus autour de la pénurie, autour de la croyance qu'il n'y avait pas assez pour tout le monde et que quelqu'un serait laissé de côté.

Bucky a prédit qu'il faudrait vingt-cinq à cinquante ans pour que s'effondrent les systèmes et les structures, aujourd'hui inexacts, fondés sur la croyance en la rareté - un paradigme du monde du "toi ou *moi*". Il a prévenu que cela pourrait être bouleversant, déroutant, voire cataclysmique, mais que lorsque la transformation aura lieu, un nouveau monde sera né : un monde dans lequel nous chérissons le fait qu'il y a assez, que nous le gérons avec sagesse et que nous vivons dans un contexte de suffisance et de prospérité pour tous - un paradigme du "toi *et* moi".

Nous vivons une époque cataclysmique et effrayante, et l'argent est quelque part derrière, sous ou à travers pratiquement tous les conflits, désastres et crises dans le monde et dans toutes les facettes de notre propre vie. Nous vivons une période particulièrement tendue et difficile en ce qui concerne l'argent. Nous craignons de perdre notre emploi et d'être incapables d'en trouver un autre dans un marché du travail en déclin et une économie déprimée. Nous nous demandons si nous aurons assez d'argent pour garder notre maison, pour nourrir, habiller et éduquer nos enfants comme nous le souhaiterions, si nous aurons assez d'argent pour notre retraite. Nous nous inquiétons de voir notre pays investir des vies et de l'argent dans la guerre. Nous nous inquiétons du terrorisme qui sévit près de chez nous et, dans le même temps, des coûts croissants des mesures de sécurité à tout bout de champ, sans nécessairement nous sentir plus en sécurité pour autant.

À bien des égards, la situation est pire que nous ne voulons le penser : le terrorisme, la guerre, la violence, la vengeance et le châtiment frappent notre planète, les espèces disparaissent à un rythme sans précédent, la combustion des combustibles fossiles déstabilise le climat mondial ; le fossé apparent entre ceux qui disposent de ressources abondantes et ceux qui en ont peu ou pas du tout semble se creuser impitoyablement ; la corruption et la cupidité semblent endémiques et se développer, même parmi ceux qui disposent déjà de quantités démesurées d'argent, de ressources, de pouvoir et de privilèges.

En même temps, la situation est meilleure que nous ne pouvions l'espérer. Des centaines de millions de personnes sont au travail, conscientes des défis à relever et s'y attaquant à tous les niveaux. D'innombrables organisations et initiatives ont vu le jour dans le monde entier, répondant aux besoins fondamentaux de toute l'humanité et de toute vie. Dans tous les pays du monde, la société civile et l'action citoyenne sont plus dynamiques, émergentes et actives que jamais auparavant dans l'histoire. L'internet relie instantanément des milliards d'entre nous et nous faisons l'expérience de notre interconnexion de manière puissante et pratique, ce qui rend possible une coopération et une collaboration sans précédent. L'explosion des communications a réveillé nos liens naturels les uns avec les autres et la conscience du fait que nous sommes interconnectés. Elle a également facilité une conversation véritablement mondiale sur des questions importantes qui nous concernent tous. La conscience écologique imprègne chaque nation, chaque village, chaque institution et chaque population dans le monde entier.

Nous nous éveillons aux droits de l'homme et à l'égalité des sexes, et en particulier au pouvoir et à l'émergence des femmes, de leurs voix et de leur leadership en tant que ressources dans tous les aspects de la société. Plus des deux tiers des habitants de la planète vivent sous une forme ou une autre de gouvernement démocratique, ce qui permet à un pourcentage sans précédent de la race humaine - y compris les femmes et les personnes de couleur - d'avoir voix au chapitre dans la détermination de leur avenir.

L'essor de la spiritualité dans le monde entier fait apparaître plus visiblement l'esprit dans la vie quotidienne, sur le lieu de travail, dans la famille et dans la conversation pour une plus grande sagesse dans presque tous les contextes où les gens sont profondément aux prises avec la façon de vivre et d'être. De plus en plus de communautés religieuses reconnaissent le don de la diversité et enseignent le respect des autres religions. L'Alliance Pachamama et d'autres organisations et collaborateurs préservent efficacement les terres de la forêt tropicale primaire et leurs habitants. En conséquence, les peuples indigènes ont commencé à émerger en tant que voix respectée, apportant une sagesse ancienne enracinée dans les lois du monde naturel dans les conférences et les conseils des décideurs mondiaux.

Les médecines alternatives et complémentaires ont gagné en popularité et en acceptation aux États-Unis, ouvrant la voie à de nouvelles connaissances sur les traditions et les pratiques de guérison dans le monde entier. Dans de nombreux pays, les monnaies alternatives et complémentaires, qui vont du troc aux échanges économiques sophistiqués de ressources, permettent aux gens de partager les uns avec les autres en dehors du système monétaire traditionnel.

Le Projet Faim et sa philosophie, ridiculisés il y a vingt-cinq ans, sont devenus le modèle d'une philanthropie éclairée et de programmes qui favorisent l'autosuffisance et l'autonomie et permettent aux gens d'être les auteurs de leur propre développement. Les statistiques tragiques de la faim de 1977 - 41 000 morts par jour - ont été réduites de moitié, à moins de 20 000 par jour, et ces chiffres continuent de baisser régulièrement alors même que la population mondiale augmente. Des progrès ont été accomplis.

Les grandes compagnies pétrolières telles que Shell et British Petroleum se sont rebaptisées "compagnies d'énergie" et se sont donné pour objectif de se retirer du secteur des combustibles fossiles et de se consacrer entièrement à celui des énergies renouvelables d'ici trente ans.

De jeunes organisations militantes mondiales telles que Free the Children et Youth for Environmental Sanity, Pioneers of Change et des centaines d'autres organisations inspirent et mobilisent les jeunes du monde entier pour qu'ils apportent un nouveau type de réflexion et de leadership au défi auquel nous sommes confrontés.

Comme le disent Paul Ray et Sherry Anderson dans leur ouvrage de référence, *The Cultural Creatives : How Fifty Million People Can Change the World*, plusieurs millions de personnes "ont adopté une toute nouvelle vision du monde... une évolution majeure de notre civilisation". Changer de vision du monde signifie littéralement changer ce que vous pensez être réel... changer de valeurs, vos priorités fondamentales dans la vie ; changer de style de vie, la façon dont vous passez votre temps et votre argent ; et changer de moyens de subsistance, la façon dont vous gagnez cet argent en premier lieu".

Il ne s'agit pas d'une période de simple changement. C'est une époque de transformation, et la transformation ne vient pas de la pénurie mais du contexte de la possibilité, de la responsabilité et de la suffisance. Pour citer le penseur ontologique visionnaire Werner Erhard, "la transformation n'annule pas ce qui a précédé ; au contraire, elle l'accomplit". Créer le contexte d'un monde qui fonctionne pour tous n'est pas simplement un autre pas en avant dans l'histoire de l'humanité ; c'est le contexte à partir duquel notre histoire commencera à avoir un sens".

Lors des dialogues de synthèse avec Sa Sainteté le Dalaï Lama, alors que nous parlions des obstacles et des défis, des opportunités et des possibilités qui se présentent dans les différents domaines dans lesquels nous travaillons, la nature de notre travail - le travail de tout le monde partout - m'est apparue clairement. Comme l'a dit un de mes collègues, le travail de notre époque consiste à accompagner la mort des anciens systèmes et structures non durables et à favoriser la naissance de nouveaux systèmes durables et de nouvelles façons d'être. Pour soigner les systèmes qui ont atteint leurs limites et ne sont pas durables, il ne s'agit pas de les tuer, mais, avec compassion et amour, d'assister à leur désintégration, puis de s'occuper, avec compassion et amour, du développement et de la création de nouvelles structures, de nouveaux systèmes, de nouveaux contextes et de nouvelles constructions qui soutiennent et renforcent les modes d'existence durables. Ces modes sont fondés sur la réalité et la compréhension d'un monde dans lequel il y a assez, dans lequel nous pouvons tous prospérer, non pas chacun aux dépens de l'autre, mais en collaboration et en coopération. Notre relation avec l'argent peut être le point de départ de cette transformation pour chacun d'entre nous. Nous pouvons embrasser l'argent et l'âme au même moment, et "coexister activement" avec notre argent, comme le dit Alan Slifka, investisseur professionnel, philanthrope et ami. "Il s'agit de fusionner nos actifs tangibles avec nos actifs intangibles. Il est possible d'utiliser l'argent d'une manière totalement différente si nous avons le courage de voir les possibilités qui s'offrent à nous.

MON VOYAGE DANS L'ARGENT ET L'ÂME

Au service d'un engagement plus grand que tout ce que j'aurais pu imaginer, mon parcours dans la collecte de fonds et l'activisme m'a emmenée très loin sur le plan culturel, mais aussi au plus profond de ma propre relation avec la vie. C'est dans l'arène de ma relation avec l'argent et avec les gens qui sont confrontés à leur propre relation avec l'argent que j'ai pu comprendre certaines des vérités universelles sur l'argent. Je suis ému par la lutte que nous menons tous avec l'argent. Je vois maintenant que cette arène dans laquelle nous nous heurtons aux dures réalités de la vie peut être le lieu où nous développons une sorte de pratique spirituelle dans laquelle nous utilisons l'argent qui vient à nous comme un instrument de notre intention et de notre intégrité.

Lorsque j'ai fait ma première contribution au Projet Faim, j'ai réaligné mes priorités. Ma vie financière a commencé à s'aligner davantage sur mon sens profond du moi et de l'âme. J'ai commencé à faire l'expérience d'une prospérité qui n'était pas liée à une quelconque quantité d'argent ou d'acquisitions. Je pouvais ressentir cet alignement à l'intérieur de moi, et je l'avais fait à travers mon utilisation de l'argent. C'est là que le vent a tourné en moi. Il était tellement surprenant que l'argent, cette chose même que j'avais utilisée et que j'avais vu d'autres utiliser pour perpétuer l'accumulation, l'épuisement et me rendre important avec de l'art, du vin et d'autres choses, finisse par être *le même instrument que* j'ai finalement utilisé pour exprimer mon amour pour les gens et mon affirmation de la vie, et pour partager mes rêves les plus profonds. Une fois que cet instrument, ou véhicule appelé argent, a été aligné avec mon âme, c'est là que la prospérité, la joie et la suffisance ont commencé à s'épanouir. Ce n'était pas l'argent, mais son utilisation en tant qu'instrument de l'âme.

C'est possible pour tout le monde : non seulement au niveau personnel, mais aussi au niveau familial, culturel et sociétal. Aligner l'argent sur notre âme, sur nos rêves les plus profonds et nos aspirations les plus élevées est la source de notre prospérité, plutôt que d'en avoir simplement plus à notre disposition. L'argent utilisé de cette manière nous relie à l'ensemble de la vie, au lieu de devenir un instrument qui nous sépare et nous fragmente les uns des autres. Ce type de prospérité est accessible à tous, qu'il s'agisse de personnes disposant de ressources considérables ou de personnes disposant de ressources modérées ou moindres.

Utiliser l'argent comme une expression directe de son sens profond de soi est une chose puissante et miraculeuse. Il s'agit toutefois d'une pratique, et j'y travaille encore. Je gaspille de l'argent. J'achète des produits qui font partie du problème plutôt que de la solution. Je m'enthousiasme pour l'argent, je suis déçue par l'argent, je suis frustrée et en conflit avec les questions d'argent. Mais je suis aussi sur un chemin, dans une pratique, que je partage avec vous parce que je crois qu'elle est utile et importante à notre époque. Je constate que nous sommes de plus en plus nombreux à nous éveiller à nos engagements supérieurs, à nous préoccuper de la façon dont nous vivons, et ce livre est une offre pour contribuer à ce processus qui se déroule tout autour de nous en ce moment.

La prise de conscience et le sentiment de paix que procure le fait de reconnaître qu'il y a assez n'ont pas pour but de nier les grands besoins de millions de personnes ou de pans entiers de notre société. Je travaille chaque jour dans ce domaine brutal. Cependant, le fait de comprendre fondamentalement qu'il y a assez m'a permis d'aborder non seulement ces défis et ces problèmes, mais aussi ma propre vie, d'une manière qui m'a ouvert de nouvelles relations et de nouvelles possibilités à chaque tournant.

Je propose donc ceci comme une façon pour chaque homme et chaque femme, chaque jour, de s'engager dans le domaine de l'argent, ce flux qui traverse toutes les relations, que ce soit avec notre mère ou notre père, notre mari, notre femme, nos tantes, nos cousins, nos amis, notre employeur, notre employé. L'argent n'est jamais vraiment absent, et nous pouvons l'utiliser comme un miroir pour comprendre qui nous sommes et ce que nous représentons.

Je vous invite également à vivre une vie plus large - à voir que lorsque nous regardons vraiment ce que nous avons et que nous cessons d'essayer d'en accumuler davantage, nous avons la capacité de vivre une vie bien plus grande que celle d'"obtenir" et d'"avoir". Tout le monde veut plus qu'une bonne vie pour soi. Ils veulent la bonne vie pour tous, et lorsque vous réalisez qu'il y en a assez, vous entrez en contact avec cette possibilité. Cela devient le résultat naturel d'un changement de contexte. C'est ce qui s'est passé pour moi et c'est ce que j'ai vu pour beaucoup d'autres personnes dans le monde.

LA CHENILLE ET LE PAPILLON

Notre lutte autour de l'argent, avec toutes les tensions, les peurs et les excès qui l'accompagnent, a un parallèle dans la nature. Selon la biologiste évolutionniste Elisabet Sahtouris, la chenille, à un certain moment de son cycle de vie, devient un glouton vorace et surconsommateur qui consomme tout ce qu'il voit et tout ce qui est à sa portée. À ce stade de son évolution, elle peut manger des centaines de fois son poids, et plus elle consomme, plus elle devient grasse et léthargique. À ce même moment d'excès de développement, à l'intérieur de la chenille, les *cellules imaginales* commencent à s'agiter. Les cellules imaginales sont des cellules spécialisées et minoritaires, mais lorsqu'elles se connectent les unes aux autres, elles deviennent les directeurs génétiques de la métamorphose de la chenille. À un moment donné de la phase de frénésie alimentaire de la chenille, les cellules imaginales déclenchent le processus par lequel la chenille surconsommatrice devient la "soupe nutritive" à partir de laquelle les cellules imaginales créent le miracle du papillon.

Lorsque j'ai entendu pour la première fois cette métaphore de la chenille et de la papillon, je l'ai adorée parce qu'elle me permettait de voir le monde tel qu'il est, même dans son état d'avidité vorace, comme une sorte de phase évolutive. C'est une métaphore qui convient parfaitement à notre époque. Lorsque je regarde les personnes inspirées, dévouées et brillantes qui travaillent de multiples façons à réparer et à nourrir le monde, dans les familles, les communautés et les entreprises durables partout sur Terre, je vois les cellules imaginaires de notre propre transformation. C'est nous, des gens comme moi et des gens comme vous, des gens dont j'ai partagé les histoires dans ce livre, et des gens qui les apprécient, des gens qui créent de nouvelles façons de faire, qui voient de nouvelles possibilités.

La chute de structures non viables dans le monde des affaires, de l'économie, de la politique et du gouvernement - l'effondrement d'entreprises comme WorldCom, Enron et Tyco au cours des dernières années - et le démantèlement de la corruption des entreprises pourraient être le début de la transformation de la chenille vorace en soupe nutritive à partir de laquelle se développera le miracle du papillon.

Dans ce monde de troubles et de conflits, de violence et de représailles, je crois qu'il y a des millions de personnes qui prennent la responsabilité non seulement du changement, mais aussi de la transformation, de la création du miracle du papillon. Nous sommes peut-être minoritaires, mais nous sommes partout et nous nous connectons les uns aux autres au Sénégal, en Éthiopie, en Équateur et en Afghanistan ; en France, en Suède, au Japon et en Allemagne ; dans l'Iowa, le Michigan, New York et la Californie - et même à Hollywood ; dans des carrières spectaculaires et dans le monde du travail qui permet à tout cela de continuer. Nous sommes le "courant principal caché". Nous sommes les directeurs génétiques de ce système vivant. Si nous continuons à nous connecter les uns aux autres, nous pouvons créer, à partir de cette chenille gloutonne, le miracle du papillon.

Je vous mets au défi d'utiliser votre argent, chaque dollar, chaque centime, chaque achat, chaque action et chaque obligation, pour exprimer cette transformation.

Je vous mets au défi d'utiliser l'argent qui circule dans votre vie - et qui circule dans notre vie à tous - pour exprimer la vérité et le contexte de la suffisance.

Je vous mets au défi de déplacer les ressources qui circulent dans votre vie vers vos engagements et vos idéaux les plus élevés, ces choses que vous défendez.

Je vous mets au défi de considérer l'argent comme un patrimoine commun qu'il nous incombe à tous d'utiliser de manière à nous nourrir et à nous donner les moyens d'agir, ainsi qu'à toute vie, à notre planète et à toutes les générations futures.

Je vous mets au défi d'imprégner votre argent d'âme - votre âme - et de le laisser représenter qui vous êtes, votre amour, votre cœur, votre parole et votre humanité.